教育部人文社会科学基金（17XJC90008）
中国博士后科学基金（2017M610610）支持

期货市场信息传递机制研究

刘文文 著

科学出版社
北京

内 容 简 介

本书以国内外相关文献为研究基础，采用理论和实证相结合的方法，围绕信息在期货市场之间如何相互传递与影响这个问题展开系统研究。本书分别研究了期货和现货市场之间的信息传递、不同国家市场之间的信息传递、不同品种期货市场之间的信息传递、期货市场内部的信息传递，以及投资者情绪对期货市场信息传递机制的影响等，研究范围相对广泛。

本书可作为金融学、金融工程相关专业的高年级本科生或研究生教材，也可作为金融和金融工程专业的科研工作者的参考书。

图书在版编目(CIP)数据

期货市场信息传递机制研究 / 刘文文著. —北京:科学出版社, 2020.6
ISBN 978-7-03-062035-4

Ⅰ. ①期… Ⅱ. ①刘… Ⅲ. 期货市场–市场信息–信息传递–研究
Ⅳ. ①F830.9

中国版本图书馆 CIP 数据核字 (2019) 第 169022 号

责任编辑：冯　铂　肖慧敏 / 责任校对：彭　映
责任印制：罗　科 / 封面设计：墨创文化

科 学 出 版 社 出版
北京东黄城根北街16号
邮政编码：100717
http://www.sciencep.com

四川煤田地质制图印刷厂印刷
科学出版社发行　各地新华书店经销
＊

2020 年 6 月第　一　版　　开本：787×1092 1/16
2020 年 6 月第一次印刷　　印张：13 1/2
字数：320 000

定价：128.00 元
（如有印装质量问题，我社负责调换）

前　言

本书采用理论和实证相结合的方法，围绕信息在期货市场之间如何相互传递与相互影响这个问题展开系统的研究。以"信息"这个关键词贯穿全书，依次研究了股指期货市场和现货市场的价格发现和信息传递、伦敦铜期货市场和上海铜期货市场价格的引导和信息传递、商品期货市场内部信息传递、股指期货市场内部信息传递、国债期货市场和股指期货市场的信息传递、期货市场内部指令流毒性的测量以及投资者情绪对我国期货市场信息传递机制的影响等，研究范围相对广泛。

本书从价格发现功能和波动溢出功能出发，利用 Granger 因果检验、VECM-DCC-GARCH 模型、脉冲响应、方差分解，研究了我国沪深 300 股指期货市场，也分析了沪深 300、上证 50 和中证 500 指数期货三个市场的信息传递机制。也利用类似的方法，研究了上海期铜和伦敦期铜价格领先-滞后关系及波动溢出效应，发现上海铜期货市场不断地发展与完善，在价格发现中的地位不断提升。在螺纹钢期货和铜期货之间信息传递的研究中，发现从铜期货市场向螺纹钢期货市场传递的信息更多。对铜期货市场和豆油期货市场的研究发现，铜期货市场是引导豆油期货市场的。在国债期货推出对股指期货市场波动性与流动性的影响研究中，发现国债期货推出确实降低了股指期货市场的流动性。

考虑到投资者们并非完全理性，他们的交易行为在一定程度上会受到投资者情绪的影响，所以本书从全新的视角来探究投资者情绪对期货市场信息传导机制的影响。

首先，本书利用主成分分析法，构造了投资者情绪指标，依据沪深 300 指数价格和股指期货价格，探讨了投资者情绪对现货市场和期货市场之间领先-滞后关系和价格发现过程的影响；其次，本书构建了一个动态的波动模型以探究投资者情绪在股指期现货市场的动态波动变化，及其在股指期现货之间波动溢出关系中的作用，从计量经济学的角度对投资者情绪与股指期现货市场的关系进行多角度的考察和研究；最后，本书采用等交易量方法对我国期货市场上的指令流毒性进行分析，系统地研究了我国股指期货市场上的指令流毒性及其性质，发现这种方法应用在我国期货市场上将产生很好的预警作用，同时本书也采用了动态知情交易概率(DPIN)，从逆向交易和羊群交易的角度，来检验日内高频环境下我国股指期货市场上知情交易者的交易概率，并验证了 DPIN 方法在我国市场的有效性和健壮性。

全书共分 10 个章节，第 1 章为绪论，第 2 章为文献综述，第 3 章至第 9 章根据每章研究的内容依次列举了相关假设和模型、实证过程和本章小结，最后一章为全书的总结。

由于创作时间紧迫，书中局限在所难免，敬请读者不吝匡正。

目 录

第1章 绪论···1
  1.1 研究背景··1
    1.1.1 金融与信息···1
    1.1.2 期货市场的产生与发展···3
    1.1.3 中国期货产生和发展··7
    1.1.4 行为金融与投资者情绪···9
  1.2 研究意义··10
  1.3 研究方法和内容··13
  1.4 主要结论、创新点和不足··14
  1.5 本书结构安排···17

第2章 国内外文献综述···18
  2.1 股指期货价格发现功能与波动溢出效应研究综述···18
    2.1.1 现货价格和期货价格的协整关系···19
    2.1.2 信息和价格发现···20
    2.1.3 期货和现货的波动溢出效应··21
    2.1.4 不同国家市场之间的领先-滞后关系··23
  2.2 市场微观结构——信息模型··23
  2.3 市场结构的新趋势——高频交易··29
  2.4 市场信息传递机制的影响因素——投资者情绪··30
    2.4.1 投资者情绪对资产收益率、投资者组合及流动性的影响·····································30
    2.4.2 投资者情绪对波动性的影响··31
  2.5 本章小结···31

第3章 沪深300股指期货价格发现功能和波动溢出效应···33
  3.1 期货价格与现货价格信息传递关系··33
  3.2 股指期货市场和现货市场之间关系··33
  3.3 沪深300股指期货价格发现功能和波动溢出效应···36
    3.3.1 模型与实证方法···36
    3.3.2 数据说明···42
    3.3.3 实证结果及分析···44
  3.4 本章小结···55

第4章 上海期铜和伦敦期铜价格领先-滞后关系及波动溢出效应 ·········· 57
4.1 伦敦期铜与上海期铜比较 ·········· 58
4.2 模型和实证方法 ·········· 59
4.3 数据说明和实证结果 ·········· 59
4.3.1 数据说明与数据处理 ·········· 59
4.3.2 实证结果及分析 ·········· 62
4.4 本章小结 ·········· 70

第5章 期货跨市场传导机制研究 ·········· 72
5.1 商品期货市场之间的信息传递 ·········· 72
5.1.1 螺纹钢期货市场和铜期货市场之间的信息传递 ·········· 72
5.1.2 铜期货市场和豆油期货市场之间的信息传递 ·········· 81
5.2 国债期货推出对股指期货市场波动性与流动性的影响 ·········· 84
5.2.1 模型与实证方法 ·········· 84
5.2.2 数据说明与实证分析 ·········· 85
5.3 沪深300、上证50和中证500指数期货信息传递机制 ·········· 91
5.3.1 模型和实证方法 ·········· 92
5.3.2 数据说明 ·········· 93
5.3.3 实证结果及分析 ·········· 94
5.4 本章小结 ·········· 98

第6章 测量期货市场中的指令流毒性 ·········· 100
6.1 问题的提出 ·········· 100
6.2 模型和方法 ·········· 102
6.2.1 信息模型 ·········· 102
6.2.2 VPIN和估计的参数 ·········· 104
6.2.3 VPIN方法测量指令流毒性 ·········· 106
6.3 我国股指期货市场指令流毒性(VPIN)的实证研究 ·········· 107
6.3.1 数据说明 ·········· 107
6.3.2 估计指令流毒性：指数下跌的情形 ·········· 108
6.3.3 估计指令流毒性：指数上涨的情形 ·········· 109
6.4 VPIN估计的稳定性 ·········· 110
6.4.1 不同交易篮子划分VPIN的稳定性 ·········· 110
6.4.2 交易记录的改变对VPIN结果稳定性的影响 ·········· 112
6.5 VPIN和未来价格变化 ·········· 113
6.5.1 VPIN和收益率相关性 ·········· 113
6.5.2 VPIN和收益率的条件概率 ·········· 114

	6.5.3	VPIN 一定会对极端的波动有预警作用吗？	116
	6.5.4	高水平的 VPIN 一定代表极端波动？	117
6.6	估计 Signed-SOI	118
6.7	测量商品期货市场的指令流毒性	120
	6.7.1	测量铜期货市场的指令流毒性	120
	6.7.2	测量螺纹钢期货市场的指令流毒性	122
	6.7.3	测量豆油期货市场的指令流毒性	124
6.8	VPIN 稳定性、精确性与波动之间的关系	126
	6.8.1	商品期货市场 VPIN 的稳定性与精确性	126
	6.8.2	VPIN 预测性	127
6.9	DPIN 动态知情交易概率	129
	6.9.1	DPIN 动态知情交易概率的提出	129
	6.9.2	模型和方法	129
	6.9.3	沪深 300 股指期货市场的动态知情交易概率	130
6.10	本章小结	137

第 7 章 投资者情绪与股指期货价格发现功能的实证研究 139

7.1	研究假设	139
7.2	情绪指标构建和实证模型	140
	7.2.1 投资者情绪指标的选取	140
	7.2.2 模型和实证方法	142
7.3	数据说明与实证检验结果	146
	7.3.1 数据说明	146
	7.3.2 实证结果	146
7.4	本章小结	153

第 8 章 投资者情绪与沪深 300 股指期货和现货市场的动态波动关系研究 154

8.1	研究假设	154
8.2	实证模型	155
8.3	数据说明与实证检验结果	157
	8.3.1 数据说明	157
	8.3.2 投资者情绪指标 S^{IF} 的选取及构建	158
	8.3.3 实证结果	160
8.4	本章小结	166

第 9 章 投资者情绪、收益率与知情交易概率 168

9.1	模型和方法	168
	9.1.1 VPIN	168

9.1.2 DPIN ·· 169
9.1.3 投资者情绪综合指数 S^{IF} ·· 170
9.2 沪深 300 股指期货市场的实证分析 ·· 171
9.2.1 数据说明 ·· 171
9.2.2 实证结果 ·· 174
9.3 上证 50 股指期货市场的实证分析 ·· 182
9.3.1 数据说明 ·· 182
9.3.2 实证结果 ·· 185
9.4 本章小结 ··· 192
第 10 章 研究结论 ··· 194
主要参考文献 ·· 200

第1章 绪　　论

1.1　研　究　背　景

1.1.1　金融与信息

在日常生活中，信息是我们最熟悉的名词之一，人类已经走进以信息为核心的知识经济时代，可以说现代生活中的方方面面都能触及信息。1928 年，Hartley R V 在他的著作《信息传输》中提到信息一词，这是信息首次作为科学术语被提出来。Hartley 在其中将信息定义为：有新内容、新知识的消息。而此后关于信息的概念，许多人从不同的角度给出了不同的定义。1948 年，Shannon C E 博士在《通信的数学理论》一文中，给出了信息的数学定义：用以消除随机不确定性的东西。他在该文章中给出了信息量的概念和信息熵的计算方法，而这个理论就是后来信息论的发展基础。英国学者 Ashby 于 1956 年提出：信息是集合的变异度，他认为信息的本性在于事物自身具有变异度。1975 年，意大利学者 Longo G 在《信息论：心得趋势与未决问题》一书中指出，信息是反映事物构成、关系和差别的东西，它包含于事物的差异之中，而不在事物的本身中。

信息在日常生活中既看不见也摸不着，它似乎与一切现实存在的东西都不一样。但是人们已经越来越清楚地意识到信息对生活和工作的重要性，信息的价值已经超过了许多看得见摸得着的东西。如果今天我们回顾人类发展的历史，并把它看成一条很长的轨迹，那么我们就会发现这条轨迹是不断地顺沿着信息膨胀的方向向前延伸的。如果一个社会的信息量很小，并且传播效率很低，就表明这个社会的信息发展速度非常缓慢，这样会使社会的经济增长停滞，进而致使这个社会停滞；如果一个社会的信息量很大，传播效率很高，就表明这个社会的信息发展速度很快，那么这个社会在一年里的发展就可能超过过去的十年甚至是百年。信息的快速发展和传播，使人类社会不断地加速向前发展，今天已经发展到了人们难以想象的程度。从人类发展的历史可以看出，信息是社会进步的巨大动力，人类社会的革命和进步始终围绕着时间、生命和信息运转。

信息在社会中的传递方式已经发生了巨大的变化，这种变化是深刻的。信息的传播已经不再受到时间、地域的限制，人类的能力因信息的增加而提高。信息在金融市场中的作用是显而易见的。金融市场的作用在于资源配置，而投资者交易金融资产主要凭借其掌握的信息，因此价格对信息的反应是交易的关键。在股票市场上，投资者会很自然地把信息和公司未来前景、公司产品市场联系起来，而期货市场中的信息则和投资组合、系统因素、套期保值的资产等相关。信息不仅在一个期货市场内传递，在不同品牌的期货市场之间、期货和现货市场之间、不同国家期货市场之间也会传递，并且信息在传递中还会相互影响。

资产价格的短期波动有多少是由信息引起的？贸易摩擦、风险偏好、行为因素或者信息不对称等现象，有多少可以归因于新信息的到来？由于当今市场中含有大量的信息，从大量信息中衡量新信息对价格的影响是一个很难的问题。Koudijs(2008)在他的一篇文章中以一个新的视角衡量了信息对价格的影响。本书就以这篇文章中有趣的事例引出研究主题，这个事例展示了很久之前，信息是如何在不同市场之间传递的。

在18世纪，英国的许多股票在阿姆斯特丹交易所交易，比如东印度公司(EIC)、英格兰银行(BOE)、南海公司(SSC)等，除了股票，英国还有两只债券也在阿姆斯特丹交易。英国并不是唯一在阿姆斯特丹进行股票交易的国外经济体，因为当时荷兰资本家对各种资产都很感兴趣，从瑞士铁厂的股票到俄国沙皇发行的债券，所以在蓬勃发展的阿姆斯特丹二级市场中，存在多种多样的资产。当时英国和荷兰几家主要公司的股票价格被印刷在《阿姆斯特丹公报》(Amsterdamsche Courant)上，这表明这几家公司的股票在阿姆斯特丹市场上尤其活跃。

阿姆斯特丹和伦敦市场之间的金融关系也一直很紧密，1689年威廉三世成为英国的国王后，这种关系进一步加强了。这引发了荷兰和英国的经济交流加强。大量的荷兰货币流入英国，荷兰投资者在英国公司获得了显赫的地位，18世纪70年代阿姆斯特丹的股票市场达到了鼎盛时期。

Bowen(1989)的研究表明在18世纪70年代，荷兰投资者拥有英国公司大概三分之一的股票。不过，由于英国的投资者也可以在阿姆斯特丹交易股票，所以这只是一个粗略的数据，以表明阿姆斯特丹市场对英国的重要性。但是这一数据足以说明，虽然伦敦市场对英国的股票贡献很重要，但是荷兰的二级市场也是不可忽略的。

18世纪，阿姆斯特丹市场的交易非常有秩序地进行，因为17世纪时的欧洲的大部分产品都是在阿姆斯特丹生产的，所以阿姆斯特丹商人掌握的金融技术可以很容易地转移到股票上来。

《阿姆斯特丹公报》每周报道三次股票价格，当英国的船只到来时，来自英国的信息也就传递过来，此时可以确定哪些信息是来自英国，并且知道来自英国的信息对价格波动的影响。那么这份报纸报道的价格具有什么样的特性呢？首先，报纸会以英镑为单位报道股票的价格，这对投资者来说是很方便的，因为这就剔除了汇率的变动对股票的影响。其次，报纸报道的价格是在交易时间观察到的"主导价格"，这个价格很可能反映了交易时买卖价差的中间价格。最后，报纸会及时报道交易合同的价格。

那么这时候，有关股票的信息是怎样传递的呢？伦敦和阿姆斯特丹的信息是通过一艘邮船传递的，这艘邮船有组织地在英国哈里奇港口和荷兰鹿特丹之间传递信息，鹿特丹附近的一个港口小镇海勒武斯特莱斯收取来自伦敦的信件，然后信件被沿着海岸运送到阿姆斯特丹，来自英国的信件中包含了伦敦股市中股票价格变动的信息、其他的公共信息和业务合作伙伴之间的私人信件。这种在伦敦和阿姆斯特丹之间传递信息的方式，在当时是最重要也是最快的方法。

在这一时期，所有股票的相关信息都始于伦敦，这是因为股票的主要市场在伦敦。这些信息可以生成与之高度相关的价格数据供荷兰的投资者使用。投资者们在伦敦通过定期邮船把所有关于股票价格的信息传到阿姆斯特丹。有两艘邮船按照时间表，分别于每周三、周六离开哈里奇港口。那个时候还没有发明蒸汽船，所以定期邮船不得不依靠风能行驶，这些船只是伦敦和阿姆斯特丹市场之间的生命线。但是由于天气原因，那些船只经常推迟起航或者无法在当天起航，因此阿姆斯特丹的投资者，可能会耗费几天甚至几周等待消息的到来。因此这个时期为信息传递形式提供了一个很好的环境，可以检验信息对股票价格的影响和交易过程本身对股票价格短期波动的影响。

对于这个时期的投资者来说，只要确定船只的到来，就可以确定信息流的到来，进而就可以测量新的信息流对在阿姆斯特丹交易的英国股票价格波动的影响。但是随着时间的推移，这种简单的机制逐渐被打破了，市场之间信息传递速度越来越快，信息对股票价格的影响越来越难以捕捉与测量。

随着全球经济一体化和信息网络的发展，世界金融市场已经联接成一个整体，信息在全球金融市场中发挥着越来越重要的作用。互联网日益发展，低成本的网络交易方式让投资者无论身处何地，都可以上网同步进行金融交易，各地金融市场紧密地联系起来，投资者从大量的信息中提取自己所需要的信息越来越难。

电子计算机技术的进步，极大地改变了金融市场的格局。市场中出现以计算机技术为基础的高频交易。高频交易如风暴一般地席卷了华尔街，据统计，2009 年美国高频交易公司数量仅占交易公司总量(200 00 家)的 2%，却分别占了 70%的股票市场交易量和近 50%的期货市场交易量。信息在高频交易中的含义和以往的信息概念又完全不相同，所以随着市场中产品的不断创新，信息的概念范围也不断扩大，比以往更为抽象。因此，研究金融市场中的信息怎样传递，是一个很有意义的研究方向。

1.1.2 期货市场的产生与发展

1. 期货市场的产生

欧洲是期货市场最早的发源地。早在古希腊和古罗马时期，为了满足人类贸易不断发展的需求，商人们之间的交易模式就已经初步产生了期货贸易的性质。在 12 世纪的英法等国，这种交易模式的规模已经很大，随着贸易发展的专业化程度越来越高，便催生了一种新的交易方式——远期合同交易。1215 年英国《大宪章》开始放松了对贸易范围的管制，开始允许外国商人参加英国的季节性交易会，后来要求外国商人对在途中的贸易货物提前签署文件，并且在文件中列明详细的交易内容如：商品品种、价格、数量、保证金等，这时就开始出现了买卖文件合同的现象。13 世纪的比利时也产生了早期的期货交易。英国在 1571 年创建伦敦皇家交易所，这是世界上第一家集中的专业商品市场，这个交易所也就是今天的伦敦国际金融期货期权交易所。在这之后，荷兰阿姆斯特丹诞生了第一家谷物交易所。17 世纪日本开始了世界上最早的大米期货交易。17 世纪前后，荷兰出现了期权交易方式，并且在阿姆斯特丹交易中心形成了交易郁金香的期权市场。

随着美国中西部大开发，19 世纪 30 年代芝加哥发展成为美国重要的粮食集散地，中西部的谷物汇集到芝加哥，然后再运往美国东部的各个地区。但是由于当时的交通状况不佳，每年谷物大量上市时商人无法大量采购，所以谷物的价格不断地下跌。而到了每年春季，由于以往的库存有限，足够的谷物不能供应，所以谷物价格飞涨。商人为了降低他们面临的经营风险，一方面设法增加库存，另一方面与购买方签订第二年所需要的谷物合同，确定了来年的利润。

为了使这种远期合同能够有效地得到履行，1848 年 82 位商人自发组织了一个商会，也就是今天著名的芝加哥期货交易所。严格地讲，芝加哥期货交易所成立之初，首先进行的也只是农产品的远期合同交易。当时，由于交通的问题，粮食运输得不到保障，轮船的航班不定期，从美国东部和欧洲传来的消息很久才能达到芝加哥，因此粮食的价格波动相当大。在这种情况下农场主便可以利用远期合约来保护他们的利益，避免运粮到芝加哥时，价格下跌或需求不足等造成的损失。加工商和出口商也可以利用远期合约来规避他们所面临的风险，保护自身的利益。

但是，随着交易的不断进行，远期交易方式的采用，在随后的交易过程中遇到了很多困难。例如商品的质量、价格、等级、交货时间、交货地点等，是根据双方的需求和具体情况达成的协议，这就限制了远期合约的流动性。另外远期合约违约的风险很大，当价格变动对一方不利时，这一方很可能会违约，所以远期交易的信用风险很大。

随着交易所发展壮大，制度不断地改善，针对远期合约的种种弊端也渐渐显现。1865 年芝加哥期货交易所推出了标准化合约，同时实行保证金制度，向双方收取不超过合约价值 10%的保证金；1882 年芝加哥期货交易所允许对冲解除履约；1883 年出现结算协会，为交易所会员提供对冲工具。但是当时结算协会还不算很规范和严密的组织，直到 1925 年芝加哥期货交易所结算公司成立，所有交易通过结算公司结算。至此，期货交易完成了重要的制度创新，标志着现代期货交易真正诞生。

2. 期货的发展

自从 1848 年成立的芝加哥期货交易所开创了期货交易的先河，从 19 世纪末到 20 世纪初，新的期货交易所在世界各地不断地涌现，随着交易的增多，交易品种不断地增加，交易规模也不断地扩大，这推动了世界期货市场的高速发展。期货市场的发展总结起来主要经历了三个阶段：商品期货、金融期货和期货期权阶段。

商品期货是历史最悠久的期货品种，也是现今世界交易最广泛、交易品种最多、和人们生活最为紧密的品种。商品期货主要包括农产品期货、能源期货和金属期货。人类发展至今，农产品一直和人们的生活紧密相关，所以农产品期货是最早的期货，随着期货品种的不断增加，现在农产品期货种类繁多，有棉花、大豆、黄油、生猪、活牛、鸡蛋等众多品种。

由于经济的发展，各行业对石油的需求日益增多，20 世纪 70 年代的石油危机给世界经济带来了巨大的打击，所以石油价格的剧烈波动，使人们希望借助期货这个工具来避免价格波动带来的风险，纽约商业交易所首先开创了能源期货，并且成为最有影响力的能源期货交易所。1876 年在英国伦敦成立著名的伦敦金属交易所是最早的金属期货交易所。由于英国的工业革命对金属铜的迫切需求，所以英国从一个铜出口国变为进口国，工业革命对铜的迫切需求也使铜期货应运而生。

1944 年 7 月，44 个国家在新罕布什尔州的布雷顿森林镇召开会议，建立了布雷顿森林体系，该体系实行双挂钩的固定汇率制，即美元与黄金直接挂钩，其他国家货币与美元按固定比例挂钩。布雷顿森林体系的建立对欧洲各国战后经济恢复与发展起到了重要的作用。

20 世纪 50 年代，欧洲各国的复兴使其持有的美元日益增多，但是因为美国对朝鲜和越南的战争使得美国出现了巨额的贸易逆差，国际收支情况不断恶化，通货膨胀严重，黄金大量外流，美元被四处抛售。1972 年美国芝加哥商业交易所设立国际货币市场部，推出了外汇期货交易。因此在 1973 年 3 月，主要西方国家达成协议，开始实行浮动汇率制度，至此布雷顿森林体系崩溃。在浮动汇率体制下，各国货币之间汇率出现了频繁剧烈的波动，外汇风险增大，在这一背景下外汇期货应运而生。股指期货和利率期货也随着市场的需求逐渐被开发出来，并且随着经济的发展，金融期货现在已经占据了期货市场的大部分交易份额，金融期货的出现对世界经济产生了巨大及深远的影响。表 1.1 为世界上主要的股指期货及其上市时间。

表 1.1 世界上主要的股指期货及其上市时间

国家和地区	标的指数	上市时间	国家和地区	标的指数	上市时间
美国	S&P 500	1982.04	智利	IPSA	1993.10
澳大利亚	All Odinaries	1983.02	西班牙	IBEX 35	1992.01
加拿大	TSE300	1979.06	奥地利	ATX	1992.08
英国	FTSE100	1984.05	挪威	OBX	2003.12
巴西	BVSP	1982.01	比利时	BEL 20	1993.09
中国香港	HIS	1986.05	意大利	MIB	2002.11
新加坡	Nikkei 225	1986.09	匈牙利	BSI	1995.03
新西兰	BARC	1987.01	马来西亚	KLSE	2002.05
瑞典	OMX	1989.12	韩国	KOSPI 200	1996.06
芬兰	FOX	1988.05	葡萄牙	PSI 20	1992.12
日本	Nikkei 225	1988.09	波兰	WIG 20	1994.04
荷兰	AEX	1983.01	欧洲	EURO STOXX 50	1998.06
法国	CAC-40	1988.06	中国台湾	TX	1998.07
丹麦	KFX	1989.12	希腊	FTSE/Athex 20	1997.01
南非	ALL Share	1990.04	印度	CNX Nifty	1995.11
瑞士	SMI	1990.11	俄罗斯	RTS	1995.09
德国	DAX	1988.07	中国大陆	CSI 300	2010.04

注：数据来源于交易所网站，经整理得到。

随着第二次世界大战的结束，布雷顿森林体系的瓦解，世界经济回到轨道并且迅速发展。20 世纪 70 年代初外汇市场固定汇率制度崩溃，固定汇率制度变为浮动汇率制度，利率管制等金融政策逐渐消亡，国家面对的汇率和利率的大幅度变动使得人们面临更大的风险，基础性金融商品主要由利率、汇率等形式表现。金融市场上众多的金融产品，共同构成了金融风险的源泉。

在此后短短十几年里，金融期货市场迅速地发展，各种各样的金融产品如雨后春笋般地涌出，期货交易规模和交易量不断地增大，品种不断地创新，金融期货成为发展中国家增强金融市场竞争力的重要手段，24 小时全球电子交易系统开始形成。金融期货交易具有极大的便利性，交割一般采取现金结算方式，金融期货交割价格的盲区也大大缩小，套利者在金融期货中更加容易进行套利交易。这几年，为了适应全球金融自由化和市场一体化的趋势，增强本地金融市场对异地投资者的吸引力，许多新兴市场国家和地区推出了金融期货。20世纪90年代，马来西亚、韩国、中国台湾纷纷推出了股指期货；在欧洲，俄罗斯、匈牙利、波兰、捷克等经济转型的国家也推出了金融期货，其交易取得了很大的成功。

商品期货交易委员会在1982年批准了实验性的期货期权交易，1987年批准了永久期货期权交易，期货是为现货商提供套期保值的渠道，而期权则是某种权利，因此期权和期货相结合为投资者带来了很大的灵活性和方便。期货期权产品在21世纪得到了突飞猛进的发展，其市场规模不断地扩大且影响力不断地提升。尽管2008年发生了金融海啸，但是当年全球期货市场仍然保持了难得的增长势头，全球期货和期权共成交176.53亿手，较2007年增长16.2%，但增速有所放缓。2011年，全球期货和期权市场交易量为249.7亿手，比上一年增长11.4%。尽管相对于2010年的年增长率有所下降，但是，相对2008年信贷危机爆发后增长率的暴跌，这个数字比较稳定。表1.2、图1.1和图1.2为2003～2017年世界期权和期货交易量与增长率统计。

表1.2 2003～2017年世界期货和期权交易量

项目	名称	2003年	2004年	2005年	2006年	2007年	2008年	2009年	2010年
成交量/亿手	期货	29.95	34.91	40.35	52.83	69.70	82.92	81.79	120.49
	期权	51.42	53.73	59.39	65.79	82.17	93.61	95.21	103.75
	总计	81.37	88.64	99.73	118.62	151.87	176.52	177.0	224.25
增长率/%	期货	—	16.6	15.6	30.9	31.9	18.9	-1.3	47.3
	期权	—	4.5	10.5	10.8	24.9	13.9	1.7	8.9
	总计	—	8.9	12.5	18.9	28.0	16.2	0.1	26.6

项目	名称	2011年	2012年	2013年	2014年	2015年	2016年	2017年
成交量/亿手	期货	129.45	112.70	121.34	121.65	144.80	160.00	148.40
	期权	120.27	99.00	94.17	97.07	102.96	90.20	103.50
	总计	249.72	211.7	215.51	218.67	247.76	252.2	251.9
增长率/%	期货	7.4	-12.9	7.7	0.3	19.0	10.5	-7.25
	期权	15.9	-17.7	-4.9	3.1	6.1	-12.4	14.7
	总计	11.4	-15.2	1.8	1.5	13.3	1.8	-0.1

注：数据经过搜集整理获得。

从长期来看，2003～2017年期货期权市场的交易量增长了2.1倍之多，贡献主要来自巴西、中国、俄罗斯和印度等新兴市场，这些市场交易量的爆发，使得全球交易量增长率迅速增加。这些新兴国家期货期权市场的成长和发展要得益于其国内需求的增长和市场的扩大，另外，这些国家在金融危机爆发后的2008年和2009年，交易量几乎没有受到太大影响。相对于金融市场其他领域所受到的直接冲击，即使是危机的中心地美国，2007～2011年期货期权交易量也出现了33.3%的增长。在全球衍生品市场中，亚太市场占据交易的最大份额——39%；北美市场为33%；欧洲市场仅为20%。

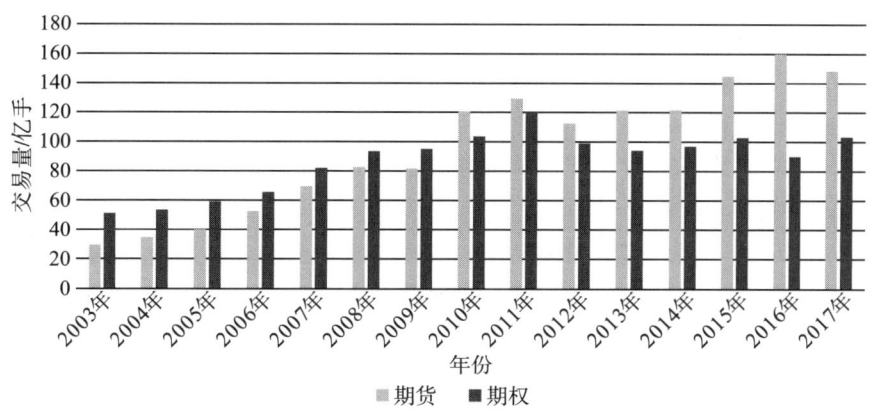

图 1.1　2003～2017 年世界期货和期权交易量表现

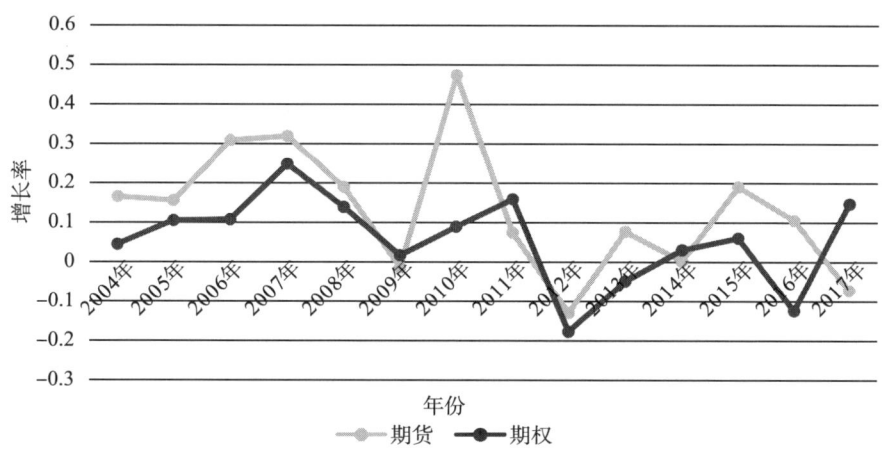

图 1.2　2003～2017 年世界期货和期权增长率表现

1.1.3　中国期货产生和发展

回顾期货的发展历史,每个新的期货品种都是由于经济的发展和市场的需求而产生的。中国的期货市场也不例外,我国期货市场自成立到现在取得了较好的成绩,但是其发展历程也并非一帆风顺。1985 年以后,国家开始了企业所有制改革,农产品现货市场开始发展起来,这为我国期货市场的产生奠定了基础。随着我国经济的发展和现货市场的日趋成熟,市场对期货市场的要求越来越强烈。1990 年 10 月 12 日郑州粮食批发市场的成立标志着我国期货市场的建立。

成思危(2005)指出我国期货的发展历程可以大致分为三段:

第一个阶段(1991～1995 年)为蓬勃兴起的阶段。郑州粮食批发市场建立之后,在 1991 年 6 月,我国第一家期货交易所——深圳有色金属交易所成立。接下来各地期货交易所相继成立,产品也从粮食期货逐渐扩大到金属期货。1995 年我国期货市场的交易额已经达到了 10 万亿元。但是由于当时缺乏健全的法律和严格的监管制度,我国期货处于盲目发展、追求利益的阶段,忽视了风险带来的种种问题,而且有少数投资者操纵市场,使期货市场无法健康地发展,给社会带来了一定的负面影响。

第二个阶段(1996～2000年)为调整和整顿阶段。第一阶段市场的盲目发展和交易秩序的混乱引起了政府和监管部门的高度重视。1996年3月5日,证监会发布《关于各期货交易所建立"市场禁止进入制度"的通知》要求,为了严厉打击操纵期货市场行为和期货欺诈行为,各期货交易所要结合各自的具体情况建立"市场禁止进入制度",并报中国证监会备案。1996年5月6日,中国证监会颁布《关于对操纵期货行为认定和处罚的规定》,对操纵市场行为进行进一步规范。1997年3月1日,第八届全国人大五次会议上的政府工作报告提出"规范证券、期货市场,增强风险意识"。由此1997年被中国证监会确定为"证券期货市场防范风险年"。

1998年8月1日,国务院发布《关于进一步整顿和规范期货市场的通知》,要求中国证监会对期货市场再次进行力度较大的治理整顿。1998年9月国务院批准了《中国证券监督管理委员会职能配置、内设机构和人员编制规定》,进一步明确了中国证监会是国务院直属事业单位,是全国证券期货市场的主管部门。1998年10月6日,中国证监会发布《期货交易所章程和交易规则指导性原则》。

直到1998年,我国对期货市场的整顿才基本完成,这次整顿的核心是减少上市交易品种,合并期货交易所,规范期货经纪业,通过严格限制市场发展,达到控制风险的目的。连续几年的整顿为期货市场的进一步健康发展奠定了基础。经过长时间的调整与酝酿,我国期货业在1998年发生了重大转折。首先,14家交易所经过大规模的调整后只剩下3家,分别为:大连商品交易所、上海期货交易所和郑州商品交易所。其次,由35个交易品种减少至12个交易品种。最后,期货经纪公司由原有的294家缩减为不足200家。由于期货市场的大幅度调整,期货市场交易量逐渐减少,期货这一行业面临亏损,到2000年底亏损达85%以上。这使投资者丧失了信心,期货市场的功能减弱。

第三阶段(2001年至今)为恢复和发展阶段。证监会提出了期货市场应更新监管理念,改变监管方式,2002年相继推出了四个有关期货市场的管理办法,这使我国期货市场进入了迅速发展的阶段。期货的交易量开始稳步地回升,市场上也推出了一些新的交易品种,监管部门经验越来越丰富,相应的监管法规越来越健全,期货从业人员的素质不断地提高,行业管理趋于规范,我国的期货市场逐渐走向成熟。

然而,与发达国家的期货市场相比,我国的期货市场还存在一些不足的地方。如我国期货市场的交易品种相对较少,表1.3为我国上市商品期货的主要品种。

表1.3 我国上市商品期货一览表

交易所	期货交易品种
上海期货交易所	铜、铝、锌、铅、镍、锡、黄金、白银、螺纹钢、线材、燃料油、天然橡胶、热轧卷板、石油沥青、纸浆
大连期货交易所	玉米、玉米淀粉、黄大豆、大豆2号、豆粕、豆油、棕榈油、中密度纤维板、聚乙烯、聚氯乙烯、聚丙烯、冶金焦炭、焦煤、铁矿石、鲜鸡蛋、细木工板、乙二醇
郑州商品交易所	强麦、普麦、棉花、白糖、苯二甲酸(PTA)、菜籽油、早籼稻、甲醇、油菜籽、菜籽粕、动力煤、粳稻、晚籼稻、硅铁、棉纱、苹果

注:资料来源于各大交易所网站,经整理得到。

近年，我国期货市场迅猛发展，按照中国期货业协会统计数据，2010 年全国期货市场累计成交期货合约 133 529 344 手，累计成交金额为 3 091 164.66 亿元，同比分别增长 45.24%和 136.85%。2016 年上半年全国期货市场累计成交量为 22.9 亿手，累计成交额为 99.34 万亿元，同比分别增长 35.08%和下降 71.91%。相比 1～5 月全国期货市场累计成交量为 19.46 亿手，累计成交额为 84.49 万亿元，同比分别增长 38.00%和下降 66.88%；2016 年前 6 个月交易规模指标环比前 5 个月分别增长 17.68%和 17.58%。

对半年度数据进行分析，2015 年上半年全国期货市场累计成交量为 16.96 亿手，累计成交额为 353.68 万亿元，2016 年上半年成交量和成交额同比分别增长 35.02%和下降 71.91%；2015 年下半年全国期货市场累计成交量为 18.82 亿手，累计成交额为 200.55 万亿元，2016 年下半年成交量和成交额环比分别增长 21.68%和下降 50.47%。

我国在 2010 年 4 月 16 日推出沪深 300 指数期货，其标的是沪深 300 指数，在 2015 年 4 月 16 日推出上证 50 指数期货和中证 500 指数期货。至此，我国三大股指期货分别针对综合指数、大盘指数及中小盘指数推出，可以使投资者更好地运用股指期货管理风险。监管机构为了防止投资者过度投机，设立了较高的入市门槛，但是以私募基金和个人投资者为主的投机性交易仍占市场交易量的 50%左右，套利和套期保值的占比则只有 25%左右。2015 年上半年中国股票市场经历大幅度上涨，但是由于场外配资规模越来越大，监管局为了控制风险，于 2015 年 6 月开始清理场外配资，配资的强烈抛售形成了雪崩效应，中国股票市场连续跌停。而机构只能通过股指期货市场进行对冲，由于股指期货的价格发现功能，股指期货领跌现货市场，监管者开始对股指期货进行严格管控：单合约开仓限 10 手，非套期保值交易保证金提高至 40%，手续费包括交易手续费和申报费两部分，交易手续费标准调整为成交金额的 0.23‰；申报费根据客户沪深 300、上证 50 和中证 500 股指期货各合约的申报数量收取，每笔申报费为一元。沪深 300 指数期货推出短短几年的时间，却经历中国股市上演"千股涨停、千股跌停、千股停牌"的异常现象，股指期货因此备受争议，此后监管机构对股指期货开仓交易进行了限制。

1.1.4 行为金融与投资者情绪

行为金融学是金融学的热门边缘学科，对传统金融理论的创新发展具有重要意义。它从微观个体行为以及产生这种行为的心理等动因角度解释、研究和预测金融市场的发展。这一研究视角通过分析金融市场主体在市场行为中的偏差和反常，来寻求不同市场主体在不同环境下的经营理念及决策行为特征，力求建立一种能正确反映市场主体实际决策行为和市场运行状况的描述性模型。

传统金融学中的有效市场理论假设市场的参与者是完全理性的，资产价格在任何时刻都完全反映了市场的所有信息，是资产价值的最优评估。然而，20 世纪 80 年代后，日历效应、小公司效应、反向投资策略等大量金融异象出现。学者因此开始将研究视角转向投资者心理和投资行为角度，进行了一系列研究。投资者并非像有效市场假说理论所描述的那样，是完全理性人。投资者情绪普遍存在于投资决策制定和执行的过程中，会对投资者行为造成影响，进而对市场产生冲击。因此在资产定价和证券市场研究过程中，投资者情绪是不可忽略的重要因素。

投资者情绪是行为金融学研究的重点,它对投资者行为和金融市场运行具有重大影响。行为金融学中关于投资者情绪的理论越来越受到学界关注,由于投资者情绪可以影响证券市场的股价波动和交易主体的交易策略,因此有必要对投资者情绪理论进行深入分析,以寻找投资主体心理及情绪因素对股票市场内在交易机制及定价策略产生的影响,也对宏观上的资本市场调控起到一定指导实践作用。

行为金融学基于有限套利和有限理性经济人假设,探讨资本市场参与者心理及行为特征对资本市场影响。心理学中的"情绪"是由个体认知过程产生的对外界的态度表现。行为金融学中的投资者情绪由投资者有限理性引起,可被解释为投资者的预期偏差、主观偏好、投资信念以及投机需求。当投资者情绪影响足够多的投资需求时,投资者情绪将导致股票价格偏离其基本价值。实证研究表明,投资者情绪对股票价格及收益波动、股票市场异常、企业投资决策及盈余管理等财务行为均具有重要影响。在我国,股票市场主要由相对缺乏投资经验、具有强烈主观意识且风险感知能力较低的个人投资者组成。投资者更倾向于追求短期资本利得,热衷于投资短期项目以获取投机暴利。这就决定了在我国,投资者情绪对资本市场影响相对于成熟资本市场更为强烈。

作为行为金融学支柱之一的投资者情绪,被视为市场异象产生的根源。投资者情绪概念最早是由 Stein(1996)给出的,他认为其是投资者对未来预期的系统性偏差。投资者情绪影响股票市场的路径是:投资者情绪影响投资者对股票未来收益的主观判断,进而影响其投资行为,最终对股票市场产生影响。投资者情绪的研究地位,使得如何反映和度量投资者情绪成为行为金融学亟待解决的重大问题。Baker 和 Stein(2004)以市场流动性为关注点,提出市场的平均换手率可以作为投资者情绪的代理指标。而 Baker 和 Wurgler(2006)利用新股上市首日收益率、市场平均换手率、封闭式基金折价率以及股利溢价等 6 项指标综合构建的 BW 情绪指数,则奠定了研究投资者情绪度量的基本方法。

中国股票市场和发达国家的成熟市场相比,仍然是一个新兴的市场,很多方面都与成熟市场存在着差距。从上证指数的波动幅度来看,2015 年中国股市经历了新一轮震荡,股价始终处于大幅波动中。投资者情绪的过分高涨来自市场上噪声交易者的过度自信以及自我归因偏差,他们对市场的信息反应能力极其弱。他们的大多投资行为会受市场情绪影响。近些年来,学术界大量的实证研究表明市场上投资者情绪指数越高,越容易吸引投资者进入市场,引起市场价格的长时期偏差。投资者情绪对股指期货市场上的价格发现、期现市场的波动效应、知情交易概率的影响也不断凸显。

1.2 研 究 意 义

信息的快速发展和传播,使人类社会不断地加速向前发展,如今已经发展到了人们难以想象的程度。从人类发展的历史可以看出,信息是社会进步的巨大动力,人类社会的进步始终围绕着时间、生命和信息运转。信息在社会中的传统传递方式已经发生了巨大的变化,这种变化是深刻的。信息的传播已经不再受到时间、地域的限制,人类的能力因信息的增加而提升。信息在金融市场中的作用是显而易见的，金融市场的主要功能在于资源配置，而投资者交易金融资产主要凭借其掌握的信息，因此价格对信息的反应十分关键。信息不仅在一个期货市场内传递，在不同品种的期货市场之间、期货和现货市场之间、不同国家期货市场之间也有信息的传递，并且这些信息会相互影响。

随着我国金融市场的改革，我国的期货市场也逐渐走向成熟，规模不断扩大，国家积极、平稳地发展期货市场。期货市场发展方针的确立，为我国期货市场提供了难得的发展机遇。中国近几年加快了金融改革的步伐，采取了利率、汇率市场化，推出沪深300股票指数期货合约，积极推进国债期货等措施，在这种环境下，研究期货市场之间的信息传递问题具有重要的现实意义。

市场微观结构理论是现代金融学一个重要的新兴分支，重点研究投资者的潜在需求最终转化为价格和交易量的过程。Madhavan(2000)把市场微观结构划分为四个主要研究方向。当一种资产在不同的市场上交易的时候，一个关键的问题在于哪些市场包含了更多关于基本价值的信息，这就是价格发现的研究对象。研究价格发现机制有助于人们了解市场本质，发现金融市场中的内在规律，对套期保值者和投资者有重要的意义。运用市场微观结构理论可以对我国期货市场中的信息进行实证分析，对交易过程进行剖析，研究主体的定价行为和价格发现过程，分析信息对市场价格的影响。

市场微观结构的研究成果非常丰硕，关于期货市场与现货市场之间的非对称价格引导关系，最重要的理论解释有两种：一是从信息角度，期货市场或现货市场是否具有价格发现功能取决于某个市场对新信息的反应速度。许多研究表明相对于现货市场而言，期货市场具有高杠杆、低成本、高流动性、卖空限制宽松等优势，会吸引更多的信息交易者，期货市场对新信息的反应速度快于现货市场，包含更多信息。二是从交易成本角度，信息交易者为了使利润最大化，会选择在低成本的市场进行交易，Chan(1992)指出期货市场的交易成本低于现货市场。因此，期货市场在价格形成方面的优势决定了它具有价格发现功能(Mayhew et al., 1995；Fleming et al., 1996；Easley et al., 1998)。然而，关于投资者行为如何影响金融市场价格，传统金融学理论并没有给出答案，因为市场微观结构的经典模型忽略了投资者心理要素的影响，但在行为金融学框架下，投资者行为是影响资产价格和市场运行的重要因素。行为金融理论主要研究投资者在不确定环境下的判断和决策及其对投资者行为的影响。近些年来，现代金融学的一个重要发展趋势表现为行为金融学与经典金融学的逐渐融合。

行为金融学已有研究表明，由于噪声交易者的过度自信和自我归因偏差，他们对信息的反应能力较弱。Stambaugh等(2012)研究发现投资者情绪与金融市场异象的出现呈正相关，较高的投资者情绪吸引更多噪声交易者进入市场，噪声交易者的不可预测行为加大了市场交易风险，降低了市场有效性。价格长期偏离基础价值，此时套利交易行为受限，套利交易者将退出市场，富有经验的交易者也会减少自己持有的头寸，噪声交易者对资产的定价起到主导作用，跨市场信息传递同样受到噪声交易者的显著影响。因此，在研究期货市场和现货市场之间动态信息传递的过程中，投资者情绪是非常重要的影响变量。当投资者情绪高涨时，机构交易者逐渐退出，期货市场由于缺乏机构交易者参与，交易量显著下降，期现市场之间的相关性变弱，期货价格对信息的反应变慢(Corredor et al., 2015)。同时高涨的投资者情绪导致期货市场波动加大,期货价格发现功能减弱(Chou et al.,2015)。

发达国家资本市场上机构投资者占主导地位,而我国的资本市场是个人投资者占主导地位,根据2014~2016年《上海证券交易所统计年鉴》显示,2013~2015年净交易额中,个人投资者交易所占比例分别为82.24%、85.19%和86.91%,个人投资者交易额比例呈上升趋势。资本市场重要的衍生品——股指期货在我国起步较晚,我国于2010年推出沪深300指数期货,2015年推出中证500和上证50指数期货,监管机构为了防止投资者过度投机,设立了较高的入市门槛,但是以私募基金和个人投资者为主的投机性交易仍占市场交易量的50%左右,套利和套期保值的占比则只有25%左右。中国股市以中小投资者为主的投资者结构弊端,导致中小投资者情绪波动成为股票和股指期货频繁大幅波动的一个重要因素,因此研究中国股指期货市场投资者情绪及其对期货市场的影响具有重要的现实意义。

首先,我国于2010年4月推出沪深300股票指数期货合约,受到了学术界的广泛关注。由于在推出股指期货之初,国家监管机构为了风险可控,规定了严格的保证金比例,制定了投资者适当性制度,较高的门槛和限制使股指期货最初对现货市场的影响并不大,所以其功能也未能有效地发挥。国外成熟市场对股指期货价格发现功能的研究表明,股指期货价格往往引导现货价格,期货市场在价格发现中起主要作用。然而,国内学者对我国股指期货市场价格发现的研究得到了不同的结论,表明我国股指期货市场的价格发现功能有待进一步研究与探讨。同时,金融期货与国债期货的推出是否对股指期货的流动性及波动性造成影响,需要进一步分析。金融期货之间的相关性较高,对于重要的金融期货之间信息传递的研究也是不可忽略的,因此本书进一步研究国债期货的推出是否对股指期货的流动性及波动性造成影响。

其次,关于伦敦期铜与上海期铜市场的价格引导关系,以往的研究表明,伦敦期铜市场引导上海期铜市场,而随着我国上海期铜市场的不断发展与完善,它们之间的引导关系是否改变了呢?因此,研究伦敦铜期货价格和上海铜期货的价格引导关系、信息传递关系不仅可以揭示我国铜期货市场的开放程度,还可以为套期保值者、套利者和投机者提供有价值的信息。

再次,作为量化投资的前沿和热点问题,市场微观结构和高频交易近年在国内备受关注。2010年5月6日美股市场大跌,当日道琼斯工业指数大跌近千点,创下当时单日跌幅的最高纪录。针对这次美股的闪电崩盘事件,学术界、业界开始进行调查反思。相关文章中指出这次"闪跌"是市场结构中新的动力使然,该动力即指令流毒性(Order Flow Toxicity)。以往的微观结构交易模型已经不能够捕捉到高频交易市场中的信息,Easley等(2011a)为此提供了一种新的方法来估计指令流毒性,即等交易量知情交易概率(Volume-Synchronized Probability of Informed Trading,VPIN),这种方法不但可以测量指令流毒性,而且还可以起到预警的作用。我国股指期货作为新兴期货品种,监管部门对其的风险控制经验尚浅,我们可以借鉴国外股指期货发展的成功经验,吸取其中的教训,保证我国股指期货市场的健康运作。那么VIPN方法是否适用于我国的期货市场?我们可否用这个方法来监测我国期货市场指令流毒性?本书通过对我国股指期货市场和商品期货市场的实证研究来回答上述问题。DPIN(Dynamic Probability of Informed Trading)即动态知情交易概率,也被从逆向交易和羊群交易的角度提出。且其对于机构投资者的有效性和稳健性也在中国台湾期货市场上得到验证。本书验证了 DPIN 方法对沪深 300 股指期货市场质量的影响作用。

最后,投资者情绪在投资决策过程中是不可忽略的。市场上存在的很多金融异象是传统金融学所无法解释的,行为金融学则着重解释投资者行为如何影响投资者交易决策及其对整个市场造成的影响。已有研究结果表明投资者情绪确实能够通过交易者的投资活动影响市场的定价及信息传递。因此本书还从行为金融学中的投资者情绪入手,构建股指期货市场的投资者情绪指数。并分别在本书的第 7、8、9 章对投资者情绪与股指期货价格发现功能、投资者情绪与沪深 300 股指期货和现货市场的动态波动关系、投资者情绪和知情交易概率对市场的影响进行深入分析。

1.3 研究方法和内容

关于期货市场的研究是非常广泛的,本书采用理论和实证的方法,围绕着信息在期货市场之间是如何相互传递与相互影响这个问题展开研究。具体的研究内容如下:

第一,当一种资产在不同的市场上交易的时候,关键的问题就是哪些市场包含了更多基本价值信息,这个问题就是价格发现的研究对象。有效市场理论认为,股指期货市场和现货市场应该同时对新信息进行反应,信息在两个市场之间的传递使得价格处于均衡状态,然而由于现实中市场存在交易成本、流动性等因素,股指期货市场与现货市场对信息的反应存在差异,价格偏离长期均衡,而套利活动会使价格回调到无套利区间。对国外成熟市场的研究表明,股指期货市场要比现货市场包含更多的市场信息,且股指期货市场对信息的反应速度更快,期货价格引导现货价格。本书在已有理论的基础上,采用 VECM-DCC-GARCH 模型,研究了我国股指期货市场的价格发现功能和期现市场之间的波动溢出效应,并且通过脉冲响应函数和方差分解,进一步分析了期货价格变动与现货价格变动之间的相互影响和不同结构冲击的重要性。

第二,随着全球金融的一体化,相同资产会在不同国家的期货市场上交易,那么在不同国家市场之间信息是怎样传递的呢?本书同样从价格发现和波动溢出的角度,分析了伦敦铜期货和上海铜期货之间的价格引导问题,研究这两个期货市场之间的信息传递和伦敦铜期货价格对上海铜期货价格波动的影响。

第三,信息在期货市场内部是通过什么方式传递的呢?市场微观结构理论通过信息模型来捕捉市场中知情交易者的概率。但是,随着高频交易的出现,这种方法出现了局限性。本书采用新方法——等交易量知情交易概率(VPIN)来度量我国股指期货市场和商品期货市场的指令流毒性。这个方法纳入了交易量指标,以判断市场上知情交易者的概率。当信息出现时,知情交易者会参与到市场交易中来,这时不平衡交易量就会增加,市场就会产生波动,进而价格受到影响。本书也采用动态知情交易概率方法度量了沪深 300 股指期货市场的知情交易概率,并验证了该方法的有效性和稳健性。

第四,在标的物不同的期货市场之间,是否存在信息的传递呢?本书通过 Granger 因果检验、GARCH-BEKK 模型、脉冲响应函数等方法,对我国的螺纹钢期货市场与铜期货市场、铜期货市场与豆油期货市场之间,以及不同股指期货市场之间的波动溢出效应和价格引导关系进行了研究,以表明不同期货市场之间存在信息传递。

全书共 10 个章节,第 1 章是绪论,主要介绍了本书的研究背景、研究意义、研究方法及研究内容,给出了本书主要的创新点、不足及研究框架。第 2 章是国内外文献综述,主要给出了股指期货价格发现、波动溢出效应、市场微观结构的信息模型及市场微观结构的新趋势——高频交易的理论综述,并对已有研究结果进行整理评述。第 3 章研究了我国沪深 300 股指期货市场的价格发现功能及波动溢出效应,通过分析股指期货市场和相应现货市场之间的信息传递来说明我国股指期货发挥了价格发现功能。第 4 章研究了国际期货市场和国内期货市场之间的波动溢出效应,来说明在不同国家的市场之间存在信息传递关系。第 5 章研究了不同期货市场之间的信息传递,主要以铜期货市场、螺纹钢期货市场、豆油期货市场、国债期货市场和股指期货市场为研究对象,以往的信息传递与波动溢出效应的研究主要集中在期货市场与现货市场、不同区域但标的相同的期货市场之间,而本章主要研究不同标的的期货之间是否也存在信息的传递与波动溢出效应。第 6 章采用新方法测量了我国股指期货市场和商品期货市场的指令流毒性,并论证这个指标的预警作用。第 7 章利用 VECM 误差修正模型研究了投资者情绪与股指期货的价格发现功能。第 8 章构建日度和月度投资者情绪指标,利用 VECM-CCC-GARCH 模型研究了投资者情绪与沪深 300 股指期货和现货市场的动态波动关系。第 9 章利用回归模型,研究沪深 300 股指期货市场和上证 50 股指期货市场中,投资者情绪和知情交易概率对市场质量的影响。第 10 章为全书总结。

本书使用的主要研究方法集中在以下几个方面:

首先,文献分析和理论分析。本书查阅投资者情绪等相关文献资料,以行为金融学理论、市场微观结构理论为基础,系统分析我国股指期货市场投资者情绪对期现市场内部及市场之间价格波动影响,为全书奠定坚实的理论基础。

其次,统计分析。本书运用统计分析方法构建股指期货投资者情绪指标,并通过结构方程模型及 Granger 因果检验对构建的指标进行检验。

再次,比较分析。本书通过分析传统 BW 指标(现货指标)、持仓指标(单一指标)和构建指标(期货复合指标)分别对期现市场的影响,为深入考察期货市场投资者情绪的指标适用性提供借鉴。

最后,基于高频数据的建模分析法。本书利用 CSMAR、WIND、RESSET 系列研究数据库获取的三大股指期货及现货 tick-by-tick 数据、分钟数据、日数据、周数据,运用信息份额模型、VPIN 模型、GARCH 模型等,进行了多方面、多角度的深入分析。

1.4 主要结论、创新点和不足

本书的主要结论如下:

第一,沪深 300 指数期货和现货之间存在长期均衡关系和短期的双向 Granger 因果关系,这表明我国股指期货的合约和规则设计是有效的,它们使投资者可以进行套期保值和套利活动。其次,本书通过 VECM-DCC-GARCH 模型分析了股指期货市场和现货市场的回报率领先-滞后关系和波动溢出效应,研究发现我国股指期货和现货存在双向价格引导关系,但是股指期货在价格发现中起主导作用,第一阶段对价格发现的贡献度为 0.536,第二阶段对价格的贡献度为 0.73122,并且从期货市场到现货市场有显著的波动溢出,波动溢出的方向代表了信息传递的方向,即信息是从期货市场传递到现货市场的。最后,本书通过脉冲响应函数和方差分解两种方法分析了两个市场对信息的反应速度以及短期的相互动态关系。脉冲响应函数显示,期货市场对新信息的反应速度要快于现货市场。方差分解结果表明,在第一阶段,现货市场价格的变动有 89.27%是由股指期货市场引起的,而期货市场的价格变动只有 10.73%是由现货市场引起的;第二阶段,现货市场价格的变动有 85.29%是由股指期货市场引起的,而期货市场的价格变动只有 14.71%是由现货市场引起的。因此股指期货市场在价格发现功能中占主导地位。

第二,本书利用 Granger 因果关系和 VECM-DCC-MVGARCH 模型研究了伦敦铜期货市场和上海铜期货市场的价格领先-滞后关系。实证研究结果显示,上海铜期货市场和伦敦铜期货市场相互引导,在第一阶段数据中伦敦期铜有较强的引导关系,第二阶段数据中上海期铜加强了对伦敦期铜的引导关系。通过研究两个市场对价格发现的贡献度得出,在样本数据的第一阶段,上海铜期货市场对价格发现的贡献仅为 0.3975,但是到了第二阶段,上海铜期货市场对价格发现的贡献度上升为 0.6037,说明上海铜期货市场在价格发现中已经占主导地位。两个市场之间存在显著的双波动溢出效应,两市场之间能够彼此吸收重要信息,并产生强烈的反馈效应,且上海期铜对伦敦期铜的影响力增强。对两个阶段数据进行的脉冲响应函数和方差分解分析表明,上海期铜市场对新信息的反应速度加快,所占市场信息份额大幅增加。

第三,本书在对商品期货市场之间信息传递的研究中,首先用 Granger 因果检验分析了期货市场间的因果关系,螺纹钢期货并不能成为铜期货的 Granger 成因,但是铜期货构成了螺纹钢期货的 Granger 成因。铜期货市场构成了豆油期货市场的 Granger 成因,豆油期货市场并没有构成铜期货市场的 Granger 成因。其次,MVGARCH-BEKK 模型结果表明铜期货和螺纹钢期货之间存在双向动态影响,但是螺纹钢期货对铜期货的影响要滞后于铜期货对螺纹钢期货的影响。铜期货市场向豆油期货市场存在显著的单向波动溢出,可见铜期货市场相对于另外两个期货市场,对新信息的反应速度更快。在国债期货推出对股指期货市场波动性与流动性影响的研究中发现,国债期货的推出减少了股指期货市场的价格波动,且导致股指期货市场对新信息反应速度加快,股指期货市场的信息效率有所提高;总的来说,国债期货与股指期货市场之间存在双向波动溢出效应,股指期货市场存在较强的波动溢出效应,国债期货市场的信息传播速度与质量需进一步地提高与改善。通过对三大指数期货市场之间信息传递效应的研究发现,中证 500 指数期货对上证 50 指数期货具有显著的波动溢出效应;沪深 300 指数期货与中证 500 指数期货之间存在相互的波动溢出效应,信息能够在两个市场之间传递。相对而言,上证 50 指数期货对信息反应速度较慢,处于信息接收地位。

第四,本书采用等交易量知情交易概率(VPIN)度量我国股指期货市场上的指令流毒性，实证结果表明 VPIN 在我国的股指期货中具有显著的预警作用。但是，在实际的资本市场运行中，引起价格波动的因素不止指令流毒性，其他的系统性风险也会引起价格的较大幅度波动。总体而言，在存在高频交易的市场当中，无论是对投资者还是监管部门，VPIN 都可以作为比较有效的风险管理工具。本书还采用了动态知情交易概率（DPIN）这一指标，从逆向交易和羊群交易的角度来检验日内高频环境下，我国股指期货市场上知情交易者的交易概率。实证研究也验证了 DPIN 方法对我国市场的有效性和健壮性。

第五，本书从行为金融学的观点出发，构建出了我国股指期货市场的投资者情绪指数。利用投资者情绪指数，实证研究并证明了在投资者情绪高涨时期，期货市场的主导作用显著减弱，这表明随着噪声交易者的加入，投资风险和交易成本增大，从而信息交易者减少其在期货市场上的交易；投资者情绪对期货市场的信息份额和 GG 因子权重均产生负面影响。也就是说，在高情绪时期，期货价格的信息份额会相对减少；非信息交易者往往在高情绪时期持有较多的多头头寸，投资者情绪确实对噪声交易者风险产生了积极的影响。另外，投资者情绪高涨时，期货和现货市场的异常交易量显著增加；投资者情绪高涨时，现货和股指期货市场自身市场信息对波动性的影响显著增强，且这种影响的非对称性也会显著增加，现货和股指期货市场其他市场信息对波动性的影响（即波动溢出效应）显著增强，期货市场中其他市场信息对波动影响的非对称性显著增加；高投资者情绪对噪声交易者和理性交易者的双重影响，改变了市场的交易风险、成本等因素，使市场信息变得更加嘈杂，加深了市场的动荡，从而影响了市场的波动性和市场间的波动溢出效应。另外，本书在投资者情绪与知情交易概率对股指期货市场的研究中，也发现投资者情绪越高涨，市场流动性越小，波动性越大；将投资者情绪分解为机构投资者情绪和噪声交易者情绪时，其结果也符合上述规律。

本书可能的创新点有四点。首先，本书将"信息"这个关键词贯穿全书，依次研究了股指期货市场和现货市场的价格发现和信息传递、伦敦铜期货市场和上海铜期货市场的价格引导和信息传递、股指期货市场和商品期货市场内部的信息传递、螺纹钢期货市场和铜期货市场的信息传递、国债期货市场和股指期货市场的信息传递等，研究范围相对广泛。其次，本书采用 VECM-DCC-GARCH 模型等多种方法，全面系统地研究了期现市场、伦敦期铜和上海期铜市场的价格发现和波动溢出效应。以往的研究往往对 VECM 模型和 GARCH 模型进行分别估计，这样会影响到均值方程的结果。再次，采用等交易量方法分析我国期货市场上的指令流毒性，系统地研究了我国股指期货市场上的指令流毒性及其特质，这种方法应用在我国期货市场上，会产生很好的预警作用。最后，本书全面地探究了投资者情绪对期货市场信息传递机制的影响，系统地分析了投资者情绪对期货市场价格发现的动态影响，并重点针对知情交易和投资者情绪对市场的影响这一学术空白领域进行研究。

本书可能的不足在于：首先，在分析我国股指期货指令流毒性时，对 VPIN 和波动的关系的考虑不够全面深入，有待进一步研究；其次，在考虑非绝对值的不平衡交易量时，没有系统分析 Signed-SOI 的性质及其和波动的关系；最后，对价格发现功能和指令流毒性的研究是借鉴国外的前沿研究方法，因此理论上创新性有待提高。

1.5 本书结构安排

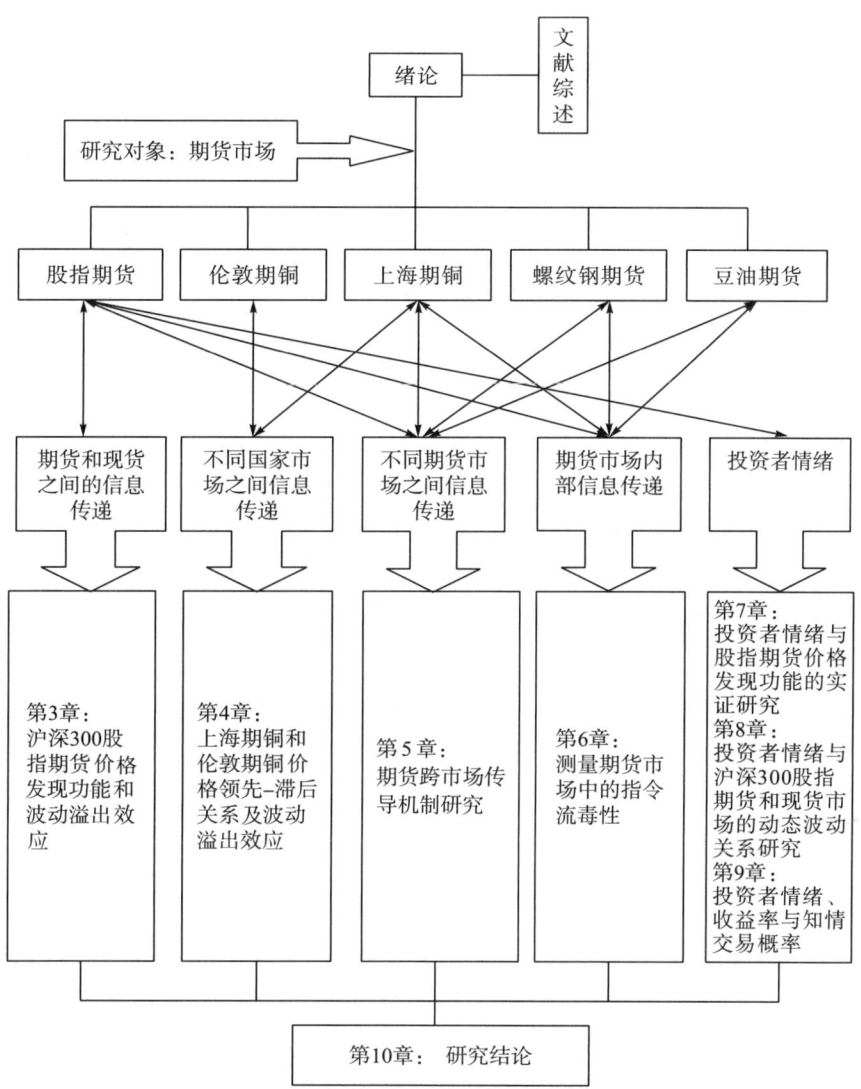

图 1.3 本书研究框架

第2章 国内外文献综述

市场微观结构交易的理念是从观察到的报价数据中提取信息,并依据提取的信息进行交易以获利。资本市场的一个很重要的功能就是通过标的资产的价格来反映信息,该信息可以是通过外部传递的,也可以是通过市场本身产生的,比如交易中的交易量、交易金额、投资者的身份等等,这些信息被称为市场的内部信息。市场微观结构理论中,市场是被假定为信息不对称的,特殊投资者拥有的大量私人信息使得这一假设合理。由于信息不对称,拥有私人信息的投资者可以获得差额汇报,而无信息交易者则成了风险的承受者,这个观点在有效市场假说中得到了实证的支持。

Madhanvan(2000)把市场微观结构分为四类:一是市场价格的形成与价格发现;二是市场结构与机制问题;三是信息与披露;四是其他金融理论与市场微观结构之间的交叉信息问题。本章将对价格发现和市场微观结构中的信息模型做如下综述。

2.1 股指期货价格发现功能与波动溢出效应研究综述

价格发现(price discovery)的定义由 Schreiber 和 Schwartz(1986)给出,它是指一个或多个市场寻找其均衡价格的过程。股指期货的功能除了风险管理之外还有价格发现,即期货市场对新信息的反应速度要比现货市场快。首先,这是因为期货市场的保证金制度,也就是期货市场的杠杆效应使得期货的金融属性比现货强,所以期货市场包含更多的信息。其次,由于期货市场和现货市场的结构不同,它们对信息的反应速度不同,在反应不同类型的信息时各有优势,所以会吸引不同类型的交易者。由于期货交易参与者很多,并且期货具有低成本、高流动性、容易卖空和快速交易等优点,投资者持有的未来交割日现货价格的预期信息会反映在期货价格上。期货市场在价格形成方面的优势决定了它具有价格发现功能。在成熟市场中,股指期货的价格发现功能居于主导地位,股指期货引导指数价格变化,投资者可以根据股指期货的价格变化制订相应的投资策略。

股指期货的价格发现功能,即股指期货与现货市场之间的领先-滞后关系,是解析期货市场和现货市场之间信息传导的重要依据。巴曙松把这方面的研究分为三种:一是通过检验期货价格和现货价格的领先-滞后关系来确定价格发现是否存在,如果存在,则进一步确定价格发现的方向等内容。这其中研究的方法主要有 Granger 因果检验、向量自回归和误差修正模型,目前使用较多的方法为向量自回归模型。二是在期货价格和现货价格协整的基础上精确地确定每个市场对价格的贡献度,定量分析两个市场的主导地位和从属地位,这其中的研究方法主要是共享因子模型。三是研究期货价格和现货价格之间的波动传导,也就是溢出效应。Hamao 等(1990)年提出波动溢出效应模型,溢出效应是指由于投资者投资行为的改变,一个市场的大幅度波动会传播到其他相关市场,溢出效应抓住了波动与信息传播之间的密切关系，揭示两个市场各自在价格发现中的地位。

2.1.1 现货价格和期货价格的协整关系

在研究价格发现的同时，有大量文献研究了期货和现货之间的协整关系。带有漂移项的随机游走对大多数证券价格来说，是一个比较合理的模型，这符合有效市场理论，即当前价格反映了所有可能得到的信息。由于新的信息是随机到达市场的，所以当新的信息到达市场时价格会立即调整、更新。因为随机游走的一阶差分是平稳的，所以价格变化是一阶平稳的。期货定价公式采用无套利条件推出，所以在无套利的条件下期货价格和现货价格有一定的关系。从长期的走势来看期货价格和现货价格会趋于一致。选择一个期货价格和现货价格的线性组合，当这个组合平稳时，也就表明期货价格和现货价格是协整的。协整关系主要描述了非平稳向量之间的长期线性均衡关系。表 2.1 为部分研究者发现的具有协整关系的股指期货和指数。

表 2.1 部分现货价格和期货价格协整研究情况

金融时报 100 指数期货和指数	Wahab 和 Lashgari(1993)、Holmes(1996)
标准普尔 500 期货和指数	Wahab 和 Lashgari(1993)、Sarno 和 Valente(2000)
道琼斯工业平均指数期货和指数	Tse(1999)
日经指数期货和指数	Tse(1995)、Ghosh 和 Clayton(1996)
恒生指数期货和指数	Choudhry(1997, 2003)
MSCITW 指数期货和指数	Roope 和 Zurbruegg(2002)
MMI 指数期货和指数	Lien 和 Luo(1993)
DAX 30 指数期货和指数	Ghosh 和 Clayton(1996)
JSE 黄金指数期货和指数	Beelders 和 Massey(2002)

Kim 等(1999)研究发现标准普尔 500 和纽约证券交易所综合指数期货之间不存在协整关系。他们发现标准普尔 500 指数期货和现货之间不存在协整关系，这个负面结果也许是由于他们使用了期货和现货的 5 分钟收益率数据。Arshanapalli 等(1997)研究了 1987 年 10 月份每天标准普尔 500 指数期货和指数的协整关系，在研究中他们使用了 1 分钟的交易数据。研究中发现这两个序列每天都存在协整关系，除了 10 月 16 日星期五和 10 月 19 日星期一。有趣的是，10 月 16 日星期五那一天不存在协整，而 1987 年美国股灾也是在星期五出现的。

如果现货和期货存在协整关系，并且各自都是一阶平稳的序列，则 Granger 因果定理表明期货和现货之间会存在以下关系(Cuthbertson et al., 1992)：①期货价格领先于现货价格；②现货价格领先于期货价格；③两者同步。这是因为现货价格和期货价格要恢复到长期协整关系，就要对短期偏离进行纠正。

2.1.2 信息和价格发现

当一种资产在不同的市场上交易的时候,一个关键的问题在于哪些市场包含的关于基本价值的信息更多,这个问题就是价格发现的研究对象。以往研究价格发现的文献通常假设一种资产的价格在不同的市场上共享有效价格,这个价格代表了资产的基本价值。从长期来看,相同资产在不同市场上的价格会收敛于有效价格,但是从短期来说,由于市场摩擦的存在,不同市场上的价格会偏离有效价格。在两个或者多个相关市场中,如果其中一个市场的价格反应信息的速度经常领先于其他市场,或者新信息的大部分比例通过某个市场的资产价格变化来揭示,则可称此市场的价格发现功能优于其他市场。

期货市场的一个重要功能就是价格发现。在无摩擦的市场上,新信息应该同时在期货市场和现货市场上被反映出来。然而在现实中,期货市场具有高流动性、低交易成本、卖空限制宽松、较低的保证金和快速执行等优点,所以期货市场要比现货市场包含更多的市场信息,也就是说期货市场对于新信息的反应比现货市场要快。

国外对股指期货的价格发现功能进行了大量的研究。Grossman 等(1977)构建的模型中包含信息交易者和非信息交易者,得到的现货价格只是部分反映了信息交易者所掌握的信息,因为现货价格还受到随机扰动的影响。在这种情形下,期货市场会将信息交易者所掌握的更多信息传递给无信息交易者,这表明期货市场会增加现货市场中价格所反映出来的信息量。

Garbade 和 Silber (1983)建立了期货价格与现货价格之间相互联系的动态模型以刻画期货价格和现货价格在价格发现功能中作用的大小。Kawaller 等(1987)用 1984 年至 1985 年的交易数据检查了标准普尔 500 指数的现货和期货价格之间的领先-滞后关系。首先,研究发现指数对新信息的反应是滞后的,其次对投资者来说,期货市场中较低的交易成本使得期货市场比现货市场更有优势。期货市场中的价格变动会导致现货市场中的价格变动,期货市场在价格发现中起主导作用。

Green 和 Laffont(1986)认为股票市场中缺少卖空机制,所以当投资者无法得知坏消息时,就有了股指期货市场,投资者因此可以通过卖出股指期货来获得空头头寸,所以坏消息就包含在了期货价格中。Kumar 和 Seppi (1992)从市场微观结构的角度研究了股指期货市场和证券市场的差异,发现它们具有不同的微观结构,特别是在信息基础方面存在差异。研究表明期货市场和证券市场各自包含的信息是不同的,以至于两个市场所揭示的信息也不同。因为信息传递是需要时间的,而且两个市场的交易成本也不同,这导致两个市场的摩擦也不相同,所以一个市场的价格会领先另一个市场。期货市场的交易者不同于证券市场的交易者,期货市场的交易者掌握的指数信息比较多,而证券市场交易者掌握的股票信息比较多,这也会导致两个市场的价格差异。

期货和现货交易的品种、机制不同,它们吸引的投资者也不相同,所以两个市场包含的信息不同,大量的研究表明了期货市场在价格发现功能上起主导作用,即在价格发现上期货市场比现货市场贡献度要高一些。

Froot 和 Perold(1995)的研究表明了标准普尔 500 指数 15 分钟收益率的一阶序列相关

系数从 1983 年的 0.35 下降到了 1987 年的-0.05，他们认为这种相关系数的下降是由于股票价格更迅速地反映了市场层面的信息。由于标准普尔 500 指数期货从 1982 年开始交易，这个效应可以归因于期货市场的价格发现功能。

Gonzalo 和 Granger(1995)、Hasbrouck (1995)分别提出共享因子模型和信息份额模型。Brooks 等(2001)用 VAR 模型和向量误差修正模型(VECM)同时研究了 FTSE 100 指数现货和期货之间的关系，研究表明期货价格的滞后变化有助于预测现货价格的变化。Hasbrouck(2003)研究了标准普尔 500 期货、标准普尔 500 小型期货和标准普尔存托凭证(SPDRs)的相对价格发现功能。研究发现小型期货在价格发现中起到了主要作用，并且贡献率高达 90%，而标准普尔 500 和 SPDRs 却只各占贡献率的 5%。Floros 和 Vougas(2007)通过对希腊股指期货市场 1999 年至 2001 年的数据进行分析，也发现期货市场价格领先于现货市场价格。Zhang(2010)研究了高频交易对股票价格波动和价格发现的影响。研究发现在控制了公司的基本波动性和其他外生因素引起的波动性的情况下,高频交易与股票的价格波动呈正相关关系。即使在市场具有很高的不确定性时，这种正向相关性也很强。高频交易可以提高价格发现过程的效率，使股票价格更快回归到它的价值。Hendershott 等(2011)研究了 2008 年 1 月份里，算法交易对德意志交易所里 30 只股票的价格发现过程，算法交易的流动性需求占交易量的 52%，而它只提供了 50%的流动性。价格低时算法交易消耗流动性，价格高时提供流动性，研究发现算法交易使价格发现过程更有效率。

许多文献对我国股指期货市场的价格发现功能进行了研究。刘博文和房振明(2008)、严敏等(2009)研究了沪深 300 股指期货仿真合约的价格发现能力，发现我国股指期货市场价格发现效率低于股指现货市场。何诚颖等(2011)采用了沪深 300 指数期货和现货的 1 分钟高频数据进行实证分析,使用向量误差修正模型和脉冲响应函数进行分析。结果表明,股指期货市场对新信息的反应速度快于现货市场。使用信息份额模型和永久短暂模型实证分析的结果表明，新信息主要通过沪深 300 指数期货市场进行反映。从新信息反应速度和融入比率两方面来看，沪深 300 指数期货市场的价格发现能力都要强于指数现货市场。Yang 等(2012)在研究中用 5 分钟高频数据研究了沪深 300 指数期货市场当日的价格发现功能，并发现在价格发现过程中现货市场发挥了主要的作用，新的股指期货市场在价格发现功能上并没有领先于现货市场。

2.1.3 期货和现货的波动溢出效应

波动溢出效应(volatility spillovers effects)是指两个市场波动之间的信息传导。一个市场受到的冲击溢出到另一个市场，不仅对另一市场的价格水平产生影响，还会影响到其波动性。波动溢出可以解释为期货市场和现货市场之间的信息传递。研究收益率波动之间的传导是因为证券收益率的波动中包含了很多市场信息。虽然收益率变动的领先-滞后关系可以为未来价格变化提供一些预测信息，但是不同市场收益率之间的领先-滞后关系并不一定表示一个市场向另一个市场传递信息，所以研究两个市场之间的波动溢出效应是比较恰当的方法。市场本身的波动代表了风险，所以收益率的波动溢出效应吸引了很多学者对其进行研究。对市场之间信息流量传导方式的正确判断，对政策制定者和投资者来说都具有重要的参考意义。

　　Cheung 和 Ng(1990)研究了标准普尔 500 指数的 15 分钟收益率，研究发现期货收益率的波动要领先现货收益率的波动 15 分钟。Koutmos 和 Tucker(1996)分析了标准普尔 500 指数现货和期货 1984 年～1993 年的日数据。他们在研究中使用二元 ECM-EGARCH 模型分析期货和现货收益率之间的关系，他们关注的是现货和期货市场之间的波动率溢出效应，期货市场前一天的波动率对后一天的现货波动率有显著的正向影响，并且这种影响是不对称的，这种非对称性可以用杠杆效应来解释。当公司股票价格下跌时，公司的资产负债率上升，所以加大了杠杆，这使公司的股票收益率比价格下跌前收益率的风险加大了，这说明坏消息会加强波动率的上升。相反，好消息带来的波动刚好会和杠杆的减小互相抵消掉。因此，期货波动率要领先现货波动率 1 天的时间。Tse(1999)采用 1 分钟交易数据研究了道琼斯工业指数和指数期货之间的价格发现以及两个市场之间的波动溢出效应，研究发现两个市场之间存在双向波动溢出效应。但是期货对现货的波动溢出效应更为显著。吴文锋等(2007)研究了中国铜期货市场和铜现货市场之间的波动溢出效应，采用 GARCH 模型估计了铜期货市场和现货市场的风险价值。研究结果表明铜期货市场和现货市场之间存在双向波动溢出效应，且从期货市场到现货市场的溢出效应更为显著。

　　国内学者对沪深 300 指数期货市场的波动溢出效应也有研究，严敏等(2009)采用有误差修正项的双变量 EGARCH 模型研究沪深 300 指数与仿真期货市场之间的价格发现与波动溢出效应，结果表明两者间不存在显著的双向波动溢出效应。邢天才和张阁(2010)研究沪深 300 指数与仿真期货市场之间的联动效应，发现股指期货对现货市场的波动性影响不大。刘庆富和华仁海(2011)研究 2010 年 4 月 16 日～2010 年 5 月 13 日的 5 分钟高频交易数据，发现股指期货与现货市场之间的风险传递是双向的，且现货市场的波动溢出效应要大一些。文凤华等(2011)选取 2010 年 4 月 16 日～2010 年 6 月 3 日的 5 分钟高频交易数据，采用 VECM-GARCH-BEKK 模型探讨沪深 300 股指期货与指数之间的动态关系，得出两个市场之间存在双向波动溢出效应。邢精平等(2011)对 2010 年 4 月 16 日～2010 年 9 月 30 日期间 1 分钟数据采用 T-GARCH 模型研究发现，两个市场之间存在双向波动溢出效应，但是期货市场的波动溢出效应强于现货市场。张孝岩和沈中华(2011)以 2010 年 1 月 4 日～12 月 31 日之间的 5 分钟数据为样本研究，发现沪深 300 股指期货的推出增加了现货市场的波动性。戴佳青和潘和平(2011)对 2011 年 2 月 9 日～2011 年 4 月 18 日的 1 分钟股指期货交易数据的研究发现两个市场间存在双向的波动溢出效应，且现货市场的波动溢出效应大于股指期货市场。Yang 等(2012)对沪深 300 股指期货市场 2010 年 4 月 16 日～2010 年 7 月 30 日的 5 分钟高频交易数据采用 GARCH-BEKK 模型进行实证研究，发现市场之间存在双向波动溢出效应，并且在基差为正时对价格波动具有显著影响。章永哲等(2015)运用 5 分钟高频交易数据，建立 GARCH 和 BEKK-MGARCH 模型，探究沪深 300 股指期货市场和现货市场收益率波动性之间的关系，分析得到两者之间存在双向波动溢出效应，其中现货市场的波动溢出效应强于期货市场。

2.1.4 不同国家市场之间的领先-滞后关系

由于全球经济一体化进程推动,各个国家的金融市场之间联系日益紧密。世界各地都有期货交易,如果一个市场占有主导地位,那么这个市场的收益率会领先于其他市场的收益率,从而使其他跟随市场的收益率变得可预测。

Becker 等(1993)研究标准普尔 500、金融时报 100 和日经 225 指数的指数期货开盘价和收盘价数据。研究表明有信息在日本市场出现时,日经 225 指数的收盘价格就会被反映出来,伦敦开盘时的信息会在金融时报 100 指数价格中反映出来,最后信息在芝加哥开盘后的标准普尔 500 指数价格中反映出来。他们研究发现标准普尔 500 指数收益率与日经 225 指数收益率有显著的负相关性。伦敦市场收益率并不受之前日净收益率的影响,而芝加哥市场的收益率则与之前日净收益率有正相关性。Martens 和 Kofman(1998)分析了金融时报 100 指数期货和标准普尔 500 指数期货 1 分钟收益率之间的领先-滞后关系,标准普尔 500 指数收益率比金融时报 100 指数收益率领先几分钟,标准普尔 500 指数波动率比金融时报 100 指数波动率领先 1~7 分钟。Gannon 和 Au-Yeung(2004)研究了恒生指数期货和标准普尔 500 指数期货的日数据,他们在 GARCH(1,1)模型中引入了相对标准普尔 500 指数期货波动性的衡量指标,结果表明只有使用标准普尔 500 指数无条件波动率时该指数才会对恒生指数产生波动溢出效应。

国内学术界对伦敦铜期货市场与上海铜期货市场之间的关系已有一些研究。吴冲锋等(1997)首次采用这种方法对上海铜期货价格与现货价格之间的引导进行了分析,发现期货价格与现货价格之间存在互相引导的关系。肖辉等(2004)研究了伦敦铜期货市场与上海铜期货市场之间的价格发现过程,并表明价格发现主要由伦敦金属交易所决定。靳韬等(2005)在交互作用条件下改善 Grange 引导模型,发现上海铜期货价格与伦敦铜期货价格之间存在双向领先-滞后关系。

2.2 市场微观结构——信息模型

市场微观结构理论主要研究价格形成过程,在市场微观结构下的交易是高频交易的核心。市场微观结构交易的理念就是从观察到的报价数据中提取信息,并依据提取的信息进行交易以获利。市场微观结构理论分析特定交易机制对价格的形成过程影响。1989 年爆发的日本股市崩盘暴露了市场的脆弱性,这就引发了投资者和学者对市场交易机制的兴趣。随着金融产品的不断创新和新兴市场的不断出现,人们对市场微观结构的研究也越来越多。

早期的市场微观结构理论重点研究供给和需求的随机特征,后来市场微观结构研究的重点转向价格与市场的信息集成特性。Lyons(2001)提到市场微观结构理论里包含两种基本模型:信息模型和存货模型。信息模型更关注消息公布后,信息反映到价格中的过程。在信息模型中,含有市场信息的委托单流导致了价格变动,而存货模型则解释了没有消息公布时,价格短暂波动的原因。这两种研究模型到现在还没有完全达成共识。

Demsetz(1968)的研究直接分析了交易本身，这开创了对市场微观结构正式研究的先河。Demsetz考察了证券市场上的价格决定因素。Demsetz的研究始于一个简单的观察结果，即交易是有成本的。交易成本有可能是显性成本，也有可能是隐性成本，这些隐性成本也称为即时性价格。Flood(1991)在交易者不同质的假设基础上对价格形成进行分析，如果市场中存在做市商，则做市商为市场提供了流动性，这种服务的成本是通过做市商所报的买卖价差来补偿的，买卖价差可以反映市场的质量，包括市场深度指标、市场效率等。市场微观结构理论把买卖价差的存在归为以下几个主要原因：一是交易者和做市商之间信息不对称；二是存货成本的存在；三是到达的新信息具有不确定性；四是做市商提供流动性的成本和订单成本。

信息模型着重分析各类市场参与者的意图及其未来可能采取的行动。信息模型包括采用对策论模型对报价和交易订单流进行逆向工程解析，以发现做市商拥有的信息，信息模型还利用观测到或者推测出的指令订单流来做出知情交易决策。通过信息模型得出的一个主要的结论就是：即使做市商手中有无限的存货能够即时满足任何交易，买卖价差仍然存在。实际上，在市场中存在知情交易商的情况下，价差是做市商维持其偿付能力的一种方式。当指令从知情交易商传递给做市商时，信息也相应地从知情交易商手中传递到了做市商手中，接下来买卖价差的改变可以让信息从做市商手中传递给更多的市场参与者。

信息损失的原因是市场中存在拥有更多信息的交易商。每当做市商在交易时，如果面对比自己拥有更多信息的交易者，做市商会有信息损失。知情交易商在获知资产价格过低时就会买入资产，过高时就会卖出资产。知情交易商可以选择参与或者不参与交易，但是做市商必须随时报出资产的价格并进行买卖。所以做市商与知情交易商交易时会遭受损失，做市商为了保持支付能力，必须用买卖价差来弥补面对知情交易商的损失。价差是反映做市商面对知情交易者损失和面对非知情交易者盈利的一种平衡，存货和交易成本对价格有一定的影响，但是信息成本也会对价格产生影响，这为市场微观结构研究提供了一个崭新的方向，其最大意义在于不依赖对交易成本进行外生技术性分类的方法，来解释市场买卖价差的行为。

Bagehot(1971)开创了一个新的理论以解释市场价格，他认为市场价格不再由交易成本决定，而是信息发挥了重要作用。他提出买卖报价在于价差方法，这是最粗糙也是最容易观测到度量信息不对称的方法，他在文中区分了由系统风险引起的市场收益以及由非系统风险引起的交易收益。市场收益是指在市场价格上涨的情况下，大部分投资者都能获得的收益；而一段时间过后，信息成本的存在会使投资者的平均收益低于市场收益，这种情况下产生的就是交易收益。在这个理论基础上，Bagehot进一步提出知情交易者和非知情交易者的概念，知情交易者拥有做市商没有掌握的信息，这些信息通常与资产的未来价格相关。做市商面对知情交易者时是损失的，面对非知情交易者则是盈利的。做市商可以通过设定足够大的价差来保证他的利润。在信息模型中，信息不对称在价差形成过程中起了重要的作用，它反映了做市商与两类交易者交易时收益与损失的平衡过程。买卖价差反映了做市商在信息不对称的情况下对市场运动的预期，买卖价差越大，信息不对称程度越高。Bagehot在买卖报价价差方法的基础上，又提出了有效的买卖价差计算方法，即将最新成交价与买卖报价的中间值差值乘以2，然后除以买卖报价的中间值。因此，有效买卖价差几乎等同于买卖报价价差，不过它反映了委托单流的真实状况，并且可以让不同价格水平下的金融工具相互进行比较。

Copeland 和 Galai(1983)首次提出信息成本的概念，建立了在部分交易商拥有较多信息的情况下，做市商定价问题的单期模型。他们提出了两个不同的方法以考虑买卖价差。第一个方法是假定有一个风险为中性的代理商制定买卖价格，使得预期利润最大化。第二个方法是把买卖价格视为由代理商向交易商给出的买入和卖出期权。Copeland 和 Galai 考虑了一个简单模型，假设有一个唯一的风险中性的代理商，这个代理商同多个交易商进行交易。令 P 表示资产价格，$f(P)$ 是一个已知密度函数，这个密度函数对市场来说是外生的。假设有一部分交易商知道资产的真实价值，他们就是知情交易商，其余的交易商并不知道资产的价值，只是知道资产的一般价格，这部分交易商就是非知情交易商或者流动性交易商。模型对信息是怎样产生、由谁获知并未说明，也没有说明流动性交易商为什么要参加交易，模型中把流动性交易商的交易动机作为外生因素。而模型中的知情交易商具有清晰且可以量化的交易动机，从而使模型反映了存货模型中没有考虑的委托单流作用。模型中假定交易商有一定的概率到达市场，其到达的概率独立于资产价格过程。一部分的知情交易商掌握了更多的关于资产价格信息。知情交易商的交易行为是根据他们掌握信息的多少决定的，但是上述假设并没有提及知情交易商对资产价值信息的掌握程度。这个模型引入代理商委托单流中，可能包含基于信息交易的概念的观点。代理商不清楚单个交易者是谁，但是做市商知道某个委托交易是来自信息交易者的概率为 π_1，则其来自非知情交易者的概率为 $1-\pi_1$。

一个交易者进入市场时，这个模型假定非知情交易者进行交易买入资产的概率为 π_{BL}，卖出资产的概率为 π_{SL}，不进行交易的概率为 π_{NL}。假设非知情交易者使其自身交易的利润最大化，并且所有的交易具有相同的规模。假设 P_A 和 P_B 分别为做市商的买卖报价，P 为资产的真实价格，做市商面对知情交易者时预期损失为

$$\int_{P_A}^{\infty}(P-P_A)f(P)\mathrm{d}P+\int_0^{P_B}(P_B-P)f(P)\mathrm{d}P \tag{2.1}$$

做市商面对非知情交易者时预期收益为

$$\pi_{BL}(P_A-P)+\pi_{SL}(P-P_B)+\pi_{NL}(0) \tag{2.2}$$

做市商并不清楚他们面临的交易者类型，但是他们通过对知情交易者和非知情交易者交易的概率进行加权来求期望，所以做市商的目标函数为

$$\begin{aligned}f(P)=&\pi_1[\int_{P_A}^{\infty}(P-P_A)f(P)\mathrm{d}P+\int_0^{P_B}(P_B-P)f(P)\mathrm{d}P]\\&+(1-\pi_1)[\pi_{BL}(P_A-P)+\pi_{SL}(P-P_B)+\pi_{NL}(0)]\end{aligned} \tag{2.3}$$

求出这个目标函数的最大值就可以得到做市商的最优买卖价差。这个模型围绕着信息这一概念，且做市商能够根据信息及不同交易者行为的出现概率计算期望，进而决定买卖价差的大小。这个模型最重要的结论就是即使风险为中性并且处于完全竞争状态的做市商，其买卖价差始终是存在的。买卖价差随着市场的变化而变化，只要存在知情交易商并且交易的概率始终为正，买卖价差就不会为零。这个模型的缺点是只刻画了静态单笔交易。

信息模型为市场微观结构理论提供了信息的研究方向，学者逐渐把理论研究的重点转

移到做市商的定价策略上。Glosten 和 Milgrom(1985)提出交易作为信息信号的观点，将动态的因素引入信息模型，模型中通过分析订单流传递的信息来确定做市商的买卖价差。

如果一些知情交易者拥有更多额外信息，那么对于做市商来说他们平均是亏损的。在 Copeland 和 Galai 的模型所考虑的单笔交易中，计算做市商的期望损失是很容易的，然而这笔交易完成后做市商无法立即获取新信息，做市商面对知情交易者进行交易时遭受的损失并不容易计算，损失的多少取决于买卖价差的大小，还取决于资产的价格对新信息的反应速度。在市场中只完成单笔交易是不太可能的，所以在考虑多次交易时，信息影响资产价格的范围就会更大，交易本身就会披露隐含的信息，并且由此影响价格行为。Glosten 和 Milgrom 的模型中关注了这样的一个事实：在竞争的市场中知情交易者参与交易时会反映他们所掌握的信息，即他们会在获得坏消息时卖出资产而获得好消息时买入资产。所以当有交易者想把资产卖给做市商时，就表明交易者有可能得知了坏消息，但不排除交易者有其他进行交易的原因，比如出于对流动性的需求而进行交易。做市商既然无法判断交易者参与交易的原因，那么做市商就将基于交易发生的类型来调整他对资产价值的预期以进行自我保护。因此当做市商接受交易时，他对资产的预期价值会不断地发生变化，价格也会不断地调整更新。Glosten 和 Milgrom 证明经过一段时间之后，知情交易者参与的市场交易会对市场产生影响，这会使做市商也获得知情交易者所拥有的信息。做市商也获得此信息之后，资产的价格就会收敛于资产的预期价值。

在以前的研究中，委托单流的外生性和资产价值的不确定性，说明做市商所做的决策实质上是在一段时间内制定买卖价差以平衡他们所面临的风险，最终市场价格反映了这些外生参数以及做市商的偏好。而有能力获取市场信息，就意味着价格传导的路径不是独立于自产的真实价值的私人信息。资产的定价与内在资产价值之间的联系就意味着将信息引入价格决定的过程是可以实现的。

Glosten 和 Milgrom 的模型是一个序贯交易模型，这个模型的假设类似于 Copeland 和 Galai 模型的假设，它假定做市商和所有市场参与者是风险中性且相互竞争的，资产的最终价值用随机变量表示。事实上这两个模型共有一个重要的特征，就是存货不起任何作用。做市商的风险中性且无限资本、无破产，因此短期内的假设忽略了存货的作用。在 Glosten 和 Milgrom 模型中，有些信息交易者知道资产的最终价值，另外一些交易者并不知道资产的最终价值。所以不知情交易商面临这样一个问题：如果知情交易商通过自己拥有的信息交易而获得利润，那么这些利润是以非知情交易商的损失为代价的。Milgrom 和 Stokey(1982)指出，如果非知情交易商是出于投机的目的进行交易，那么非知情交易商放弃交易是最好的选择，而不必与知情交易者交易从而遭受损失，这种无交易均衡的结果要求非知情交易商的交易动机不是投机。达到这一要求需要流动性交易者出于某种外生于这个序贯交易模型的动机进行交易。在该模型中，交易按照顺序进行，交易商在任何时点上都可以进行交易，如果信息不能全反映在价格中，知情交易者就可以从交易中获利，所以知情交易者会尽可能多地进行交易，知情交易者的这种行为会被价格反映出来，做市商也会很快地调整买卖价差。

Glosten 和 Milgrom 假设有两种类型的交易者，即知情交易者和非知情交易者 (i,u)，用 Θ 表示交易者类型（$\Theta=i$，或者 $\Theta=u$），资产可以被分为两种可能的值，即高值或者低值，

分别表示为 V^H 和 V^L。交易者拥有的信息为常数 ω。资产的期望价值为 $\bar{v}_t$，用 $\sigma = V^H - V^L$ 表示不确定价格的范围，为了简化则假设在时刻 t 时，$\bar{v}_t = V^H + V^L / 2$，忽略存货和交易成本。理性的做市商会设置买卖价差来保证利润。一个订单到达时，卖价设定为

$$p_t^{ask} = E[v_t | x_t = 1] = V^H pr[\Theta = i | x_t = 1] + \bar{v}_t\, pr[\Theta = u | x_t = 1] \quad (2.4)$$

上式表示流动性提供者根据交易的方向来制定卖价。因此公共信息集包含了时刻 t 的所有信息，包括交易本身包含的信息。此时的买卖价差为

$$p_t^{ask} - p_t^{bid} = \omega\sigma \quad (2.5)$$

交易者之间的信息不对称程度越高，买卖价差越大。因此，如果有人想要向做市商出售资产，可能表明交易商得知了坏消息，也可能表示交易商是为了流动性的需要进行交易。此时的做市商无法判断交易商是否是因为掌握了信息而出售资产，所以做市商会基于交易发生的类型来调整对股票价值的预期。Glosten 和 Milgrom 证明经过一段时间后，知情交易商的交易对市场的影响导致做市商也获得了交易商所掌握的信息，这时价格收敛于资产的预期价值。市场微观结构的研究焦点转移到分析做市商如何从委托单流中获取信息，这一过程又会反过来影响后续的价格变化。

Easley 和 O'Hara（1987）对 Glosten 和 Migrom 模型中的一些假设做了修改。这个模型把交易数量分为两类，一类是大额交易，另一类是小额交易，同时把信息分为三种情况：好信息、坏信息和无信息。结果发现，交易数量比较大的订单最后的成交价格往往并不理想。

Glosten 和 Migrom 的模型对市场微观结构理论有着重要的意义，在这之后理论研究的重点转移到做市商的学习过程上来，但是二人的模型未能描述信息融入价格的速度、交易次序和信息在投资者之间的传递，所以这个模型不能分析知情交易者和非知情交易者的交易策略问题。因此，在这之后研究者发展了批量交易模型，在这个模型中，交易者根据观察到的市场数据进行信息推断，然后再采用各自的交易策略。为了简化模型，做市商策略的条件假定非常简单，只涉及两个变量，一是交易时间，二是交易规模。知情交易者的交易策略还涉及多个知情交易者之间的相互影响。

Kyle（1985）提出存在有一个风险中性的知情交易者、多个需要流动性的非知情交易者、一个风险中性做市商的市场，当做市商的定价为线性市场出清价格时，其得到知情交易者的最优交易策略与非知情交易者的随机订单流可能性成正比，一次交易结束后，知情交易者掌握的信息以 50%的概率反馈到做市商那里。同时，知情交易者会不断地变换策略，在不同时期交易不同数量的股票以隐藏所掌握的信息，研究结果表明这种框架中存在理性的预期均衡，并且表明市场价格最终会包含市场中所有可以利用的信息。

Admati 和 Pfleiderer（1988）发展了知情交易者和非知情交易者的战略模型，模型中允许非知情交易者根据自己的判断选择交易时间，并且其研究表明，在观察到的交易中存在纳什均衡。

信息模型的一个隐含条件是做市商为非信息交易者，但做市商还可能会比一般的交易者掌握更多的信息。这个问题可以通过实证研究来解答。解决这个问题的方法之一，就是

检验做市商的存货和随后的价格上升之间的关系。如果做市商在事前拥有信息，那么做市商的存货和随后的价格上升之间应该是正相关关系。而事实上，人们通过研究纽约证券交易所和其场外市场，证明这种相关性是负的。也就说明做市商拥有的信息并不会优于交易者的平均水平，因此信息模型汇总的假设则是比较合理的。

Easley和O'Hara(1987)研究了做市商的学习过程，跨时期的知情交易者和噪声交易者是不同的，当信息出现时，知情交易者只会在一个方向上进行交易。交易的方向和交易量可以给做市商提供一个信号，做市商可以根据已有的信息来更新他们的期望价格。他们认为价格的调整路径不需要立刻收敛到真正的价值上，价格调整的速度是由很多种不同的因素决定的，包括市场的大小、深度、交易量等。事实上更大的交易量会减慢价格调整的速度。基于信息的影响来度量信息不对性的研究始于Hasbrouck(1991)。Brennan和Subrahmanyam(1996)进一步提出了基于信息影响的向量自回归模型。Glosten和Harris(1988)提出了买卖价差中逆向选择成分的问题。他们将买卖价差分为三个部分：逆向选择风险、处理指令成本和存货风险。Huang和Stoll(1997)对这个模型进行了完善。Easley等(1996)最先提出了PIN(Probability of Informed Trading)模型算法，以直接的方式和参数估计的方法，从序列报价的数据中推断知情交易概率。Easley等(2008)采用GARCH模型对PIN进一步拓展，以此模拟知情交易者与非知情交易者时变的到达概率。Easley等(2011a)提出了一个新的研究思路，即VPIN这一直接度量指标，他采用等交易量划分的方法估计市场上的指令流毒性，也就是市场知情交易概率。VPIN这一方法不用像PIN方法那样，进行一系列不可观测的参数估计，因此为高频交易市场上提供了更有效率的模型方法。

而后，Chang等(2014)研究发现，PIN模型最显著的限制性是必须聚合非常小的内部数据，不能有效地捕捉到短时间的信息。Andersen和Bondarenko(2014a)提出，当控制其他变量不变时，VPIN与交易量和同时期波动性存在相关性，和随后的波动性不存在显著相关性。因此，Anderson和Bondarenko(2015)提出VPIN模型并不适合用于知情交易活动的度量，因为它会被其他与交易相关的因素所影响以致混淆。Chang等(2015)提出了一个更具直观解释、更容易计算的用于知情交易的度量模型。他们延续了Campbell等(1993)的研究思路，拓展了Avramov等(2006)的模型，构建了一个新的代理方法——动态知情交易概率。Campbell(1993)认为股价的变化除了影响公司估值的信息和流动性以外，还与受外生因素影响的非知情交易者有关。而后，Avramov等(2006)在文献研究中把在非预期正收益情况下的日交易卖单定义为"逆向交易"，将在非预期负收益情况下的日交易卖单定义为"羊群行为"。这与先前的研究结果相同，即对于逆向交易者，非预期收益与个人股票收益的波动性不存在相关性；然而，对于羊群交易者，非预期收益与波动性存在显著的负相关性。他们提出，逆向交易者与知情交易密切相关，而羊群交易是非知情交易的良好代表。他们将非预期收益为负时的买入量和非预期收益为正时的卖出量归类为知情交易。这使研究者们可以更容易地估量市场交易频率更高的情况下的知情交易概率。基于此，Chang等(2015)以15分钟划分时间段，计算知情交易概率。Weng等(2016)继续研究DPIN模型，按交易时间段内非预期收益的正负进行计算，对中国台湾期货市场的内外机构投资者交易进行了实证分析，验证了DPIN指标的有效性并利用此证明了中国台湾市场外的机构投资者拥有更多的信息。

2.3 市场结构的新趋势——高频交易

据统计，2009年美国高频交易公司数量仅占总交易公司数量(约20000家)的2%，这些公司却分别占了70%的股票市场交易量和近50%的期货市场交易量，高频交易如风暴一般地席卷了华尔街。大多数高频交易者扮演着做市商的角色，他们能对变化的市场做出反应，并且实现资金的快速周转。高频交易的特征是交易次数很多，而每笔交易的平均盈利较小。高频交易给市场带来的好处体现在以下几点：首先，高频交易策略发现并消除市场暂时出现的无效率之处，并促进市场价格更快地反映市场信息；其次，很多高频交易者为市场提供了显著的流动性，使市场运行更加平稳，并且降低了每个投资者的摩擦成本；再次，高频交易者促进了计算机技术的革新，推动了找到解决网络通信瓶颈的新方法；最后，高频交易还能纠正市场错误定价，从而稳定市场体系。

在高频交易的环境下，高频交易者在提供流动性的同时也承担了一定的风险，即当订单流平衡时，高频交易者可以通过大量交易来赚取利润，而订单流不平衡的时候，高频交易者可能会因为信息不对称进行逆向选择从而遭受损失，高频交易者会衡量对信息交易者的期望损失，如果期望损失很大，他们就会清算头寸离开市场，从而对市场的流动性产生一定的影响。

市场微观结构理论的一个基本观点就是含有市场信息的委托订单流导致了价格变动，衡量信息订单流对高频交易者来说尤为重要。但是根据高频交易的特性，捕捉信息订单流是一件很难的事情。在标准的序贯交易模型中，信息主要是指与资产未来价格有关的一些数据。在股票市场上，投资者很自然地会把信息与公司未来前景和公司产品市场联系起来。因为做市商会同时持有股票的长头寸或者短头寸，资产未来价值的变动直接影响做市商的利润，因此他们会尽可能地从一切交易模式中推断潜在的信息。在高频交易领域，做市商也面临相同的基本问题，高频交易的做市商在几分钟内持有股票，那么这几分钟内的信息就会影响股票的价格，这些信息可能和标的资产的基本面有关，也有可能和交易的本质等因素有关，还有可能和这段时间内的流动性需求有关。广泛的信息面意味着一天中，信息事件会经常发生，信息事件对未来价格的影响也各不相同。

关于高频交易的理论研究表明，高频交易能够改变市场的特征。Cvitanic 和 Kirilenko(2010)首次用理论模型来研究高频交易怎样影响市场。研究中的主要发现就是高频交易出现时的价格和高频交易没有出现时的资产价格是不同的。当高频交易出现时，交易价格的分布的尾部更薄，并且更多价格聚集在均值的附近。当交易者增加订单时，流动性按比例增加。Kearns 和 Kulesza 等(2010)通过分析纽约证券交易所交易和报价数据发现，美国高频交易者通过交易最高盈利达213亿美元。Hasbrouck 和 Saar(2012)通过对交易活动的观察，分析了微妙的交易策略，他们发现高频交易活动降低了波动性和价差，增加了订单的深度。Brogaard(2010)研究了高频交易和波动率之间的关系，表明高频交易降低了当天的波动率。

而与高频交易相关的一个代表性事件就是2010年5月6日美股市场大跌，当日道琼斯工业指数大跌近千点，创下当时该指数单日跌幅的最高纪录。在研究这次"闪跌"事件时发现，高频交易可能并不是这次"闪跌"的导火索，但是对于高频交易是否加速了大跌，各界还没有得到一致的答案。Easley 等（2011a）在知情交易概率 PIN 的基础上提供了一种新的方法，可直接估计高频交易世界里的指令流毒性，即 VPIN。这种方法不需要估计一系列不可观测的参数，且 VPIN 随着新信息到达市场的速度随机更新，这种方法克服了在交易量很大的市场里估计 PIN 的困难，提供了一个比较容易的方法来测量指令流毒性。指令流毒性具有广泛应用价值。首先，对于流动性的提供者来说，可以用 VPIN 值作为实时风险控制工具。Easley 等证明在美股"闪跌"那一天，大跌之前的 VPIN 值已经变得很高，很多的指令流毒性导致流动性提供者离开市场。其次，监管者可以用 VPIN 值监控市场流动性的"质量"，可以提前限制交易或者加强市场控制，在高频交易的领域中，有效的监管必须要在问题发生之前采取措施。最后，交易者也可以用 VPIN 值来设计算法以控制订单的执行风险。

2.4 市场信息传递机制的影响因素——投资者情绪

2.4.1 投资者情绪对资产收益率、投资者组合及流动性的影响

行为金融研究者认为传统金融理论不能很好地解释市场的异象，因为投资者们并非完全理性。由于市场上噪声交易者的过度自信以及自我归因偏差，他们对市场信息的反应能力极弱。De Long 等（1990）把投资者情绪加入噪声交易模型中，指出投资者情绪能够显著影响股票的均衡价格。在投资者参与市场交易的过程中，投资者情绪与投资者理性思维一起决定其市场交易行为，从而影响资产价格的变动。

行为金融学已经表明，当投资者情绪高涨时，理性交易者考虑到噪声交易者交易行为的不可预测而产生的风险，会放缓手中的套利活动，在这一时期，理性交易者将远离市场（Shleifer and Vishny, 2003），因为理性交易者意识到，在市场情绪高涨时，定价过高也可能会大幅降低他们的风险敞口，从而使得噪声交易者行为对价格的影响增加。这种交易行为的差异会影响到资产收益率、流动性和投资者组合等。

池丽旭等（2012）认为投资者情绪可以改变投资者交易行为，从而引起市场收益率和资产价格的突变，造成金融市场的不稳定。梁丽珍（2008）研究表明构建投资者情绪测度对未来的资产收益有非常明显的影响，同时提高了异常收益率。林钢锋（2012）实证分析了投资者情绪与期货市场收益率之间的关系，发现投资者情绪对期货收益存在显著影响，但期货市场的收益率不会对投资者情绪产生影响。熊伟、陈浪南（2015）将噪声交易者加入不完全信息市场均衡模型中，利用结构 VAR 模型分析得出收益率对股票特质波动率的影响随着投资者情绪和噪声交易者比例的上升而变大。石广平等（2016）采用 TVP-SV-SVAR 模型，发现投资者情绪会对股市流动性产生影响，且牛市中的乐观投资者情绪比熊市中的悲观投资者情绪对市场的影响更为显著。

上述研究主要集中在股票市场，而对期货市场的研究主要关注大型投资者或套期保值者的净持仓头寸是否可以作为投资者情绪度量指标，以及该指标可否影响市场走势。Luo

和 Li(2008)分析了中国台湾金融期货市场中投资者情绪与股票收益率对机构投资者行为的不同影响，实证结果表明当期货市场投资者情绪上涨时，国外投资者为净空头，当期货市场投资者情绪低落时，国外投资者为净多头。Kurov(2008)的研究结果说明指数期货市场上，由情绪驱动的交易能提高市场的流动性。

2.4.2 投资者情绪对波动性的影响

在无摩擦的市场中，新信息应该同时在期货和现货市场中被反映出来，但实际上各种摩擦因素使得金融市场并不是完全有效的，两个市场对信息的吸收和反应不同步。在实际情况下，投资者总是希望能根据自己掌握的信息在市场上获利，由于不同投资者对于信息的吸收和处理能力不同，而市场信息又是非对称和不充分的，这些因素使得投资者交易行为发生偏差，投资者的交易行为导致金融资产价格、流动性和交易成本的变动，这些变动会对市场的波动性以及价格发现功能产生一定的影响。

Stambaugh 等(2012)研究发现投资者情绪与金融市场异常现象的发生呈正相关，较高的投资者情绪会吸引更多的噪声交易者进入市场，噪声交易者的不可预测行为加大了市场交易的风险，降低了市场有效性，导致价格长期偏离基础价值，此时套利行为有限，套利交易者将会从市场退出，富有经验的交易者也会降低其持有的头寸。当投资者情绪高涨时，机构交易者将逐渐退出，期货市场由于缺乏机构交易者参与，交易量和流动性显著下降，同时高涨的投资者情绪期货加大了市场波动性。

Yu 和 Yuan(2011)也认为，易受情绪驱动的投资者在市场投资者情绪高涨时会更加积极地进行交易，因为他们不愿意在低情绪时期做空。Kurov(2008)表明投资者情绪会影响投资者的交易行为，并对股票收益和价格波动有显著影响。Corredor 等(2015)以信息交易为基础，选取 6 支样本股票对美国和欧洲股指期现货市场进行研究，运用双变量GJR-GARCH，以噪声交易者的"空间创造效应"为理论依据，探究投资者情绪对期现货市场之间的动态波动关系的影响。研究结果表明，高投资者情绪降低了期现货市场的相关性；在投资者情绪高涨时，期货和现货市场自身信息和其他市场信息对波动性的影响显著降低，期现货市场间的波动溢出效应也显著降低。

2.5 本章小结

以上的研究都围绕着信息在市场中的作用展开，从各自的角度对有关问题进行了分析，在理论模型、检验方法、实证数据等方面做了很多有价值的工作，积累了宝贵的研究成果，为后续研究打下了良好基础。股指期货的价格发现功能即股指期货与现货市场之间的领先-滞后关系，是解析期货市场和现货市场之间信息传导的重要依据。对国外成熟市场的股指期货价格发现功能研究表明，股指期货价格往往引导现货价格，期货市场在价格发现中起主要作用。然而，由于我国股指期货推出时间比较晚，在其推出之前的研究主要集中在仿真交易，在其推出之后，许多关于股指期货价格发现的研究也较少采用时间跨度数据，得到的结论也不统一，这表明我国股指期货市场的价格发现功能有待进一步地研究与探讨。

关于伦敦期铜和上海期铜价格之间的关系研究，其结论都是伦敦期铜价格领先上海期铜价格，并且伦敦期铜的溢出效应更强。但是随着我国铜期货市场的不断发展和完善，上海期铜价格对伦敦期铜价格产生了重要的影响。但目前对两个市场的研究多是单向地分析了价格引导关系和波动溢出效应，并没有在同一模型中考虑这两个市场的相互关系，因此不能很精确地刻画两个市场之间的内在关系。

市场微观结构理论中信息流捕捉是很重要的，因为做市商或者流动性的提供者面临着流动性风险，当信息交易者出现的时候，做市商和流动性提供者是有损失的，以上部分研究围绕捕捉市场中知情交易者概率，做市商可以根据这个概率判断自己面临的是知情交易者还是非知情交易者。高频交易中的信息同其他交易不同，高频交易的出现使市场微观结构进入了另一个崭新的领域，上述研究集中于高频交易对市场的波动性、价格发现功能的影响和对市场流动性的影响等问题。而我国学术界关于高频交易对市场影响的研究还比较匮乏，许多问题有待研究与探讨。

关于投资者情绪对市场的影响研究，大多研究主要关注投资者情绪如何影响资产定价、波动性等，且集中在股票市场，而我国研究领域对投资者情绪动态影响期货市场价格发现和投资者情绪影响股指期货与现货市场之间的动态信息传递机制鲜有涉足，关于知情交易和投资者情绪对市场影响分析的相关研究，以及噪声交易者和机构交易者的情绪对市场影响程度的比较分析的研究也比较匮乏。基于此，本书重点对上述问题展开研究。

第3章 沪深300股指期货价格发现功能和波动溢出效应

3.1 期货价格与现货价格信息传递关系

股指期货的功能除了风险管理之外还有价格发现。由于期货市场和现货市场结构的不同，它们对信息的反应速度也不同，在反映不同类型的信息时各有优势，所以会吸引不同类型的交易者。由于期货交易参与者很多，并且期货具有低成本、高流动性、容易卖空、杠杆交易和快速交易等优点，投资者持有的未来交割日现货价格的预期信息会反映在期货价格上。期货市场在价格形成方面的优势决定了它具有价格发现功能。我国股指期货在2010年4月16日上市交易，沪深300指数期货发挥的价格发现功能，改变了市场以往的信息传播模式，同时也改变了市场信息反应的机制和能力，加速了信息传播，提高了信息效率。

3.2 股指期货市场和现货市场之间关系

股指期货和相应指数之间的领先-滞后关系是研究领域比较基本的问题，得到了广泛的研究，各种研究的结果总体分为三种：一是期货价格领先于现货价格；二是现货价格领先于期货价格；三是期货价格和现货价格同步。产生不同的结果基于以下原因：首先，由于各个国家和地区之间的差异，期货市场和现货市场发展速度不同，市场结构也不同，所以各地学者研究的结果也不相同；其次，由于每个研究采用的方法和模型不相同，所以会出现不同的结果；最后，由于数据采用的样本区间和频率不同也会出现不同的结果。表3.1总结了主要国家的股指期货和标的指数之间的领先-滞后关系。

表 3.1 主要国家的股指期货和标的指数之间领先-滞后关系研究结果

国家	年份	作者	股指期货名称	样本数据区间	结果
美国	1987	Kawaller, Korch 和 Koch	标准普尔500期货和现货	1984~1985年 1分钟交易数据	股指期货价格领先现货价格20~45分钟
	1987	Herbst, McCormack 和 West	标准普尔500、VLCI指数	1982~1991年 10秒钟交易数据	期货价格领先现货价格0~16分钟
	1987	Finnerty 和 Park	MMI	—	期货价格领先现货价格1分钟
	1988	Laatsch 和 Schwarz	MMI	1984~1986年 1分钟交易数据	期货价格领先现货价格1分钟
	1988	Swinnerton, Curcio 和 Bennett	MMI	1986年交易数据	期货价格前5分钟变动对指数现货价格后5分钟变动有预测作用

续表

国家	年份	作者	股指期货名称	样本数据区间	结果
美国	1990	Stoll 和 Whaley	标准普尔500和MMI	1982~1987年5分钟收益率数据	期货收益率领先现货收益率大约5分钟
	1990	Cheung 和 Ng	标准普尔500	1983~1987年15分钟价格数据	期货价格领先现货价格15分钟
	1991	Chan K, Chan K C 和 Karolyi	标准普尔500	1984~1989年5分钟收益率数据	期货收益率领先现货收益率大约5分钟
	1991	Schwarz 和 Laatsch	MMI	1985~1988年1周、1天、5分钟、1分钟交易数据	期货价格和现货价格随时间变化,最初现货市场价格领先期货市场价格,但在数据末端,期货市场价格领先现货价格
	1991	Kutner 和 Sweeney	标准普尔500	1987年8~12月1分钟交易数据	期货价格领先现货价格大约20分钟
	1992	Chan K	MMI 中20个成分股	1984~1985年、1987年5分钟收益率数据	期货收益率领先现货收益率15分钟
	1993	Wahab 和 Lashigari	标准普尔500	1988~1992年日收益率数据	期货和现货收益率有双向因果关系
	1996	Ghosh 和 Clayton	标准普尔500	1988年15分钟交易数据	期货价格领先现货价格15分钟
	1996	Fleming,Ostdiek 和 Whaley	标准普尔500、标准普尔100指数、标准普尔500期货和标准普尔100期权	1988~1991年5分钟交易数据	期货价格领先指数最多20分钟,期货价格领先于期权价格,期权价格领先现货价格
	1997	De Jong 和 Nijman	标准普尔500	1993年10~12月不规则间隔交易数据	通常期货价格领先现货价格11分钟,有时现货价格也领先期货价格2分钟
	1998	Pizzi 和 O'Neill	标准普尔500	1987年1分钟收益率数据	通常期货市场收益率领先现货市场收益率20分钟,有时现货市场收益率也领先期货市场收益率3~4分钟
	1999	Kim,Szakmary 和 Schwarz	标准普尔500、MMI 和 MYSE	1986~1991年5分钟收益率数据	标准普尔500期货收益率领先其他两种期货收益率5分钟,而MMI指数收益率领先其他指数收益率大约5分钟
	1999	Brooks,Garrett 和 Hinich	标准普尔500、金融时报100	1983~1993年日收益率数据	标准普尔500期货收益率和现货收益率之间没有领先-滞后关系,而金融时报100在很短时间里期货收益率领先于现货收益率
	1999	Tse	道琼斯工业指数	—	价格发现主要发生在期货市场,期货市场和现货市场之间存在双向波动溢出效应,期货市场波动溢出效应强于现货市场

续表

国家	年份	作者	股指期货名称	样本数据区间	结果
	2002	Chatrath, Christie, Dhanda 和 Koch	标准普尔 500	1993~1996 年 15 分钟收益率数据	当指数上涨，波动率很高，市场不再开盘价位或者收盘价位时，期货收益率领先于现货收益率，相反的情况下现货收益率领先于期货收益率
加拿大	2010	Beaulieu, Ebrahim 和 Morgan	TSE35	1991 年 15 分钟收益率数据	期货收益率领先指数收益率 15 分钟
墨西哥	2004	Zhong, Darrat 和 Otero	IPC	1999~2002 年日收益率数据	期货收益率领先于现货收益率
日本	1994	Bacha 和 Vila	日经 225	1986~1992 年日开盘价和收盘价数据	期货市场价格领先于现货市场价格
	1995	Tse	日经 225	1988~1993 年日交易数据	期货价格领先现货价格长达 2 天
	1996	Lihara, Kato 和 Tokunaga	日经 225	1989~1991 年 5 分钟收益率数据	期货收益率领先于现货收益率
	2004	Covrig, Ding 和 Low	日经 225	2000 年日交易数据	期货市场价格和现货市场价格存在双向 Granger 因果关系
中国香港	2001	Chiang 和 Fong	恒生指数	1994 年 5 分钟交易数据	期货价格领先于现货价格
韩国	1999	Min 和 Najand	KOSPI 200	1996 年 5 个月 10 分钟收益率数据	现货收益率领先期货收益率多达 20 分钟
澳大利亚	1999	Frino 和 West	AOI 和 SPI	1992~1997 年日交易数据	期货价格领先于现货价格
	1999	Sim 和 Zurbrucgg	SPI 和 AOI	1997 年 10 分钟收益率数据	现货价格领先于期货市场价格
	2005	Hodgson 和 Masih	AOI 和 SPI	1992~1993 年 15 分钟收益率数据	期货收益率领先于现货收益率
英国	1993	Theobald 和 Yallup	金融时报 100	1984~1991 年收益率数据	期货收益率领先于现货收益率
	1995	Abhyankar	金融时报 100	1986~1990 年 1 小时收益率数据	期货市场收益率领先于现货市场收益率
	1998	Abhyankar	金融时报 100	1992 年 5 分钟收益率数据	期货收益率领先现货收益率 5~15 分钟
	2001	Gwilym 和 Buckle	金融时报 100	1993~1996 年 1 小时收益率数据	期货收益率领先现货收益率 1 小时
	2003	Mckenzie 和 Frino	金融时报 100	1999 年 5 分钟交易数据	期货价格领先于现货价格
德国	1994	Grunbichler, Longstaff 和 Schwartz	DAX	1990~1991 年 5 分钟交易数据	电子化交易加速了期货价格发现过程
法国	2000	Green 和 Joujon	CAC 40	1989~1993 年日交易数据	开始是现货价格领先于期货价格，最后是期货价格领先于现货价格

续表

国家	年份	作者	股指期货名称	样本数据区间	结果
荷兰	1997	De Jong 和 Donders	EOE	1992~1993 年 5 分钟交易数据	期货价格领先指数和期权价格 5~10 分钟
波兰	2011	Bohl, Salm 和 Schuppli	WIG 20	1998~2004 年日交易数据	现货价格领先于期货价格
中国	2012	Yang, Yang 和 Zhou	CSI 300	2010 年 4~7 月 5 分钟交易数据	现货价格领先于期货价格,期货市场和现货市场有双向波动溢出效应

总结以上研究结果可知,大部分研究得到的结果是期货市场价格或收益率领先于现货市场价格或收益率,说明期货市场在价格发现中发挥了主要作用。也有一部分研究的结果是现货市场对期货市场产生了不同程度的反馈作用。得出现货市场价格领先于期货市场价格结论的研究很少。

3.3 沪深 300 股指期货价格发现功能和波动溢出效应

为了研究我国沪深 300 指数的价格发现功能及其股指期货和指数之间的波动溢出效应,本章将针对以下问题进行详细探讨。

首先,分析两个市场之间的因果关系。通过 Granger 因果检验分析我国股指期货市场和现货市场之间的因果关系,来判断两个市场之间的价格引导关系。

其次,采用 VECM-DCC-MVGARCH 模型研究我国股指期货市场的价格发现功能,这个模型可以同时分析股指期货市场和现货市场的收益率领先-滞后关系、波动率传导机制和两个市场的条件相关关系。通过这个模型具体分析两个市场在价格发现中的贡献度,从而具体说明期现货市场在价格发现中的相对地位,并且观察我国股指期货在样本区间中价格发现过程的变化及两个市场之间的信息传递。

最后,通过脉冲响应函数观察期现货价格之间的动态关系,基于向量误差修正模型(VECM),运用脉冲响应函数分析与方差分解分析两种方法进一步考察具体的信息冲击影响与反应过程。

3.3.1 模型与实证方法

1. Granger 因果检验

1) Granger 因果检验的定义

Granger(1969)提出用 VAR 模型来分析经济时间序列变量之间的因果关系。

假设有两个平稳时间序列 X_t 和 Y_t,Granger 因果关系解决了 X_t 是否引起 Y_t 的问题,其依据是序列 Y_t 能够在多大程度上被过去的 X_t 解释。如果 X_t 的滞后在 Y_t 的预测中有帮助,就可以说"Y_t 是由 X_t Granger 引起的"。对 Y_t 进行 s 期预测的均方误差(MSE)为

$$\text{MSE} = \frac{1}{s}\sum_{i=1}^{s}(\hat{Y}_{t+i} - Y_{t+i})^2 \tag{3.1}$$

用数学语言来定义 Granger 因果关系：如果对所有 $s>0$，对于序列 $(Y_t, Y_{t-1}, \cdots)$ 预测 Y_{t+s} 得到的 MSE 与基于 $(Y_t, Y_{t-1}, \cdots)$ 和 $(X_t, X_{t-1}, \cdots)$ 两个序列得到的 MSE 相同，则 Y_t 不是由 X_t Granger 引起的。若下式成立：

$$\mathrm{MSE}[\hat{E}(Y_{t+s} | Y_t, Y_{t-1}, \cdots)] = \mathrm{MSE}[\hat{E}(Y_{t+s} | Y_t, Y_{t-1}, \cdots, X_t, X_{t-1}, \cdots)]$$

则 X_t 不能 Granger 引起 Y_t，等价的说法就是序列 X_t 外生于 Y_t 序列。即如果一个事件 X 是另一个事件 Y 的原因，那么事件 X 可以领先于事件 Y。

2) Granger 因果关系检验

在二元 P 阶的 VAR 模型中：

$$\begin{pmatrix} Y_t \\ X_t \end{pmatrix} = \begin{pmatrix} a_{10} \\ a_{20} \end{pmatrix} + \begin{pmatrix} a_{11}^1 & a_{12}^1 \\ a_{21}^1 & a_{22}^1 \end{pmatrix} \begin{pmatrix} Y_{t-1} \\ X_{t-1} \end{pmatrix} + \begin{pmatrix} a_{11}^2 & a_{12}^2 \\ a_{21}^2 & a_{22}^2 \end{pmatrix} \begin{pmatrix} Y_{t-2} \\ X_{t-2} \end{pmatrix} + \cdots + \begin{pmatrix} a_{11}^p & a_{12}^p \\ a_{21}^p & a_{22}^p \end{pmatrix} \begin{pmatrix} Y_{t-p} \\ X_{t-p} \end{pmatrix} + \begin{pmatrix} \varepsilon_{1t} \\ \varepsilon_{2t} \end{pmatrix} \quad (3.2)$$

当且仅当系数矩阵中的系数 a_{12}^q 全部为零时，X_t 不能 Granger 引起 Y_t。利用 F 检验来判断 Granger 原因，即检验以下联合假设：

$$H_0: a_{12}^q = 0, q = 1, 2, \cdots, p$$
$$H_1: 至少存在一个 q 使得 a_{12}^q \neq 0$$

其统计量为

$$S_1 = \frac{(\mathrm{RSS}_0 - \mathrm{RSS}_1)/p}{\mathrm{RSS}_1/(T - 2p - 1)} \sim F(p, T - 2p - 1) \quad (3.3)$$

S_1 服从 F 分布。如果 S_1 大于 F 的临界值，则拒绝原假设；如果 S_1 小于 F 的临界值，则接受原假设。其中 RSS_1 是式中 Y 方程的残差平方和，RSS_0 是不含 X 的滞后变量的残差平方和。

2. VECM-DCC-GARCH 模型

1) 向量误差修正模型

假设沪深 300 指数和相应期货的价格为 S_t 和 F_t，取其自然对数分别表示为 $s_t = \log(S_t)$ 和 $f_t = \log(F_t)$。那么这两个序列之间的协整关系可以表示为

$$f_t = \alpha_0 + \alpha_1 s_t + ec_t \quad (3.4)$$

当天的连续收益率可以表示为 $\Delta s_t = (s_t - s_{t-1})$ 和 $\Delta f_t = (f_t - f_{t-1})$，则二元向量误差修正模型可以表示为

$$\Delta s_t = \beta_{s,0} + \gamma_s ec_{t-1} + \sum_{j=1}^{p} \beta_{ss,j} \Delta s_{t-j} + \sum_{j=1}^{q} \beta_{sf,j} \Delta f_{t-j} + \varepsilon_{s,t} \quad (3.5)$$

$$\Delta f_t = \beta_{f,0} + \gamma_f ec_{t-1} + \sum_{j=1}^{p} \beta_{fs,j} \Delta s_{t-j} + \sum_{j=1}^{q} \beta_{ff,j} \Delta f_{t-j} + \varepsilon_{f,t}$$

其中 $ec_t = f_t - \alpha_0 - \alpha_1 s_t$。

这个模型解释了两个变量之间的长期和短期关系。误差修正项的系数 γ_s 和 γ_f 反映了市场对长期均衡偏离的调整力度。从市场微观结构理论的角度来解释这种反向修正机制，即当期货市场价格偏离了长期均衡价格，并且偏离为正(负)时，期货价格高于(低于)长期均衡价格，这时期货投资者就有动机卖出(买入)期货合约，这种套利行为使得期货价格下

跌(上涨),导致下一期的期货市场收益为负(正)。因此预期期货市场收益方程中的误差修正项系数是负的,那么期货价格会以负价格变化,现货价格也可能以正的价格变化来修正错误定价。从市场微观结构角度来看,对于现货方程来说,误差修正项系数为正就意味着符合反向修正机制;在期货方程中,误差修正项系数为负意味着符合反向修正机制,这与现货方程中的情况刚好相反。套利和动量效应共同决定了现货市场收益率方程中的误差修正项系数的正负。当现货方程中误差修正项系数为正(负)时,现货的价格被低(高)估,这时套利者就会进入现货市场并且买入(卖出)现货。套利者的这种交易行为使得现货的价格上涨(下跌),导致现货市场的收益为正(负)。所以,套利效应意味着现货方程中的误差修正项系数为正。另一方面,期货市场对新信息的反应速度比现货市场快,所以这种正(负)偏离有可能会导致现货市场价格持续偏离长期均衡价格,即现货价格被进一步低估(高估),这就产生了所谓的动量效应。因此一般情况下,我们期望 $\gamma_f < 0$ 和 $\gamma_s > 0$,现货市场的误差修正项系数和期货市场的误差修正项系数可能会有相同的正负号。

另外,市场短期波动的影响由 $\beta_{sf,j}$ 和 $\beta_{fs,j}$ 表示。($\beta_{ss,j}$, $\beta_{ff,j}$)表示两个时间序列向均值回归的程度。均值回归是指无论期货价格高于或低于价值中枢(均值),都有很高的概率出现向价值中枢回归的趋势。

2) 价格发现贡献度

由于市场中存在套利者,期货和现货之间如果出现套利机会,套利者就会进行交易,使期货价格和指数价格收敛。期货价格和指数价格之间存在协整关系,它们受到一个公共因子的驱动,这种公共因子也称为隐性有效价格(So and Tse,2004)。VECM 模型可以检验期货价格和现货价格之间的引导关系,但是仅仅能确认它们之间影响的方向。在 VECM 模型基础上进行公共因子模型分析,不但可以确定价格引导关系及其方向,还可以定量确认每个市场在价格发现方面的优势和贡献。

为了量化两个市场对价格发现的相对贡献,本书用 Schwarz 和 Szakmary(1994)提出的基于误差修正项系数的简单测量指标进行计算,期货和现货市场的公共因子可以表示为

$$\theta_f = \frac{\gamma_s}{\gamma_s + |\gamma_f|} \text{ 和 } \theta_s = 1 - \theta_f = \frac{|\gamma_f|}{\gamma_s + |\gamma_f|} \quad (3.6)$$

如果价格发现过程只发生在期货市场则 $\theta_f = 1$。相反,如果价格发现仅发生在现货市场则 $\theta_f = 0$。

本书使用的方法同 Gonzalo 和 Granger(1995)中的长短期模型(Permanent Transitory Model)、Hasbrouck(1995)信息份额模型(Information Share Model)十分相似。比较这三种方法,Theissen(2002)证明 Schwarz 和 Szakmary(1994)的测量方法可以从 Gonzalo 和 Granger(1995)中的长短期模型中推出,且两者得到的结论和信息份额模型十分接近。

3) DCC-GARCH 模型

在研究期货市场和现货市场价格发现问题的过程中,需要考虑的另一个重要问题就是期货市场和现货市场之间的波动率传导,这是由 Chan 等(1991)提出的。研究期现市场回

报率波动关系，可以帮助我们了解两个市场之间的信息流是怎样传递的。首先用多元 GARCH 模型来分析期货市场和现货市场之间的波动率传导。其方差-协方差矩阵为

$$\text{var}(\varepsilon_{s,t}, \varepsilon_{f,t} | \Psi_{t-1}) \equiv H_t = \begin{bmatrix} h_{ss,t} & h_{sf,t} \\ h_{sf,t} & h_{ff,t} \end{bmatrix} \tag{3.7}$$

假设条件方差表示为

$$h_{ss,t} = \omega_s + \delta_{s,1} h_{ss,t-1} + \delta_{s,2} \varepsilon_{s,t-1}^2 + \delta_{s,3} \varepsilon_{s,t-1}^2 I_{s,t} + \delta_{s,f} \varepsilon_{f,t-1}^2 + \delta_{s,ec} ec_{t-1}^2 \tag{3.8}$$

$$h_{ff,t} = \omega_f + \delta_{f,1} h_{ff,t-1} + \delta_{f,2} \varepsilon_{f,t-1}^2 + \delta_{f,3} \varepsilon_{f,t-1}^2 I_{f,t} + \delta_{f,s} \varepsilon_{s,t-1}^2 + \delta_{f,ec} ec_{t-1}^2$$

首先，向模型中引入虚拟变量 $I_{i,t}$ 以描述非对称效应，如果 $\varepsilon_{i,t-1} < 0$，则 $I_{i,t} = 1$。其次，向条件方差模型中引入误差修正项以观察它对两个方差序列的影响，套利者为了寻找短期的错误定价，会在期货市场和现货市场进行交易，交易强度的增加会引起两个市场的较大波动，因此，误差修正项的系数应该为正。最后，由于期现市场之间有信息的传递，所以模型中系数 $\delta_{s,f}$ 和 $\delta_{f,s}$ 反映了两个市场之间的波动溢出效应。有研究认为相对于收益率本身而言，可能会有更多的信息流包含在收益率的波动率中。虽然收益率的领先-滞后关系对价格变化提供了一些预测性的信息，为价格发现功能提供了一些证据，但是如果不考虑两个市场之间的波动溢出效应可能会导致错误的结论产生。如果 $\delta_{s,f}$ 显著，就可以拒绝原假设——期货市场收益率并没有波动溢出到现货市场。这就表示期货市场的信息流传到了现货市场中，即期货市场在价格发现中起主导作用。

许多研究提出了不同的条件方差模型，本书采用 Engle(2002) 提出的动态相关(DCC)模型，这个模型确保 H_t 在简单的条件参数下为正，因此它提供了一种方法，可直接衡量期货市场和现货市场之间的时变相关关系。另外，$\rho_{ij,t}$ 表示期货市场和现货市场的条件相关系数，则残差的方差-协方差矩阵可以写为

$$H_t = \begin{bmatrix} h_{ss,t} & \rho_{sf,t} \sqrt{h_{ss,t} h_{ff,t}} \\ \rho_{sf,t} \sqrt{h_{ss,t} h_{ff,t}} & h_{ff,t} \end{bmatrix} = D_t R_t D_t \tag{3.9}$$

其中 $D_t = \text{diag}(h_{11,t}^{1/2} \cdots h_{22,t}^{1/2})$ 为条件标准差对角矩阵，

$$R_t = \text{diag}(q_{11,t}^{1/2} \cdots q_{22,t}^{1/2}) Q_t \text{diag}(q_{11,t}^{1/2} \cdots q_{22,t}^{1/2}) \tag{3.10}$$

矩阵 Q_t 取决于标准化残差的平方 $u_{i,t} = \varepsilon_{i,t} / \sqrt{h_{ii,t}}$，它们的无条件方差-协方差矩阵 ($\overline{Q}$) 和滞后值为

$$Q_t = (1 - \kappa_1 - \kappa_2) \overline{Q} + \kappa_1 u_{t-1} u_{t-1} + \kappa_2 Q_{t-1} \tag{3.11}$$

其中 $\kappa_1, \kappa_2 > 0$ 且 $\kappa_1 + \kappa_2 < 1$。

常相关系数波动率模型的一个主要特点是在实际应用中，两个时间序列的相关是随着时间的变化而变化的。Tse(2000) 提出了一个拉格朗日乘子统计量检验多元 GARCH 模型中常相关系数的假设。

时变相关系数可以通过方差-协方差矩阵中非对角线上的元素得到

$$\rho_{sf} = \frac{h_{sf,t}}{\sqrt{h_{ss,t} h_{ff,t}}} \tag{3.12}$$

DCC 模型可以通过两步法来进行参数估计，首先估计资产单变量的 GARCH 过程，然后通过得出的条件方差标准化残差估计动态相关结构的参数。模型参数 θ 被分解为：$(\phi_1,\phi_2,\cdots,\phi_k,\varphi)=(\phi,\varphi)$ 和 $\phi_i=(\omega,\alpha_{1i},\cdots,\alpha_{p,i},\beta_{1i},\cdots,\beta_{q,i})$，$\phi_i$ 为第 i 种资产序列的单变量 GARCH 过程的参数。由于第一阶段的参数估计与 R_t 无关，在似然函数中用一个 $k\times k$ 单位矩阵 I_k 代替 R_t，第一阶段的似然函数就可以表示为

$$\begin{aligned}L_1(\phi|r_t)&=-\frac{1}{2}\sum_{t=1}^{T}(k\log(2\pi)+\log(|I_k|)+2\log(|D_t|)+r_t'D_t^{-1}I_kD_t^{-1}r_t)\\&=-\frac{1}{2}\sum_{t=1}^{T}(k\log(2\pi)+2\log(|D_t|)+r_t'D_t^{-2}r_t)\\&=-\frac{1}{2}\sum_{t=1}^{T}(k\log(2\pi)+\sum_{n=1}^{k}(\log(h_{it})+\frac{r_{it}^2}{h_{it}}))\\&=-\frac{1}{2}\sum_{n=1}^{k}(k\log(2\pi)+\sum_{t=1}^{T}(\log(h_{it})+\frac{r_{it}^2}{h_{it}}))\end{aligned} \quad (3.13)$$

第一阶段估计完成后，以所得参数为条件，第二阶段的似然函数可以表示为

$$\begin{aligned}L_2(\varphi|\hat{\phi},r_t)&=-\frac{1}{2}\sum_{t=1}^{T}(k\log(2\pi)+2\log(|D_t|)+2\log(|R_t|)+r_t'D_t^{-1}R_t^{-1}D_t^{-1}r_t)\\&=-\frac{1}{2}\sum_{t=1}^{T}(k\log(2\pi)+2\log(|D_t|)+2\log(|R_t^{-1}|)+\varepsilon_t'R_t^{-1}\varepsilon_t)\end{aligned} \quad (3.14)$$

似然函数中影响参数选择的部分是 $\log(|R_t^{-1}|)+\varepsilon_t'R_t^{-1}\varepsilon_t$，因此只需最大化以下似然函数中的该部分，就可以使 DCC 模型的参数得以估计为

$$L_2^*(\varphi|\hat{\phi},r_t)=-\frac{1}{2}\sum_{t=1}^{T}(\log(|R_t^{-1}|)+\varepsilon_t'R_t^{-1}\varepsilon_t) \quad (3.15)$$

3. 脉冲响应函数和方差分解

本书为了更好地研究期货价格和现货价格之间的动态关系，将采用基于向量误差修正模型（VECM）的脉冲响应函数与方差分解两种方法来进一步考察期货市场与现货市场之间的信息冲击与反应过程。

1) 脉冲响应函数

Granger 因果检验只是给出了现期货市场收益率之间的相互引导关系，但是给出的引导关系不够精确，也就是说，在两市场相互引导的基础上，我们需要知道现货对期货施加影响的时间长度和期货对现货施加影响的时间长度，即分析它们各自的短期价格发现能力。接下来本书使用脉冲响应函数来分析现货和期货之间的短期动态互动过程。脉冲响应函数是用来分析一个误差项发生变化，即模型受到某种冲击时对系统的动态影响，即对内生变量当前和未来取值的影响。脉冲响应函数主要用于分析向量误差修正模型的扰动项发生的变动对现货和期货市场的影响。方差分解方法把期现货价格的波动按其成因分解为与各新息相关的组成部分，分析每一个新息对各内生变量的变化贡献度，以此评判各新息的相对重要性。下面以二元变量的 VAR 模型来说明脉冲响应的过程。

$$x_t = a_1 x_{t-1} + a_2 x_{t-2} + b_1 y_{t-1} + b_2 y_{t-2} + \varepsilon_{1t}$$
$$y_t = c_1 x_{t-1} + c_2 x_{t-2} + d_1 y_{t-1} + d_2 y_{t-2} + \varepsilon_{2t} \qquad t=1,2,\cdots,T \tag{3.16}$$

假设扰动项 $\varepsilon_t = (\varepsilon_{1t}, \varepsilon_{2t})'$ 具有以下性质

$$E(\varepsilon_{it}) = 0, \qquad 对于 \forall t, i=1,2,\cdots$$
$$\mathrm{var}(\varepsilon_t) = E(\varepsilon_t \varepsilon_t') = \Sigma = \{\sigma_{ij}\}, \qquad 对于 \forall t, i=1,2,\cdots \tag{3.17}$$
$$E(\varepsilon_{it} \varepsilon_{is}) = 0 \qquad 对于 \forall t \neq s, i=1,2,\cdots$$

假定扰动项从 0 期开始活动，设 $x_{t-1} = x_{t-2} = y_{t-1} = y_{t-2} = 0$，在 0 期给定一个扰动项 $\varepsilon_{10}=1, \varepsilon_{20}=0$，它们的均值为 0，即 $\varepsilon_{1t}=\varepsilon_{2t}=0(t=1,2,\cdots)$，表示在第 0 期给 x 以脉冲。下面讨论 x_t 与 y_t 的响应函数。

当 $t=0$ 时，$x_0=1, y_0=0$，将结果代入 VAR 方程中；

当 $t=1$ 时，$x_1=a_1, y_1=c_1$，再把这个结果代入 VAR 方程中；

当 $t=2$ 时，$x_2=a_1^2+a_2+b_1c_1, y_2=c_1a_1+c_2+d_1c_1\cdots$继续这样计算下去，所得结果为 $x_0,x_1,x_2,x_3,x_4,\cdots$称为 x 的脉冲引起的 x 的响应函数。同样，求得的结果 $y_0,y_1,y_2,y_3,y_4,\cdots$称为由 x 的脉冲引起的 y 的响应函数。

2) 方差分解

脉冲响应函数描述的是 VECM 模型中的一个内生变量所受的冲击为模型中其他内生变量所带来的影响。方差分解是描述系统动态变化的方法，该方法通过分析每一个结构冲击对内生变量变化的贡献度，进一步评价不同结构冲击的重要性。因此方差分解可以给出对 VAR 模型中的变量产生影响的每个随机扰动项的相对重要性信息。

方差分解的基本思想是把系统中每个内生变量(假设共 m 个)的波动按其成因分解为与各方程新息相关的 m 个组成部分，比较各部分的贡献度，从而了解各新息对内生变量的相对重要性。随着滞后期的延长，新息对各个变量的影响变化逐渐趋于平稳。方差分解方法可以定量把握变量间的相互影响关系。

方差分解原理如下

$$y_{it} = \sum_{j=1}^{k}(c_{ij}^{(0)}\varepsilon_{jt} + c_{ij}^{(1)}\varepsilon_{jt-1} + c_{ij}^{(2)}\varepsilon_{jt-2} + \cdots), \quad i=1,2,\cdots,k, \quad t=1,2,\cdots,T \tag{3.18}$$

括号中的元素表示第 j 个扰动项 ε_j 从无限过去到现在时点对 y_i 的影响总和。求其方差并且假定 ε_j 不存在序列相关，那么

$$E[(c_{ij}^{(0)}\varepsilon_{jt} + c_{ij}^{(1)}\varepsilon_{jt-1} + c_{ij}^{(2)}\varepsilon_{jt-2} + \cdots)^2] = \sum_{q=0}^{\infty}(c_{ij}^{(q)})^2 \sigma_{ij}, \quad i,j=1,2,\cdots,k \tag{3.19}$$

上式是对第 j 个扰动项对第 i 个变量从无限过去到现在时点的影响用方差进行评价的结果，再假定扰动项向量的协方差矩阵 Σ 是对角矩阵，那么 y_i 方差的 k 项和为

$$\mathrm{var}(y_{it}) = \sum_{j=1}^{k}\{\sum_{q=0}^{\infty}(c_{ij}^{(q)})^2 \sigma_{ij}\}, \quad i=1,2,\cdots,k \quad t=1,2,\cdots,T \tag{3.20}$$

y_i 的方差被分解成 k 种不相关的影响，为了测定各个扰动项对 y_i 的方差有多大程度

的贡献，该方法定义了如下尺度

$$\text{RVC}_{j \to i}(\infty) = \frac{\sum_{q=0}^{\infty}(c_{ij}^{(q)})^2 \sigma_{ij}}{\text{var}(y_{it})} = \frac{\sum_{q=0}^{\infty}(c_{ij}^{(q)})^2 \sigma_{ij}}{\sum_{j=1}^{k}\{\sum_{q=0}^{\infty}(c_{ij}^{(q)})^2 \sigma_{ij}\}}, \quad i,j=1,2,\cdots,k \quad (3.21)$$

上式表示相对方差贡献率（relative variance contribution，RVC），可根据第 j 个扰动项的方差对 y_i 方差的相对贡献度来观测第 j 个变量对第 i 个变量的影响。

3.3.2 数据说明

本书采用沪深 300 指数当月连续期货合约和沪深 300 指数 5 分钟交易数据，样本区间是从 2010 年 4 月 16 日～2017 年 12 月 29 日[①]。由于沪深 300 指数期货的开盘时间和收盘时间分别比现货市场提早 15 分钟和推迟 15 分钟。这 30 分钟时间内沪深 300 现货没有交易。本书通过 Matlab 编程对高频交易数据进行了同步匹配处理。经过处理的价格序列 5 分钟交易数据如图 3.1 所示。整个样本区间共计 89 802 个数据，样本数据比较充足，其中，第一阶段为 2010 年 4 月 16 日～2012 年 4 月 26 日，共计 23 610 个数据，第二阶段为 2012 年 4 月 27～2017 年 12 月 29 日，共计 66 192 个数据。本书使用 WinRats 软件对模型进行回归分析。表 3.2 为沪深 300 股指期货对数价格和沪深 300 指数对数价格的描述性统计。

表 3.2　沪深 300 股指期货和指数对数价格序列和收益率序列统计特征

	变量	均值	最大值	最小值	标准差	偏度	峰度	JB
第一阶段数据	s_t	7.9645	8.1764	7.7219	0.1007	-0.1505	2.12185	847.6726
	f_t	7.9681	8.1947	7.2294	0.1023	-0.0945	2.1506	745.0178
	Δs_t	-0.0000107	0.00283	-0.0268	0.0019	-0.0071	18.089	223960.5
	Δf_t	-0.0000113	0.0275	-0.0273	0.0020	0.7865	21.2545	446828.8
第二阶段数据	s_t	7.989177	8.592264	7.615422	0.227370	0.240673	2.012283	3329.676
	f_t	7.992161	8.589467	7.600702	0.228956	0.206571	1.966521	3416.513
	Δs_t	0.00000643	0.064987	-0.074673	0.002205	-1.974967	97.35121	24594791
	Δf_t	0.00000641	0.070700	-0.089713	0.002337	-0.539713	117.5120	36168325

注：s 表示沪深 300 指数；f 表示沪深 300 股指期货，本章后表同。

从表 3.2 中对数价格序列和收益率序列标准差的比较可以看出，期货市场的波动比现货市场剧烈。从收益率序列的偏度、峰度以及 JB 统计量来看，期货和现货收益率序列均不服从正态分布，具有一般金融时间序列所具有的尖峰厚尾特征。

[①] 数据来源于和讯网。

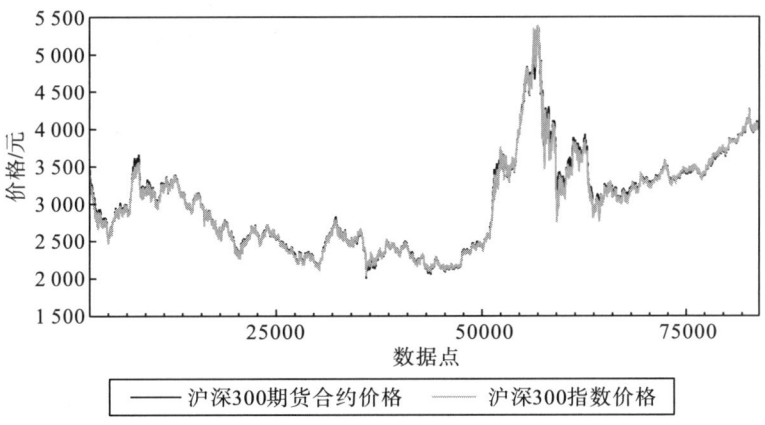

图 3.1　沪深 300 指数价格和期货合约价格

在检验协整关系之前必须先检验两个时间序列的平稳性，本书采用的是单位根检验法（Augmented Dickey-Fuller，ADF）。对表 3.3 的结果加以分析发现了股指期货和指数现货对数价格序列的 ADF 统计值都大于 $P=1\%$ 时的临界值水平，表明它们是不平稳序列；两个序列一阶差分后，收益率序列的 ADF 统计值都小于 $P=1\%$ 时的临界值水平，表明它们为平稳序列。因此，两个对数价格序列都是一阶单整的，这是期货价格和现货价格之间存在协整关系的前提。图 3.2 和图 3.3 分别为指数现货和股指期货的收益率序列波动图。

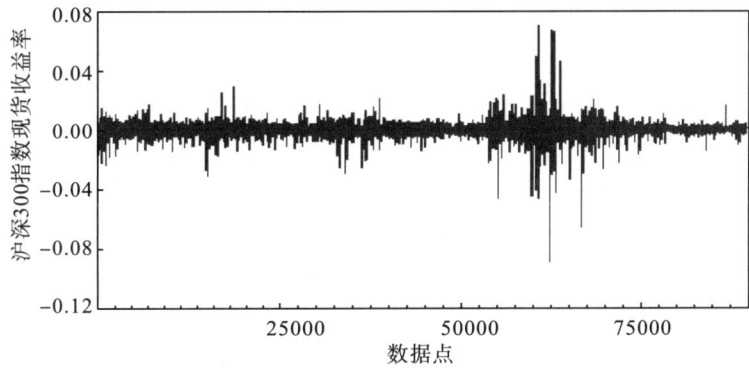

图 3.2　沪深 300 指数收益率波动图

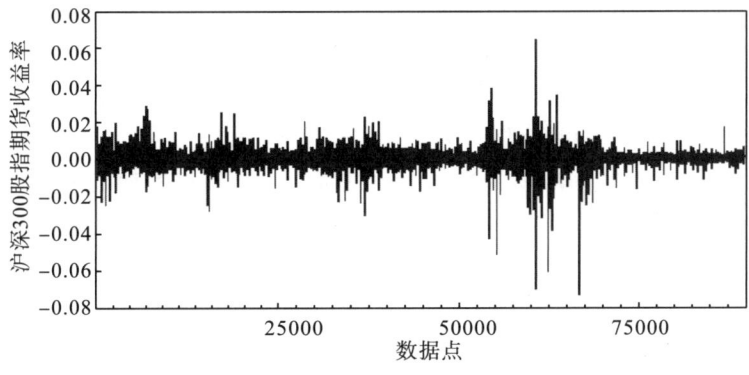

图 3.3　股指期货收益率波动图

表 3.3 对数价格序列和收益率序列单整检验

	第一阶段样本数据				第二阶段样本数据		
变量	ADF 值	1%临界值	结论	变量	ADF 值	1%临界值	结论
s_t	-1.7678	-3.4339	不平稳	s_t	-2.104052	-3.958172	不平稳
f_t	-1.8760	-3.4339	不平稳	f_t	-1.971319	-3.958172	不平稳
Δs_t	-67.4134	-3.4339	平稳	Δs_t	-187.4564	-2.564997	平稳
Δf_t	-67.8169	-3.4334	平稳	Δf_t	-267.9624	-2.564997	平稳

表 3.4 协整方程回归结果

	第一阶段样本数据				第二阶段样本数据		
参数	估计结果	t统计量	ADF 值	参数	估计结果	t统计量	ADF 值
α_0	-0.1080	-41.1775		α_0	-0.045011	-32.86731	
α_1	1.0140	3078.4112		α_1	1.006008	5871.161	
ec_t			-11.4218***	ec_t			-9.075116***

注：***代表在 $P=1\%$ 显著性水平上显著。

接下来本书采用 Engle 和 Granger(1987)提出的方法对 f_t 和 s_t 进行协整检验，即对方程(3.4)进行回归分析，再对回归方程的残差进行单位根检验。表 3.4 给出了方程(3.4)回归结果和残差的单位根检验结果，协整方程中残差序列的 ADF 统计值小于 $P=1\%$ 时的临界值水平，表明残差序列为平稳序列，因此 f_t 和 s_t 存在协整关系。

3.3.3 实证结果及分析

1. Granger 因果检验

在经济变量中有一些变量显著相关，但它们未必都是有意义的。Granger 提出一个判断因果关系的检验，即 Granger 因果检验。其实质是检验一个变量的滞后变量是否可以引入其他变量方程。一个变量如果受到其他变量的滞后变量影响，则称它与这些变量具有 Granger 因果关系。具体方法就是先估计当前的 Y 值能被其自身滞后期取值解释的程度，然后验证引入序列 X 的滞后值是否可以提高 Y 的被解释程度。如果是，则称序列 X 是 Y 的 Granger 成因，此时 X 的滞后期系数具有统计显著性。再用同样的方法检验 Y 是否是 X 的 Granger 成因。根据上述方法，对沪深 300 指数与其股指期货之间的因果关系检验结果如下。

表 3.5 Granger 因果检验

	原假设	样本值	F 统计量及其接受原假设的概率				
			滞后 1 阶	滞后 2 阶	滞后 3 阶	滞后 4 阶	滞后 10 阶
第一阶段	期货不是现货的 granger 成因	23607	2467.11 (0.0000)	1370.37 (0.0000)	939.728 (0.0000)	711.134 (0.0000)	293.274 (0.0000)
	现货不是期货 granger 成因	23607	14.8792 (0.0001)	6.1597 (0.0021)	8.2620 (0.0000)	5.2901 (0.0003)	3.2981 (0.0002)
第二阶段	期货不是现货的 granger 成因	66192	37.1561 (0.0000)	187.250 (0.0000)	140.649 (0.0000)	113.808 (0.0000)	53.5108 (0.0000)
	现货不是期货 granger 成因	66192	49.3004 (0.0000)	335.580 (0.0000)	244.762 (0.0000)	185.212 (0.0000)	79.0382 (0.0000)

从表 3.5 可以看出，在 $P=1\%$ 的显著性水平下，沪深 300 指数收益率通过了检验，构成了股指期货收益率的 Granger 成因；同样，在 $P=1\%$ 的显著性水平下，股指期货收益率也通过了检验，构成了沪深 300 指数收益率的 Granger 成因。股指期货收益率和指数收益率存在双向的因果关系。通过观察可知期货市场对现货市场的影响力明显大于现货市场对期货市场的影响力。选择不同的滞后阶数，检验结果对滞后期长度的改变并不敏感，所得结论有较高的可信度。

2. VECM-DCC-GARCH 模型

通过前面部分给出的协整方程估计结果，图 3.4 给出了两个不同阶段协整方程中的残差序列图。接着由给出的协整残差，通过拟极大似然估计方法估计出整个 VECM-DCC-GARCH 模型。本书根据 AIC 和 SC 确定 VECM 方程中滞后阶数为 2 阶。

1）第一阶段样本数据模型估计结果

表 3.6 给出了第一阶段 VECM-DCC-GARCH 模型的最后估计结果。

首先，分析表 3.6 中 VECM 模型的估计结果。从短期来看，现货方程中现货的一阶滞后项系数 $\beta_{ss,1}$ 在 $P=1\%$ 的水平上显著为负，期货方程中的期货一阶滞后项系数 $\beta_{ff,1}$ 在 $P=5\%$ 的水平上显著为正，从实证结果中可以看出期货市场和现货市场价格都展现出了均值回归。Δf_{t-j} 的系数 $\beta_{sf,j}$ 和 Δs_{t-j} 的系数 $\beta_{fs,j}$ 显著不为零，则说明期货价格与现货价格相互引导，与前面的 Granger 因果检验的结论相同。

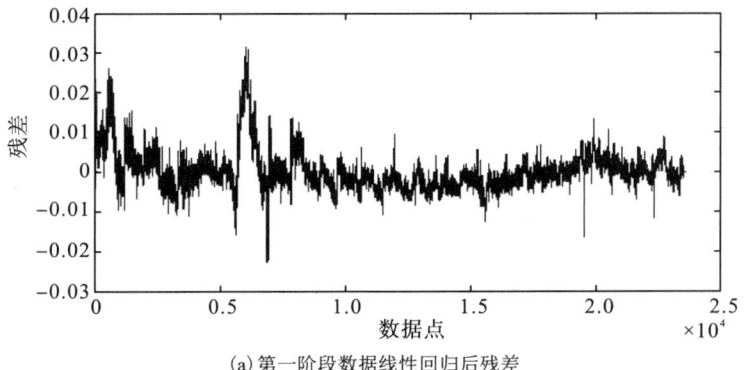

(a) 第一阶段数据线性回归后残差

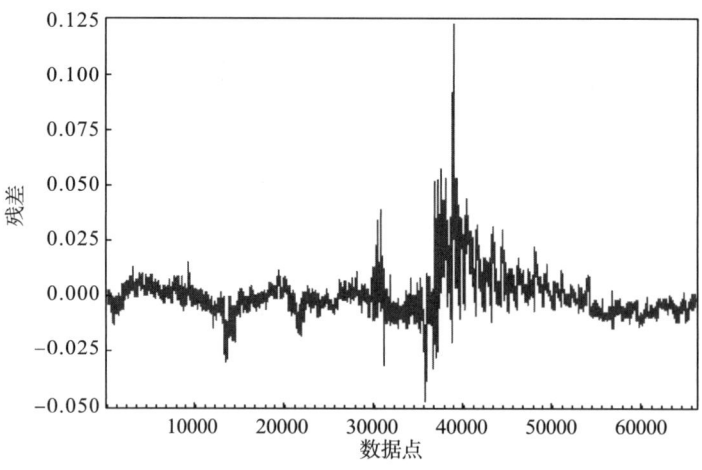

(b) 第二阶段数据线性回归后残差

图 3.4　沪深 300 指数对数价格和期货价格协整残差

首先在现货方程中，误差修正系数在 $P=1\%$ 水平上显著，P 值为 0。现货方程中误差修正项系数为正，这符合反向修正机制。从市场微观结构角度来解释，对于现货方程来说，误差修正项系数为正，这就意味着反向修正机制出现；在期货方程中，误差修正项系数为负则意味着反向修正机制出现，这刚好与现货方程中的情况相反。套利和动量效应的共同作用决定了现货市场中收益率方程中的误差修正项系数的符号，当现货方程中误差修正项系数为正（负）时，说明现货的价格被低（高）估，这时套利者就会进入（退出）现货市场并且买入（卖出）现货。套利者的这种交易行为使现货的价格上涨（下跌），导致现货市场的收益为正（负）。所以，套利效应意味着现货方程中的误差修正项系数为正。另一方面，期货市场对新信息的反应速度要比现货市场快，所以这种正（负）偏离有可能会导致现货市场持续地偏离长期均衡价格，即现货价格被进一步地低估（高估），这就产生了动量效应。现货方程中误差修正项的系数为 0.015，说明期货市场上一期价格偏差的 1.5% 将在下一期得到修正，促使市场价格速度更快地调整，向长期均衡价格回归。

表 3.6　VECM-DCC-GARCH 模型估计结果

模型	参数估计结果					
VECM	$\beta_{s,0}$	γ_s	$\beta_{ss,1}$	$\beta_{ss,2}$	$\beta_{sf,1}$	$\beta_{sf,2}$
	-6.2878×10^{-6}	0.015	-0.385	-0.088	0.515	0.159
	(0.576)	(0.000)***	(0.000)***	(0.000)***	(0.000)***	(0.000)***
	$\beta_{f,0}$	γ_f	$\beta_{fs,1}$	$\beta_{fs,2}$	$\beta_{ff,1}$	$\beta_{ff,2}$
	-2.58×10^{-5}	-0.013	-0.048	0.004	0.028	0.005
	(0.034)**	(0.000)***	(0.000)***	(0.000)***	(0.012)**	(0.634)
GARCH	ω_s	$\delta_{s,1}$	$\delta_{s,2}$	$\delta_{s,3}$	$\delta_{s,f}$	$\delta_{s,ec}$
	1.406×10^{-7}	0.666	0.032	0.058	0.011	5.143×10^{-6}
	(0.000)***	(0.000)***	(0.000)***	(0.000)***	(0.000)***	(0.000)***

续表

模型	参数估计结果					
	ω_f	$\delta_{f,1}$	$\delta_{f,2}$	$\delta_{f,3}$	$\delta_{f,s}$	$\delta_{f,ec}$
	4.08×10^{-9}	0.997	−0.003	0.000	0.003	5.516×10^{-8}
	(0.000)***	(0.000)***	(0.000)***	(0.000)***	(0.175)	(0.476)
DCC	κ_1	κ_2				
	0.007	0.992				
	(0.000)***	(0.000)***				

注：括号内为概率 P 值，***，**和*分别代表在 $P=1\%$，5%和10%的显著性水平，据 AIC 和 SC 确定 VECM 方程中滞后阶数为 2 阶。

由表 3.6 观察期货方程。首先，误差修正项系数 P 值为 0，在 $P=1\%$ 水平上显著。其次，误差修正项系数为负，这符合反向修正机制。从市场微观结构理论的角度来解释这种反向修正机制，即当期货市场价格偏离了长期均衡价格，并且偏离为正（负）时，期货价格要高于（低于）长期均衡价格，这时期货投资者就有动机卖出（买入）期货合约，这种套利行为使得期货价格下跌（上涨），导致下一期的期货市场的收益为负（正）。因此预期期货市场收益方程中的误差修正项系数是负的。最后，误差修正项系数为−0.013，这表示期货市场的上一期价格偏差的 1.3%会在下一期得到修正，这会使市场价格加速调整，向长期均衡价格回归。

从长期来看，γ_f 绝对值比 γ_s 绝对值小，这说明现货价格对偏离长期均衡价格的调整速度较慢。采用 Schwarz 和 Szakmary（1994）提出的简单测量指标，通过计算可以得出 $\theta_f = 0.536$，这表明期货市场在价格发现过程中的贡献度为 0.536，即期货市场在价格发现中起主导作用。

根据 GARCH 模型的估计结果，观察到 $\delta_{s,1}$ 和 $\delta_{f,1}$ 估计结果在 $P=1\%$ 水平上显著，表明在期货回报率和现货回报率中都存在波动聚集性。期货市场和现货市场的价格波动往往是随着时间的变化而变化的，时而稳定时而波动异常，收益率的变化常呈现在某一段时间内持续偏高或偏低的情况中，这种现象就是通常所说的波动聚集性（Volatility Clustering）。波动率聚集现象是当外部环境对价格有冲击的时候，这个冲击对价格波动的持续影响在收益率的分布上出现尖峰厚尾的特征。误差项对现货的收益率波动在 $P=1\%$ 显著水平上显著为正，也就是说期现价格偏离长期均衡主要通过现货价格来体现，从而导致现货价格的波动较大，而误差修正项对期货收益率波动影响并不显著。

另外，现货条件方差方程中非对称效应的系数 $\delta_{s,3}$ 显著不为零且为正，而期货条件方差方程中非对称效应的系数显著为零。当非对称效应系数大于零时，说明存在杠杆效应，非对称效应的主要效果是使波动加大；当非对称效应系数小于零时，非对称效应的作用是使得波动减小。现货方程中估计结果表明，现货市场中存在杠杆效应，并且坏消息发生使波动加大。而期货方程中的非对称效应的系数显著为零，说明期货市场不存在非对称效应。有研究认为相对于收益率本身而言，可能会有更多的信息流包含在收益率的波动中。虽然收益率的领先-滞后关系为价格变化提供了一些预测性的信息，为价格发现功能提供一些证据，但是如果不考虑两个市场之间的波动溢出效应，可能会导致错误的结论。

本书还分析了波动率传导的问题，波动率传导可以解释为期货市场和现货市场之间的信息传递。因此分析两个收益率序列之间条件方差的相互作用为衡量价格发现提供了另一个指标。从表 3.6 中可以看出 $\delta_{s,f}$ 的估计结果很显著，即从期货市场向现货市场有波动溢出效应，即信息流从期货市场向现货市场传递。

表 3.6 的最后一部分给出了两个市场的动态条件相关系数，它们都在 $P=1\%$ 水平上显著。通过分析可知 $\kappa_1 + \kappa_2 < 1$ 符合约束条件，$(\overline{Q})$ 项系数为 0.001，表明期现市场本期的动态异方差基本不受无条件方差的影响；$\kappa_1=0.007$ 表明期现市场当期的动态异方差受到其前期均值残差平方的影响较小；$\kappa_2=0.992$ 表明期现市场当期的动态异方差主要依赖于其前期的动态异方差，也说明沪深期现市场收益率之间的相关系数受前期的影响较大，其变动持续性较强。图 3.5 给出了所有样本的动态相关系数，从图上可以直接看到刚开始期货市场和现货市场收益率之间的相关系数为负，但是持续时间很短，相关系数很快上升到 0.5 左右，之后随着我国股指期货市场的成熟，期货和现货收益率之间的相关系数随着时间的增长逐渐变大。

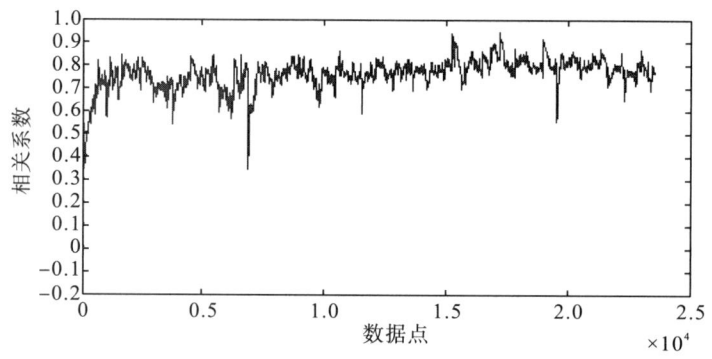

图 3.5 沪深 300 指数期货和指数现货的动态相关系数

通过估计第一阶段的整个样本区间，实证结果表明在第一阶段，我国沪深 300 指数期货市场发挥了较好的价格发现功能，对市场价格起主导作用。沪深 300 指数期货和现货市场价格互为 Granger 因果关系，且期货对现货市场产生波动溢出效应，期货市场包含的信息更多，反应更快。

本节分别分析了我国股指期货市场不同时期对价格发现的贡献度，第一阶段的数据是从 2010 年 4 月 16 日～2012 年 4 月 26 日，本节又将第一阶段划分成 4 个小阶段，第 1 阶段是 2010 年 4 月 16 日～2010 年 10 月 15 日；第 2 阶段为 2010 年 10 月 18 日～2011 年 4 月 19 日；第 3 阶段为 2011 年 4 月 20 日～2011 年 10 月 13 日；第 4 阶段为 2011 年 10 月 14 日～2012 年 4 月 26 日。

通过图 3.6 可以看出第 1 阶段即我国股指期货刚刚推出的前半年，期货市场对价格发现的贡献度仅为 0.24，而现货市场对价格发现的贡献度为 0.76。价格发现主要是由现货市场承担，通过方程回归分析第 1 阶段数据，估计的 $\delta_{s,f}$ 为-0.0101，P 值为 0.2068，$\delta_{f,s}$ 值为-0.170，P 值为 0.000。这表明从现货市场到期货市场有显著的波动溢出效应，但是期货市场到现货市场并没有显著的波动溢出效应。这些结果表明第 1 阶段我国股指期货市场并没有发挥价格发现功能。

样本数据第 2 阶段期货市场对价格发现的贡献度迅速上升到 0.892，现货市场对价格发现的贡献度为 0.108。这表明这段时间我国股指期货开始发挥价格发现功能。通过方程回归分析第 2 阶段数据，估计的 $\delta_{s,f}$ 为 0.0247，P 值为 0.000，$\delta_{f,s}$ 值为-0.0003，P 值为 0.9795。可知从期货市场到现货市场存在显著的波动溢出效应。

第 3 阶段和第 4 阶段的数据显示，股指期货市场的价格发现贡献度分别为 0.6162 和 0.6159，这两个阶段期货市场在价格发现中发挥主要的作用，贡献度也比较稳定，表明我国股指期货市场已经开始成熟，并且很好地发挥了价格发现功能。

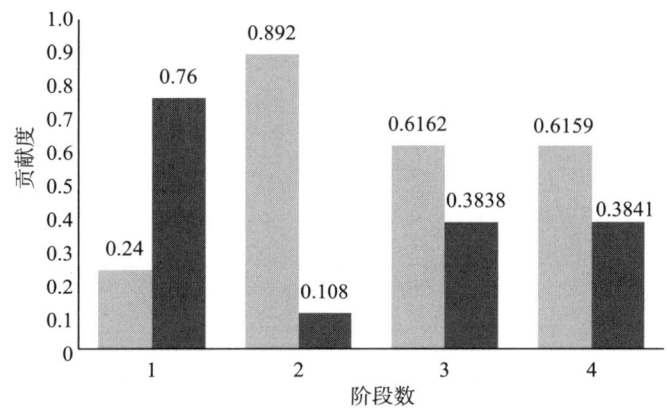

图 3.6　4 个阶段中我国股指期货对价格发现贡献度

2）第二阶段样本数据模型估计结果

表 3.7 给出了第二阶段 VECM-DCC-GARCH 模型的估计结果。

首先，分析表 3.7 中 VECM 模型的估计结果。从短期来看，现货方程中现货价格的一阶滞后项系数 $\beta_{ss,1}$ 在 $P=1\%$ 的水平上显著为负，期货方程中的期货价格一阶滞后项系数 $\beta_{ff,1}$ 在 $P=1\%$ 的水平上显著为负，从实证结果中可以看出期货市场价格和现货市场价格都体现均值回归。Δf_{t-j} 的系数 $\beta_{sf,j}$ 和 Δs_{t-j} 的系数 $\beta_{fs,j}$ 显著不为零，则说明期货价格与现货价格相互引导，与 Granger 因果检验的结论相同。

首先在现货方程中，误差修正系数在 $P=1\%$ 水平上显著，P 值为 0。现货方程中误差修正项系数为正，这符合反向修正机制。现货方程中误差修正项的系数为 0.005034，说明期货市场上一期价格偏差的 0.5034%将在下一期得到修正，促使市场价格向长期均衡价格回归的调整速度更快。

表 3.7　VECM-DCC-GARCH 模型估计结果

模型	参数估计结果					
VECM	$\beta_{s,0}$	γ_s	$\beta_{ss,1}$	$\beta_{ss,2}$	$\beta_{sf,1}$	$\beta_{sf,2}$
	4.4501×10^{-6}	5.0340×10^{-3}	-0.2560	-0.1337	0.3622	0.1580
	(0.41092261)	(0.000)***	(0.000)***	(0.000)***	(0.000)***	(0.000)***
	$\beta_{f,0}$	γ_f	$\beta_{fs,1}$	$\beta_{fs,2}$	$\beta_{ff,1}$	$\beta_{ff,2}$
	-1.5393×10^{-5}	-1.8504×10^{-3}	0.1212	0.0259	-0.0815	-8.7421×10^{-3}
	(0.00720101)**	(0.0308516)**	(0.000)***	(0.000)***	(0.000)***	(0.021)**
GARCH	ω_s	$\delta_{s,1}$	$\delta_{s,2}$	$\delta_{s,3}$	$\delta_{s,f}$	$\delta_{s,ec}$
	2.7511×10^{-8}	0.9224	0.0689	0.0105	0.0355	6.9717×10^{-5}
	(0.000)***	(0.000)***	(0.000)***	(0.000)***	(0.000)***	(0.00000086)***
	ω_f	$\delta_{f,1}$	$\delta_{f,2}$	$\delta_{f,3}$	$\delta_{f,s}$	$\delta_{f,ec}$
	2.5346×10^{-8}	0.9224	0.0288	0.0170	9.5110×10^{-3}	7.1964×10^{-5}
	(0.000)***	(0.000)***	(0.000)***	(0.000)***	(0.000)***	(0.00000045)***
DCC	κ_1	κ_2				
	0.0627	0.9352				
	(0.000)***	(0.000)***				

注：括号内为概率 P 值，***，**和*分别代表在 $P=1\%$，5%和10%的显著性水平，据 AIC 和 SC 确定 VECM 方程中滞后阶数为 2 阶。

由表 3.7 观察期货方程。首先，误差修正项系数十分显著，P 值为 0.03，在 $P=5\%$ 水平上显著；其次，误差修正项系数为负，这符合反向修正机制。再次，误差修正项系数为 -0.0018504，这表示期货市场的上一期价格偏差的 0.185%会在下一期得到修正，这会加速市场价格向长期均衡价格回归。

从长期来看，γ_f 绝对值比 γ_s 绝对值小，这说明现货价格对偏离长期均衡的调整速度比期货价格要慢。采用 Schwarz 和 Szakmary(1994)提出的简单测量指标，通过计算可得 $\theta_f=0.7312$，这表明期货市场在价格发现过程中的贡献度为 0.7312，期货市场在价格发现中起主导作用。

根据 GARCH 模型的估计结果，观察到 $\delta_{s,1}$ 和 $\delta_{f,1}$ 估计结果在 $P=1\%$ 水平上显著，表明在期货回报率和现货回报率中都存在波动聚集性。误差项对现货的收益率波动在 $P=1\%$ 显著水平上显著为正，也就是说当期现价格偏离长期均衡时，主要通过现货价格来体现，从而导致现货收益率的波动较大，而误差修正项对期货收益率波动影响并不显著。

现货条件方差方程中非对称效应的系数 $\delta_{s,3}$ 与 $\delta_{f,3}$ 显著不为零且为正，这表明在第二阶段，期货市场与现货市场之间均存在杠杆效应，从而坏消息发生时市场波动加大。

本书也分析了第二阶段波动率传导的问题，从表 3.7 中可以看出 $\delta_{s,f}$ 估计结果显著，表明从期货市场向现货市场有波动溢出效应，即信息流从期货市场向现货市场传递。

表 3.7 的最后一部分给出了两个市场的动态条件相关系数，它们都在 $P=1\%$ 水平上显

著。通过分析可知 $\kappa_1+\kappa_2<1$ 符合约束条件，$(\overline{Q})$ 项系数为 0.002，表明期现市场本期的动态异方差基本不受无条件方差的影响；$k_1=0.0627$，表明期现市场当期的动态异方差受到其前期均值残差平方的影响较小；$k_2=0.9352$，表明期现市场当期的动态异方差主要依赖于其前期的动态异方差，也说明沪深期现市场收益率之间的相关系数受前期的影响较大，其变动持续性较强。

通过分析两个阶段的样本数据可以发现，在样本数据的第一阶段，期货市场的对价格发现的贡献仅为 0.536，随着期货市场的不断发展与完善，到了第二阶段，期货市场在价格发现中的贡献达到了 0.7312，说明期货市场在价格发现中已经占主导地位，领先于现货市场。

3. 脉冲响应分析

Granger 因果检验只是给出了现货市场和期货市场收益率之间的相互引导关系，但是该引导关系不够精确，也就是说，在相互引导的基础上，我们需要知道现货市场对期货市场施加影响的时间长度和期货市场对现货市场施加影响的时间长度，即分析它们各自的短期价格发现能力。接下来本书使用脉冲响应函数来分析现货市场和期货市场之间的短期动态互动过程。

脉冲响应函数是用来分析当一个误差项发生变化，或者说模型受到某种冲击时系统受到的动态影响，即该冲击对内生变量当前和未来取值的影响。本书使用脉冲响应函数分析向量误差修正模型的扰动项发生变动对现货市场和期货市场的影响。

1) 第一阶段样本数据脉冲响应分析

如图 3.7 所示。首先从现货的价格响应来看：①现货市场收益率的一个随机扰动在滞后 5 分钟时开始对现货的收益率产生冲击，随后冲击减小并且长期持续；②期货收益率的一个随机扰动在滞后 5 分钟时开始对现货收益率产生冲击，冲击先减小后增大，并且具有长期可持续性。

其次，从期货价格响应来看：①现货收益率的一个随机扰动在滞后 10 分钟开始对期货的收益率产生冲击，随后冲击减小并且具有长期可持续性；②期货收益率的一个随机扰动对期货收益率在滞后 10 分钟时开始产生冲击，持续期为 20 期。

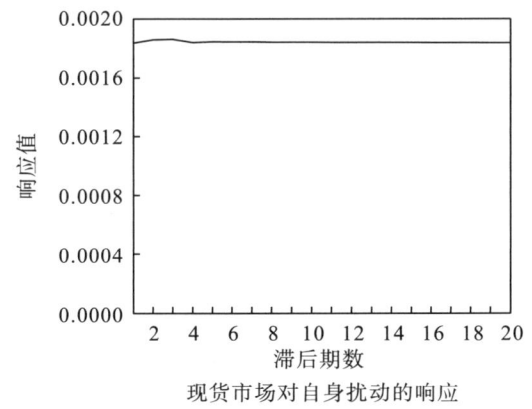

现货市场对自身扰动的响应

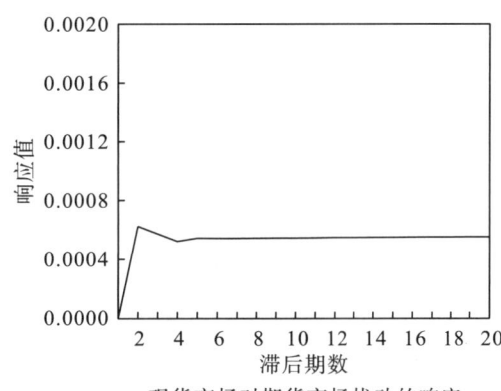

现货市场对期货市场扰动的响应

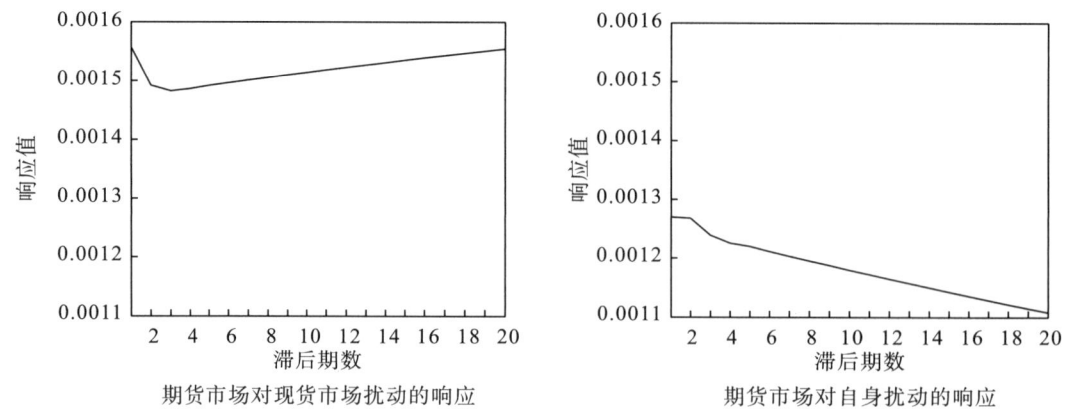

图 3.7 第一阶段脉冲响应分析图

数据结果表明股指期货市场和现货市场之间存在双向动态影响,但是现货市场对期货市场的影响要滞后于期货市场对现货市场的影响,股指期货市场对新信息的反应速度更快,相对于现货市场冲击对期货价格的影响来看,期货市场冲击对现货价格的影响更为强烈和持久,这反映了期货价格在价格发现中的主导地位。一个冲击产生之后,从现货市场传递到期货市场的速度比较慢,而从期货市场传递到现货市场的速度比较快,影响的力度也要大一些,并且这些冲击产生的影响比较持久。符合前面期货市场引导现货的结论。

2) 第二阶段样本数据脉冲响应分析

如图 3.8 所示,首先从现货的价格响应来看:①现货收益率的一个随机扰动在滞后 10 分钟时开始对现货的收益率产生冲击,随后冲击减小并且具有长期可持续性;②期货收益率的一个随机扰动在滞后 5 分钟时开始对现货收益率产生冲击,冲击先增大后减小,并且具有长期可持续性。

其次,从期货价格响应来看:①现货收益率的一个随机扰动在滞后 10 分钟时开始对期货的收益率产生冲击,随后冲击减小并且具有长期可持续性;②期货收益率的一个随机扰动在滞后 5 分钟时开始对期货收益率产生冲击,持续期为 20 期。

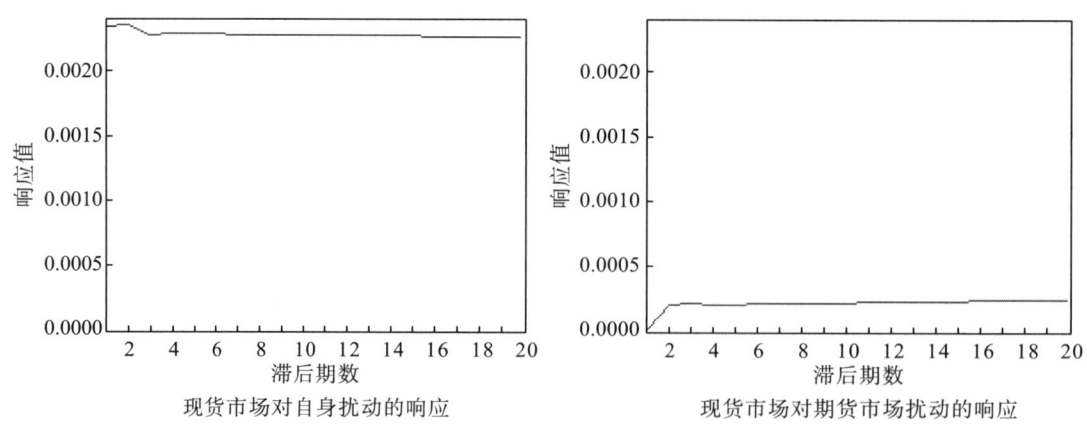

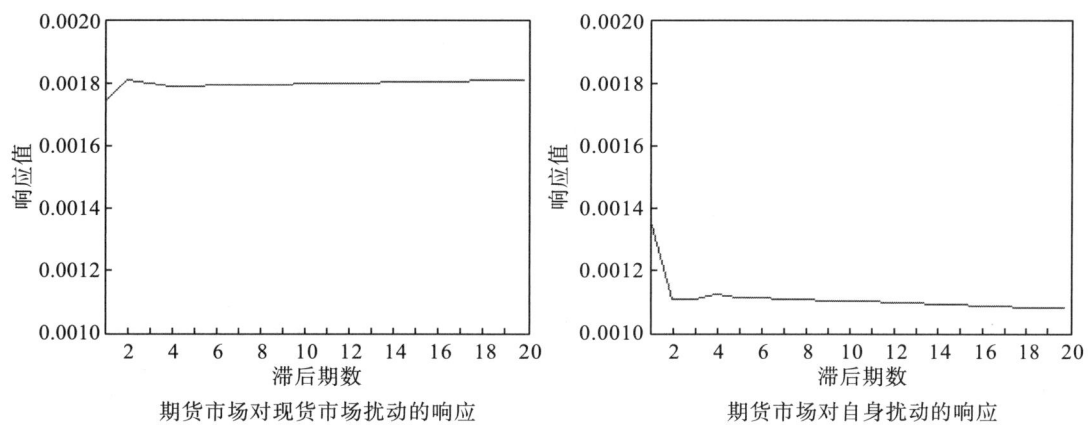

图 3.8　第二阶段脉冲响应分析图

数据表明股指期现市场之间存在双向动态影响，但是现货市场对期货市场的影响要滞后于期货市场对现货市场的影响，股指期货市场对新信息的反应速度更快，相对于现货市场冲击对期货价格的影响来看，期货市场冲击对现货价格的影响更为强烈和持久，这反映了期货价格在价格发现中的主导地位。一个冲击产生之后，从现货市场传递到期货市场的速度比较慢，而从期货市场传递到现货市场的速度比较快，影响的力度也要大一些，并且这些冲击产生的影响比较持久。符合前面的结论，即期货市场引导现货市场。

4. 方差分解

由前文结果可知，沪深 300 指数期货市场相比现货市场有较强的价格发现功能。本书基于向量误差修正模型，利用方差分解对我国股指期货市场的价格发现功能进行更进一步的研究。

脉冲响应函数描述的是 VECM 模型中的一个内生变量的冲击模型对其他内生变量所带来的影响。而方差分解是通过分析每一个结构冲击对内生变量影响的贡献度，进一步评价不同结构冲击的重要性。因此方差分解给出对 VAR 模型中的变量产生影响的每个随机扰动项的相对重要性信息。如果一个市场比另一个市场占的信息份额大，那么说明这个市场比另一个市场包含的信息更多，即信息份额大的市场在价格发现中发挥了主要的作用。

1) 第一阶段样本数据

基于 VEC 模型的方差分解结果具体如表 3.8 所示。

表 3.8　第一阶段方差分解结果

滞后期数/期	期货/%		现货/%	
	期货/%	现货/%	期货/%	现货/%
1	100.0000	0.0000	60.0841	39.9159
2	99.9800	0.0200	74.7137	25.2863
5	99.9882	0.0118	80.9982	19.0018
10	99.9838	0.0162	83.0154	16.9846

续表

滞后期数/期	期货/%		现货/%	
	期货/%	现货/%	期货/%	现货/%
20	99.8802	0.1198	84.1457	15.8543
50	99.0609	0.9391	85.1519	14.8481
100	97.1293	2.8707	85.8532	14.1468

结果显示，对于期货价格变动长期作用部分的方差，当滞后 1 期时，总方差 100%来自期货市场，在后面的几个滞后期中来自期货市场的方差逐渐减少，但是减少量不多，滞后 100 期时方差为 97.1293%；同时滞后 1 期时，总方差中 0%来自现货市场，随后来自现货市场的方差逐渐增大，从滞后 1 期时的 0%上升至滞后 100 期时的 2.8707%。

对于现货价格变动长期作用部分的方差，当滞后 1 期时，总方差中有 60.0841%来自期货市场并稳步增加，在滞后 100 期时总方差中有 85.8532%来自期货市场；来自现货市场的方差呈下降趋势，滞后 1 期时总方差中有 39.9159%来自现货市场，到滞后 100 期时来自现货市场的方差下降到 14.1468%。因此期货市场在价格发现功能中占主导地位。

2) 第二阶段样本数据

基于 VEC 模型的方差分解结果具体如表 3.9 所示。

表 3.9 第二阶段方差分解结果

滞后期数/期	期货/%		现货/%	
	期货/%	现货/%	期货/%	现货/%
1	100.0000	0.000000	63.00525	36.99475
2	99.43887	0.561128	66.69930	33.30070
5	99.16270	0.837302	68.94701	31.05299
10	99.02944	0.970562	69.87056	30.12944
20	98.85348	1.146516	70.74773	29.25227
50	98.37437	1.625630	72.47706	27.52294
100	97.56380	2.436200	74.71261	25.28739

结果显示，对于期货价格变动长期作用部分的方差，当滞后 1 期时，总方差 100%来自期货市场，在后面的几个滞后期中来自期货的方差逐渐减少，但是减少量不多，到滞后 100 期时方差为 97.56380%；滞后 1 期时，来自现货市场的方差为 0%，随后来自现货市场的方差逐渐增加，从滞后 1 期时的 0%上升至滞后 100 期时的 2.436200%。

对于现货价格变动长期作用部分的方差，滞后 1 期时，总方差中有 63.00525%来自期货市场并稳步增加，在滞后 100 期时总方差中有 74.71261%来自期货市场；来自现货市场的方差呈下降趋势，滞后 1 期时总方差中有 36.99475%来自现货市场，到滞后 100 期时来自现货市场的方差下降到 25.28739%。因此期货市场在价格发现功能中占主导地位。

3.4 本章小结

本章在对我国沪深 300 股指期现货市场价格发现功能的研究中,首先用 Granger 因果检验分析了两个市场间的因果关系,在 $P=1\%$ 的显著性水平下,沪深 300 指数通过了检验,构成了股指期货的 Granger 成因;同样,在 $P=1\%$ 的显著性水平下,股指期货也通过了检验,构成了沪深 300 指数的 Granger 成因。股指期货收益率和指数收益率之间存在双向因果关系。通过实证结果可知期货市场对现货市场的影响力明显大于现货市场对期货市场的影响力。选择不同的滞后期数进行检验,发现检验结果对滞后期长度的改变并不敏感,所得结论有较高的可信度。

其次,本章使用 VECM-DCC-GARCH 模型分析股指期货市场和现货市场的回报率领先-滞后关系,研究发现我国股指期货市场价格发现功能强于现货市场。在第一阶段,期货市场对价格发现的贡献度为 $\theta_f = 0.536$,现货市场对价格发现的贡献度为 $\theta_s = 0.464$;在第二阶段,期货市场对价格发现的贡献度为 $\theta_f = 0.7312$,现货市场对价格发现的贡献度为 $\theta_s = 0.2688$,这表明期货市场在价格发现过程中起主导作用。

本章在分析价格发现功能的同时也考虑到了两个市场之间的波动率传导,发现从期货市场到现货市场存在显著的波动溢出效应,波动率传导可以解释为期货市场和现货市场之间的信息传递。波动溢出效应的方向代表了信息传递的方向,表明信息是从期货市场传递到现货市场的,这为分析两个市场收益率序列之间的条件方差的相互作用提供了衡量价格发现的另一个指标。从期货市场向现货市场有波动溢出效应,也就是说信息流从期货市场向现货市场传递。方程中同时给出了两个市场的动态条件相关系数,在两个不同阶段,它们都在 $P=1\%$ 水平上显著。通过观察期货市场和现货市场之间的动态相关系数可知,期货市场和现货市场之间的相关系数随着时间的增长逐渐变大。

在分析价格发现的同时,本章将第一阶段(2010 年 4 月 16 日~2012 年 4 月 26 日)的样本数据区间又分成了 4 个小阶段,分别分析了我国股指期货市场在这 4 个阶段对价格发现的贡献度,我国股指期货刚刚推出的前半年(第 1 阶段),期货市场对价格发现的贡献度仅为 0.24,而现货市场对价格发现的贡献度表现为从现货市场到期货市场有显著的波动溢出效应,期货市场到现货市场并没有显著的波动溢出效应。这些结果表明第 1 阶段我国股指期货市场并没有发挥价格发现功能。样本数据第 2 阶段期货市场对价格的贡献度迅速上升到 0.892,现货市场对价格发现的贡献度为 0.108。这表明我国股指期货开始发挥价格发现功能。此时从期货市场到现货市场存在显著的波动溢出效应。第 3 阶段和第 4 阶段的数据显示,股指期货市场的价格发现贡献度分别 0.6162 和 0.6159,这两个阶段期货市场在价格发现中发挥主要作用,并且贡献度比较稳定,这表明我国股指期货市场已经开始成熟,并且很好地发挥了价格发现功能。同时第二阶段期货市场的价格贡献度达到了 0.7312,进一步表明我国期货市场逐渐成熟。

最后,本章通过脉冲响应函数和方差分解分别分析了两个不同阶段的两个市场对信息的反应速度以及短期的相互动态关系。结果表明股指期货和现货之间存在双向动态影响,但是现货市场对期货市场的影响要滞后于期货市场对现货市场的影响,股指期货市场对新信息的反应速度更快。可见,相对于现货市场冲击对期货价格的影响,期货市场冲击对现货价格的影响更为强烈和持久,反映了期货价格在价格发现中的主导地位。从方差分解的结果来看,在两个阶段期货市场在价格发现功能中都占主导地位。

综上所述,指数期货新推出时已经具备一定的价格发现功能,信息传播效率较高。股指期货的高杠杆性吸引了大量投机者,散户在进行交易时往往会成为市场中的非理性噪声交易者,期货市场波动较现货更高,很容易产生助涨杀跌的作用。因此,股指期货市场需要不断引入机构投资者进行交易,坚持不懈地进行投资者教育与培训,培育成熟的股指期货投资人。

第4章 上海期铜和伦敦期铜价格领先-滞后关系及波动溢出效应

本书在第3章讨论了我国股指期货市场及现货市场之间价格引导及信息传递关系,那么信息在国际市场之间是否仍然存在呢?随着全球经济的一体化,信息在国与国之间的传递日益频繁,国际金融市场之间相互影响的程度越来越大,铜市场更是如此。自从1876年伦敦金属交易所成立至今,铜作为期货交易品种已经有百年的历史。研究不同国家之间铜期货市场的价格引导关系、信息传递关系对套期保值者和投机者具有重要的意义。

从古至今,铜作为人类的发展与生产生活中不可缺少的金属材料,在世界各个领域中得到了广泛的应用,铜与人类生活密切相关。世界经济发展、信息技术的进步与经济全球化及全球性的资本流动促使金融市场全球化,铜期货市场也已经发展成为一个全球化市场,上海期货交易所(下简称 SHFE)的铜期货交易是世界期铜交易的重要组成部分。

目前国外从事铜期货交易市场的主要有伦敦金属交易所(下简称 LME)和纽约商品交易所(下简称 COMEX)。LME 的铜报价是行业内最具权威性的,伦敦铜的价格更倾向于对贸易进行客观反映,而 COMEX 的铜价格则更具投机性。我国铜期货是在1991年推出的,也有多年的历史。我国又一直是铜资源不足的国家,但是由于经济发展的需要,我国又一直是世界用铜大国,因此我国在铜的进出口政策方面一直采取"宽进严出"的策略。随着全球经济的发展,国家对铜的进出口政策有所放松,铜基本实现自由进出口,所以我国的铜价格和伦敦铜价格趋于一致,并且相互影响。

国内学术界对伦敦期铜与上海期铜之间的关系已有一些研究。吴冲锋等(1997)对上海铜期货价格与现货价格之间的引导关系进行了分析,发现期货与现货价格之间存在互相引导关系。肖辉等(2004)研究了伦敦铜与上海铜之间的价格发现过程,并表明价格发现主要由伦敦期铜决定。靳韬等(2005)在交互作用条件下改善 Grange 引导模型,发现上海铜期货价格与伦敦铜期货价格之间存在双向领先-滞后关系。

徐信忠等(2005)研究了1995年到2004年上海铜期货价格与伦敦铜期货的价格发现功能,发现上海铜期货在价格发现中的地位不断提升。研究中明确指出上海铜期货市场已经成为全球铜期货的主要需求方,并且是需求方的定价中心。王家辉(2008)认为上海铜期货的国际定价能力已经超过了纽约铜期货,居全球市场第二位;郑葵方(2008)研究了伦敦金属交易所、纽约商品交易所和上海期货交易所的铜期货市场信息对铜定价的影响,研究表明三个铜期货市场之间已构成了一个全球连续交易系统,资产的定价信息在三个市场间自动传递。以往的研究并没有考虑到波动溢出效应对价格发现的影响,而且随着我国铜期货市场的不断发展和完善,上海铜期货价格对伦敦铜期货价格有着重要的影响。

因为期货市场具有高流动性、低交易成本、卖空限制宽松、较低的保证金和快速执行等优点,所以期货市场要比现货市场包含更多市场信息,也就是说期货市场对于新信息的反应比现货市场要快。因此本章着重研究伦敦铜期货与上海铜期货之间的价格引导关系。

4.1 伦敦期铜与上海期铜比较

期货合约是指由交易所统一制定的、规定在将来某一特定的时间和地点交割一定数量和质量商品的标准化合约。在此将 LME 的期货合约结构与 SHFE 的期货合约结构进行比较。

1. 合约大小

因为两个交易所的投资主体结构不同,LME 的投资主体主要是一些大企业、银行、基金公司等机构,所以伦敦铜期货合约的交易单位为 25 吨/手。SHFE 的投资主体主要是中小投资者,个人投资者占了很大的比例,为了吸引更多的中小投资者,并且提高期货市场的流动性,上海铜期货合约的交易单位为 5 吨/手。与 LME 相比,SHFE 合约优势就在于交易单位小,方便中小投资者进行投资或者套期保值。

SHFE 的铜期货交易保证金比例为 5%,而 LME 的保证金比例为 15%,因此上海铜期货具有更明显的杠杆作用。

2. 合约到期日

伦敦铜期货和上海铜期货的合约到期日设置截然不同,SHFE 每个月只有一个到期日,每个月为一个合约,每月有固定交割日。LME 根据到期日将合约分为四类,为了确定一个大家都可以接受的标准,LME 采用以 3 个月合约为基础,其他合约通过价差的方式进行交易。规定 3 个月内合约的到期日为任何一个交易日,3 个月至 15 个月合约的到期日则为每个月第 3 个星期三。

3. 会员结构

LME 根据场内交易资格、代理资格及清算资格等权限的不同,将会员划分为 7 种类型:圈内会员、准经纪清算会员、准交易清算会员、准经纪会员和准交易会员、个人会员和荣誉会员,会员的权限有一些区别。SHFE 会员只分两类:经纪会员(只可代理)与自营会员(不可代理),所有会员都有资格从事金属期货交易,都有资格进行结算,会员的交易权限没有区别。

4. 交易模式

SHFE 实行撮合交易的模式,交易时间为上午 9:00 至 11:30 和下午 13:00 至 15:00。LME 实行的是办公室交易与场内公开喊价交易相结合的 24 小时连续交易模式,以场外交易为主,由场内交易形成的官方价格作为权威报价。

LME 合约不是完全标准化的期货合约,带有相当浓厚的现货远期合约色彩,因此采用了只有圈内会员可以参加的场内集中竞价交易和各种会员都可参与的场外办公室交易两种交易方式。其中场内集中竞价交易采用口头喊价方式，各家圈内会员公司交易员围坐成一圈进行喊价，每天分上午和下午两场，分节进行，上、下午各两节，交易的都是 3 个月合约。而场外交易则 24 小时连续进行，即使是在场内集中竞价期间，仍在进行场外办公室交易。

4.2 模型和实证方法

本章模型中的参数设定：P_t^L 为伦敦铜期货价格，P_t^S 为上海铜期货价格。为了消除时间序列可能存在的异方差，对两个价格序列分别取其自然对数 $\ln(P_t^L) = p_t^L$ 和 $\ln(P_t^S) = p_t^S$。这两个序列的协整关系可以表示为

$$p_t^L = \alpha_0 + \alpha_1 p_t^S + ec_t \tag{4.1}$$

伦敦铜期货收益率可以表示为 $r_t^L = p_t^L - p_{t-1}^L$，上海铜期货的收益率可以表示为 $r_t^S = p_t^S - p_{t-1}^S$。则二元向量误差修正模型可以表示为

$$\begin{aligned} r_t^S &= \beta_{S,0} + \gamma_S ec_{t-1} + \sum_{j=1}^{p} \beta_{SS,j} r_{t-j}^S + \sum_{j=1}^{q} \beta_{SL,j} r_{t-j}^L + \varepsilon_{S,t} \\ r_t^L &= \beta_{L,0} + \gamma_L ec_{t-1} + \sum_{j=1}^{p} \beta_{LS,j} r_{t-j}^S + \sum_{j=1}^{q} \beta_{LL,j} r_{t-j}^L + \varepsilon_{L,t} \end{aligned} \tag{4.2}$$

其中 $ec_t = p_t^L - \alpha_0 - \alpha_1 p_t^S$。

本章研究伦敦铜期货和上海铜期货价格领先-滞后关系所采用的方法和第 3 章中采用的方法相同，在此就不赘述。

4.3 数据说明和实证结果

4.3.1 数据说明与数据处理

1. 数据说明

上海铜期货每个月确定一个到期日，以每个月为一个合约。上海铜期货合约为月合约，本书将离到期日 3 个月的合约定义为 3 月期铜。伦敦铜期货根据合约的到期日，可以将合约分为 4 类，LME 的合约数量很多，但是其中 3 月期铜价是影响最大的。图 4.1 为上海铜期货价格和伦敦铜期货价格序列。在图上可以观察到铜期货价格有一定程度的起伏，本章在研究时把数据划分为两个时间区间。我国 2005 年的汇率改革实际发生日期为 2005 年 7 月 21 日，但是在 2004 年底时我国的汇率改革就已经受到各国政府及相关金融机构的关注，所以正式改革前就对各领域产生了一定的影响，因此本书将前期影响期取至 2005 年 1 月 4 日。本书选取数据为 LME 与 SHFE 的 3 月铜期货开盘价格和收盘价格数据，2002 年 1 月 7 日~2004 年 12 月 28 日为第一阶段，共有 1426 个数据，2005 年 1 月 4 日~2012 年 4 月 27 日

为第二阶段,共有 3454 个数据。共计 4880 个数据[①]。

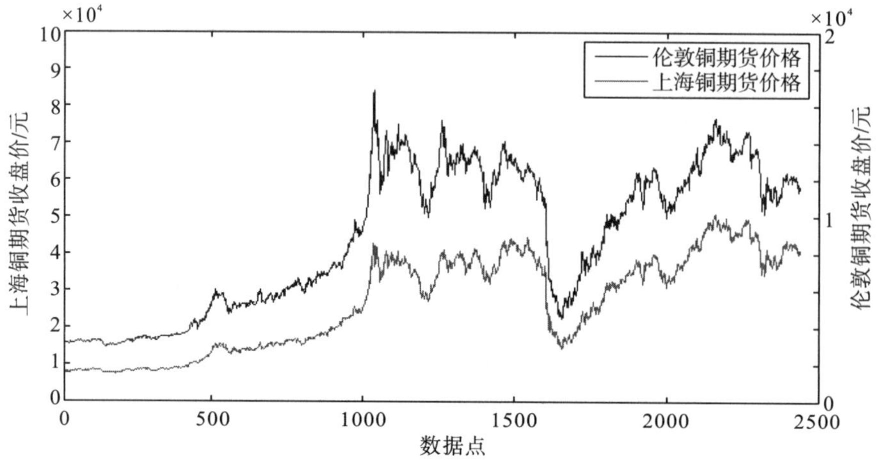

图 4.1 2002~2012 年上海铜期货价格和伦敦铜期货收盘价格走势图

表 4.1 为两个价格序列的统计特征。从表 4.1 中对数价格序列和收益率序列的标准差比较可以看出,伦敦铜期货价格波动要比上海铜期货剧烈一些。从收益序列的偏度、峰度以及 JB 统计量来看,伦敦铜期货价格和上海铜期货价格的收益序列均不服从正态分布,呈现一般金融时间序列所具有的尖峰厚尾特征。

表 4.1 伦敦铜和上海铜对数价格序列统计特征

	变量	均值	最大值	最小值	标准差	偏度	峰度	JB
第一阶段数据	p_t^S	9.8842	10.3079	9.5942	0.2332	0.4633	1.5496	176.0197
	p_t^L	7.5971	8.0599	7.2855	0.2549	0.5325	1.5763	187.839
	r_t^L	0.000532	0.0500	−0.0959	0.0097	−0.6364	12.4287	5374.755
	r_t^S	0.000469	0.0427	−0.0467	0.0090	−0.3329	7.1490	1048.419
第二阶段数据	p_t^S	10.8620	11.3379	10.0132	0.2960	−0.9569	2.7147	539.1791
	p_t^L	8.7471	9.2263	7.9469	0.3388	−0.8754	2.4863	479.4829
	r_t^L	0.000285	0.1306	−0.2325	0.0162	−0.7121	15.147	21677.80
	r_t^S	0.000207	0.0930	−0.1686	0.0148	−0.5189	10.6624	8607.292

2. 协整检验

前面已经介绍了 VECM-DCC-GARCH 模型,下面本章将通过 Granger 因果关系、波动率传导、脉冲响应函数和方差分解来研究伦敦铜期货市场和上海铜期货市场之间的价格引导关系和波动溢出效应。

---

① 数据来源于和讯网。

在进行协整关系检验之前必须先对序列的平稳性进行检验,本书采用常用的单位根检验法。表4.2是分别对两个阶段的对数价格序列和收益率序列的平稳性检验结果,置信度为$P=1\%$水平,对数价格序列为非平稳序列,两个序列一阶差分后均为平稳序列。因此,对数价格序列是一阶单整的。

表4.2 价格序列和收益率序列单整检验和协整检验结果

变量	第一阶段样本数据			第二阶段样本数据		
	ADF值	1%临界值	结论	ADF值	1%临界值/5%临界值	结论
p_t^L	0.1666	−3.4378	不平稳	−2.3938	−3.4353/−2.8629	不平稳
p_t^S	0.0343	−3.4378	不平稳	−2.5734	−3.4366/−2.8629	不平稳
r_t^L	−17.8532	−3.4378	平稳	−26.9379	−3.4353/−2.8629	平稳
r_t^S	−16.6049	−3.4378	平稳	−24.3342	−3.4366/−2.8629	平稳
ec_t	−3.9414	−3.4378	平稳	−2.8666	−3.4353/−2.8629	平稳

本章采用Engle和Granger(1987)提出的方法对p_t^S和p_t^L进行协整检验,即先以p_t^L为因变量,p_t^S为自变量建立回归方程,再对回归方程的残差进行单位根检验,若残差序列是一个平稳序列,则p_t^S和p_t^L具有协整关系。方程回归结果如表4.3所示。两个时间段的数据协整方程的残差序列如图4.2所示。

表4.3 协整方程回归结果

	项目	第一阶段		第二阶段	
		C	p_t^S	C	p_t^S
p_t^L	估计值	−3.1563	1.0879	−3.2423	1.1038
	T值		377.2721		215.5605

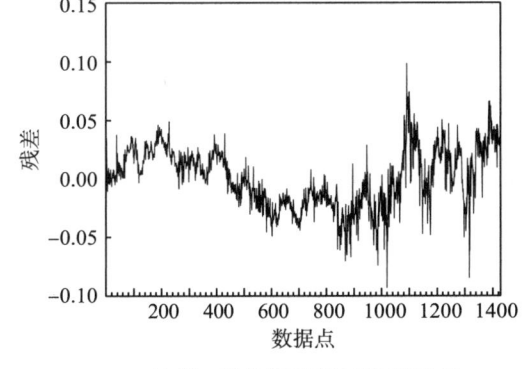

(a) 第一阶段数据线性回归后残差

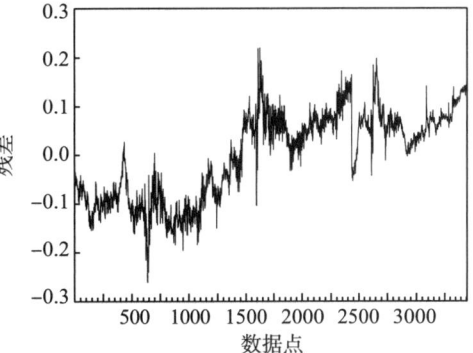

(b) 第二阶段数据线性回归后残差

图4.2 股指期货价格和现货价格线性回归后的残差序列图

通过表 4.3 两个回归方程对回归方程的残差进行平稳性检验,第一阶段和第二阶段的残差在 $P=1\%$ 置信水平上显著,可知两个阶段的残差均是平稳序列,表明 p_t^S 和 p_t^L 在两个阶段都具有协整关系。

4.3.2 实证结果及分析

1. Granger 因果检验

在经济学中有一些变量显著相关,但它们未必都是有意义的。Granger 提出一个判断变量因果关系的检验,即 Granger 因果检验。其实质是检验一个变量的滞后变量是否可以引入其他变量方程。一个变量如果受到其他变量的滞后变量影响,则称它与这些变量具有 Granger 因果关系。根据上述方法,对伦敦铜期货和上海铜期货之间的因果关系检验结果如表 4.4 所示。

表 4.4 第一阶段数据 Granger 因果检验

原假设	样本值	F 统计量及其接受原假设的概率				
		滞后 1 阶	滞后 2 阶	滞后 3 阶	滞后 4 阶	滞后 10 阶
伦敦铜期货不是上海铜期货的 Granger 成因	1426	1472.90 (0.0000)	770.625 (0.0000)	517.087 (0.0000)	399.843 (0.0000)	161.358 (0.0000)
上海铜期货不是伦敦铜期货的 Granger 成因	1426	7.0251 (0.008)	2.7250 (0.066)	1.4407 (0.2292)	1.7263 (0.1416)	2.3891 (0.0083)

从表 4.4 可以看出,第一阶段的样本数据在置信度为 $P=1\%$ 水平上显著,伦敦铜期货通过了检验,构成了上海铜期货的 Granger 成因;上海铜期货在滞后阶数为 3、4 时都没有通过检验,不能构成伦敦铜期货的 Granger 成因。因此,从结果来看,上海铜期货收益率和伦敦铜期货收益率存在双向因果关系。但是伦敦铜期货市场对上海铜期货市场的影响力明显大于上海铜期货对伦敦铜期货的影响力,通过 Granger 因果检验可知在第一阶段时期伦敦期铜价格引导上海期铜价格。

表 4.5 第二阶段数据 Granger 因果检验

原假设	样本值	F 统计量及其接受原假设的概率				
		滞后 1 阶	滞后 2 阶	滞后 3 阶	滞后 4 阶	滞后 10 阶
伦敦铜期货不是上海铜期货的 Granger 成因	3454	541.653 (0.0000)	314.348 (0.0000)	223.001 (0.0000)	184.210 (0.0000)	74.2107 (0.0000)
上海铜期货不是伦敦铜期货的 Granger 成因	3454	2.9549 (0.0057)	8.2975 (0.0008)	7.3655 (0.0002)	3.5958 (0.0062)	2.9499 (0.0010)

对于第二阶段样本数据,从表 4.5 中可以看出检验结果对滞后阶数并不敏感,在置信水平为 $P=1\%$ 时,两个市场都通过了检验,伦敦期铜价格和上海期铜价格互为 Granger

因果，相互引导。第二阶段的数据相对于第一阶段数据，上海期铜市场对伦敦期铜市场的影响增大。

2. VECM-DCC-GARCH 模型

利用两个变量回归方程中给出的协整残差，通过拟极大似然估计方法就可以估计出整个 VECM-DCC-GARCH 模型。

1) 第一阶段样本数据模型估计结果

首先估计第一阶段的样本数据估计模型，结果如表 4.6 所示。

分析第一阶段样本数据估计模型结果，上海铜期货收益率方程中收益率一阶滞后项系数 $\beta_{SS,1}$ 在 $P=1\%$ 水平上显著为负，伦敦铜期货收益率方程中的一阶滞后项系数 $\beta_{LL,1}$ 并不显著且为正。从实证结果中可以看出上海铜期货收益率展现出了均值回归，而伦敦铜期货收益率并未出现均值回归。我们还可以在表中发现 γ_L 的绝对值比 γ_S 绝对值小，这表明了上海铜期货价格比伦敦铜期货价格表现出了更强的长期均衡偏离反应。通过计算可以得 $\theta_L = 0.6025$，这表明伦敦铜期货对价格发现的贡献为 0.6025，上海铜期货对价格贡献为 0.3975，即伦敦铜期货引导上海铜期货价格。

在 GARCH 模型中，$\delta_{S,1}$ 和 $\delta_{L,1}$ 估计结果是显著的，表明在第一阶段的样本数据里，上海铜期货收益率和伦敦铜期货收益率中都存在波动聚集性。上海铜期货条件方差方程中非对称效应的系数 $\delta_{S,3}$ 在 $P=5\%$ 的水平上显著为正。而伦敦铜期货条件方差方程中非对称效应的系数显著为零。也就是说上海铜期货市场中存在杠杆效应，且当坏消息发生时波动加大，而伦敦铜期货市场中不存在杠杆效应。

表 4.6 第一阶段数据 VECM-DCC-GARCH 模型估计结果

模型	参数估计结果					
VECM	$\beta_{S,0}$	γ_S	$\beta_{SS,1}$	$\beta_{SL,1}$		
	0.0004	0.0438	−0.1511	0.2682		
	(0.263)	(0.011)**	(0.000)***	(0.000)***		
	$\beta_{L,0}$	γ_L	$\beta_{LS,1}$	$\beta_{LL,1}$		
	0.0004	−0.0289	−0.007	0.068		
	(0.438)	(0.050)**	(0.204)	(0.321)		
GARCH	ω_S	$\delta_{S,1}$	$\delta_{S,2}$	$\delta_{S,3}$	$\delta_{S,l}$	$\delta_{S,ec}$
	1.182×10^{-5}	0.785	0.111	0.041	−0.168	−0.00005
	(0.000)***	(0.000)***	(0.001)***	(0.043)**	(0.032)**	(0.091)*
	ω_L	$\delta_{L,1}$	$\delta_{L,2}$	$\delta_{L,3}$	$\delta_{L,s}$	$\delta_{S,ec}$
	7.989×10^{-6}	0.865	0.102	0.000	0.069	0.00002
	(0.000)***	(0.000)***	(0.004)***	(0.000)***	(0.140)	(0.718)
DCC	κ_1	κ_2				
	0.0076	0.976				
	(0.000)***	(0.000)***				

注：括号内为概率 P 值，***，**和*分别代表在 $P=1\%$，5%和10%置信区间的显著性水平，据 AIC 和 SC 确定 VECM 方程中滞后阶数为 1 阶。

模型中考虑了两个期货市场中的波动率传导问题,波动率传导可以解释为期货市场之间的信息传递。

两个收益率序列之间的条件方差的相互作用提供了衡量价格发现的另一个指标。从表中可以看出$\delta_{S,L}$估计结果在$P=5\%$的水平上显著,这个结果表明在伦敦铜期货市场和上海铜期货市场之间不存在双向的波动传导,信息主要由伦敦期铜市场传向上海期铜市场。观察$\delta_{S,L}$和$\delta_{L,S}$的估计值和统计量,可以看出$\delta_{S,L}$估计值的绝对值大于$\delta_{L,S}$估计值的绝对值,因此伦敦铜期货的波动溢出效应更强一些。观察误差修正项对两个价格序列收益率波动的影响。误差修正项$\delta_{S,ec}$在$P=10\%$的显著水平上对上海铜期货市场的波动性有显著影响,但是对伦敦铜期货市场的波动性影响不显著。这说明了误差修正项对上海铜期货市场波动影响更大,即两个市场价格偏离长期均衡时,主要由上海铜期货价格来调整,这导致上海铜期货价格波动较大。图4.3给出了第一阶段样本的动态相关系数,从图上可以观察到伦敦期铜和上海期铜在汇率改革产生影响之前相关系数就不高,刚开始为0.3左右,到后期下降到0.1左右。

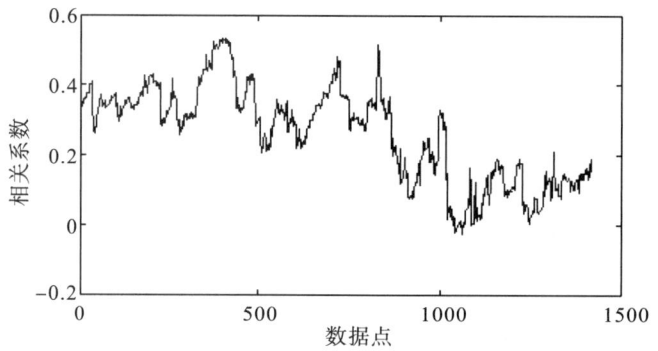

图4.3　第一阶段伦敦期铜和上海期铜价格动态相关系数

DCC模型估计结果中给出了两个市场的动态条件相关系数,它们都在$P=1\%$水平上显著。通过分析可知$\kappa_1+\kappa_2<1$符合约束条件,$(\overline{Q})$项系数为0.0164,表明两个期货市场当期的动态异方差不受无条件方差的影响;$\kappa_1=0.0076$表明两个市场当期的动态异方差受到其前期均值残差平方的影响较小;$\kappa_2=0.976$表明两个市场当期的动态异方差主要依赖于其前期的动态异方差,也说明伦敦期铜和上海期铜之间的相关系数受前期的影响较大,其变动持续性较强。

2)第二阶段样本数据模型估计结果

第二阶段的样本数据估计模型结果如表4.7所示,在上海铜期货收益率方程中收益率一阶滞后项系数$\beta_{SS,1}$在$P=1\%$的水平上显著为负,伦敦铜期货收益率方程中的一阶滞后项系数$\beta_{LL,1}$在$P=1\%$的水平上显著为负。从实证结果中可以看出伦敦铜期货市场和上海铜期货市场都展现出了均值回归。我们从表中还可以发现γ_L的绝对值比γ_S绝对值大,这表明伦敦铜期货价格相比上海铜期货价格对偏离长期均衡表现出了更强的反应。通过计算得出

$\theta_L = 0.6037$,这表明上海铜期货市场在价格发现中的贡献度为 0.6037,伦敦铜期货市场在价格发现中的贡献度为 0.3962,表明上海铜期货价格引导伦敦铜期货价格。

表 4.7 第二阶段数据 VECM-DCC-GARCH 模型估计结果

模型	参数估计结果					
VECM	$\beta_{S,0}$	γ_S	$\beta_{SS,1}$	$\beta_{SS,2}$	$\beta_{SL,1}$	$\beta_{SL,2}$
	1.155×10^{-4}	0.021	−0.350	−0.097	0.373	0.209
	(0.656)	(0.500)	(0.000) ***	(0.000) ***	(0.000) ***	(0.000) ***
	$\beta_{L,0}$	γ_L	$\beta_{LS,1}$	$\beta_{LS,2}$	$\beta_{LL,1}$	$\beta_{LL,2}$
	6.344×10^{-5}	−0.032	0.107	0.081	−0.09	0.004
	(0.829)	(0.094) *	(0.000) ***	(0.003) ***	(0.01) ***	(0.867)
GARCH	ω_S	$\delta_{S,1}$	$\delta_{S,2}$	$\delta_{S,3}$	$\delta_{S,l}$	$\delta_{S,ec}$
	8.589×10^{-5}	0.257	0.143	0.041	−0.023	2.016×10^{-4}
	(0.000) ***	(0.000) ***	(0.000) ***	(0.043) **	(0.000) ***	(0.001) ***
	ω_L	$\delta_{L,1}$	$\delta_{L,2}$	$\delta_{L,3}$	$\delta_{L,S}$	$\delta_{L,ec}$
	3.418×10^{-5}	0.739	0.138	0.000	−0.093	1.153×10^{-4}
	(0.000) ***	(0.000) ***	(0.000)	(0.000) ***	(0.037) **	(0.000) ***
DCC	κ_1	κ_2				
	0.018	0.982				
	(0.000) ***	(0.000) ***				

注:括号内为概率 P 值,***,**和*分别代表 $P=1\%$,5%和10%的显著性水平,据 AIC 和 SC 确定 VECM 方程中滞后阶数为 1 阶。

在 GARCH 模型中,$\delta_{S,1}$ 和 $\delta_{L,1}$ 估计结果是显著的,表明在上海铜期货回报率和伦敦铜期货回报率中都存在波动聚集性。上海铜期货价格收益率条件方差方程中非对称效应的系数 $\delta_{S,3}$ 显著不为零且为正,而伦敦铜期货价格收益率条件方差方程中非对称效应的系数显著为零。也就是说上海铜期货市场中存在杠杆效应,且当坏消息发生时波动加大。

从表 4.7 中可以看出 $\delta_{S,L}$ 和 $\delta_{L,S}$ 估计结果分别在 $P=1\%$ 和 5%的水平上显著为负,这个结果表明在伦敦铜期货市场和上海铜期货市场之间存在双向的波动传导,也就是两个期货市场之间有双向波动溢出效应,信息在两个市场之间互相传递。从 $\delta_{S,L}$ 和 $\delta_{L,S}$ 的估计绝对值来看,上海期铜市场的波动溢出效应更强一些。观察误差修正项对两个价格序列收益率波动的影响,在 $P=1\%$ 的显著水平上,误差修正项 $\delta_{S,ec}$ 和 $\delta_{L,ec}$ 对上海铜期货市场和伦敦铜期货市场的波动性都有显著的影响。这说明误差修正项对上海铜期货市场和伦敦铜期货市场波动影响都比较大,通过比较两个参数的估计值可以看出,误差修正项对上海铜期货市场波动的影响要大于对伦敦铜期货市场波动的影响。当两个期货市场价格偏离长期均衡时,两个市场的波动都会明显增大。

DCC 模型估计结果中给出了两个市场的动态条件相关系数,它们都在 $P=1\%$ 水平上显著。通过分析可知 $\kappa_1+\kappa_2<1$ 符合约束条件,$(\overline{Q})$ 项系数为零,表明两个期货市场当期的动态异方差不受无条件方差的影响;$\kappa_1=0.018$ 表明两个市场当期的动态异方差受到其前期均值残差平方的影响较小;$\kappa_2=0.982$ 表明两个市场当期的动态异方差主要依赖于其前期的动态异方差,也说明伦敦期铜和上海期铜之间的相关系数受前期的影响较大,其变动持续性较强。图 4.4 给出第二阶段样本数据的动态相关系数,从图上观察到两个市场之间的相关系数刚开始的时候为负,但是负值持续时间很短,很快上升为 0.5 左右,之后随着我国铜期货市场的成熟和汇率改革的影响,伦敦期铜市场和上海期铜市场之间的相关系数逐渐变大,相关系数达到 0.8 左右。

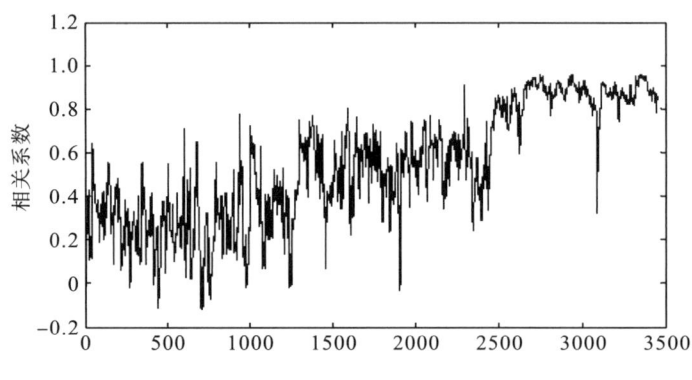

图 4.4 第二阶段伦敦期铜和上海期铜动态相关系数

通过分析两个阶段的样本数据,可以观察到随着我国铜期货市场的不断发展与完善,上海铜期货市场在世界铜期货市场中发挥越来越重要的作用。在样本数据的第一阶段,上海铜期货市场的对价格发现的贡献仅为 0.3975,价格发现功能主要是由伦敦铜期货市场承担,并且伦敦铜期货市场对上海铜期货市场有很大的影响力。但是到了第二阶段,上海铜期货市场在价格发现中的贡献已经超过了伦敦铜期货的贡献,上海铜期货对价格发现的贡献度为0.6037,说明上海铜期货市场在价格发现中已经占主导地位,领先于伦敦铜期货市场。

3. 脉冲响应分析

脉冲响应函数是用来分析一个误差项发生变化,或者说模型受到某种冲击时系统受到的动态影响,即该冲击对内生变量当前和未来取值的影响。本书使用脉冲响应函数分析向量误差修正模型的扰动项发生变动对上海铜期货和伦敦铜期货市场的影响。

1) 第一阶段样本数据脉冲响应分析

如图 4.5 所示,首先,从上海铜期货的价格响应来看,①对来自上海铜期货价格的一个标准差信息冲击,滞后 1 期时上海铜期货价格响应为 0.01,滞后 4 期时达到最高为 0.018,之后就有所下降,并且这种响应在滞后 20 期时值为 0.009 左右。②对来自伦敦铜期货价格的一个标准差信息冲击,滞后 1 期时上海铜期货价格响应为 0.0042,滞后 3 期时上升为

0.0058，在滞后 20 期时响应仍然在 0.0055 左右。

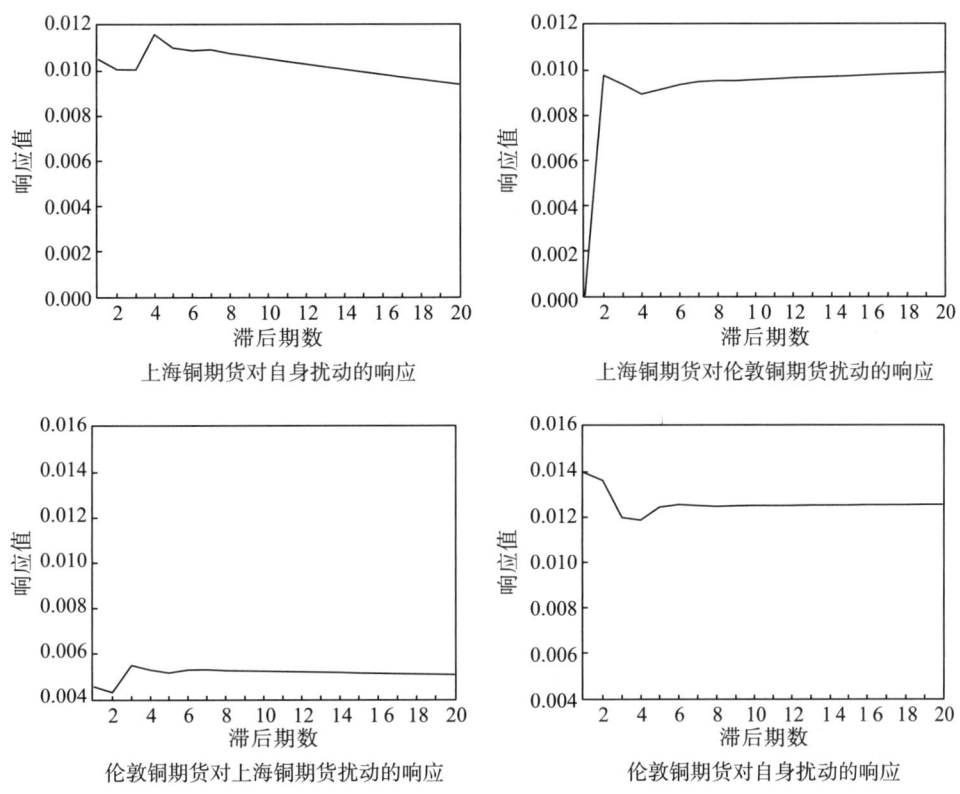

图 4.5　第一阶段数据脉冲响应图

其次，从伦敦铜期货价格响应来看，①对来自上海铜期货价格的一个标准差信息冲击，滞后 1 期时的响应为 0，到滞后 2 期时响应上升为 0.010，滞后 4 期时有所下降，滞后 20 期反应仍然维持在 0.010 左右。②对来自伦敦铜期货价格的一个标准差信息冲击，滞后 1 期的响应为 0.014，滞后 3 期时下降为 0.012，之后开始逐渐上升，滞后 20 期时响应仍然维持在 0.012 左右。

数据表明伦敦铜期货和上海铜期货之间存在双向动态影响，但是上海铜期货对伦敦铜期货的影响要滞后于伦敦铜期货对上海铜期货的影响，可见伦敦铜期货市场对新信息的反应速度更快，反映了伦敦铜期货价格在价格发现中的主导地位。

2) 第二阶段样本数据脉冲响应分析

如图 4.6 所示，首先，从上海铜期货的价格响应来看，①对来自上海铜期货价格的一个标准差信息冲击，滞后 1 期时上海铜期货价格响应为 0.011，滞后 2 期时下降为 0.007 左右，这种响应在滞后 20 期时维持在 0.007 左右。②对来自伦敦铜期货价格的一个标准差信息冲击，滞后 1 期时上海铜期货价格响应为 0，之后逐渐上升，在滞后 20 期时响应仍然在 0.004 左右。

其次，从伦敦铜期货价格响应来看，①对来自上海铜期货价格的一个标准差信息冲击，滞后 1 期时的响应为 0.006，到滞后 2 期时响应达到最高为 0.013 左右，滞后 4 期时有所下降，滞后 20 期响应仍然维持在 0.012 左右。②对来自伦敦铜期货价格的一个标准差信息冲击，滞后 1 期时响应为 0.016，滞后 3 期时下降为 0.015，之后开始逐渐下降，滞后 20 期时响应仍然维持在 0.015 左右。

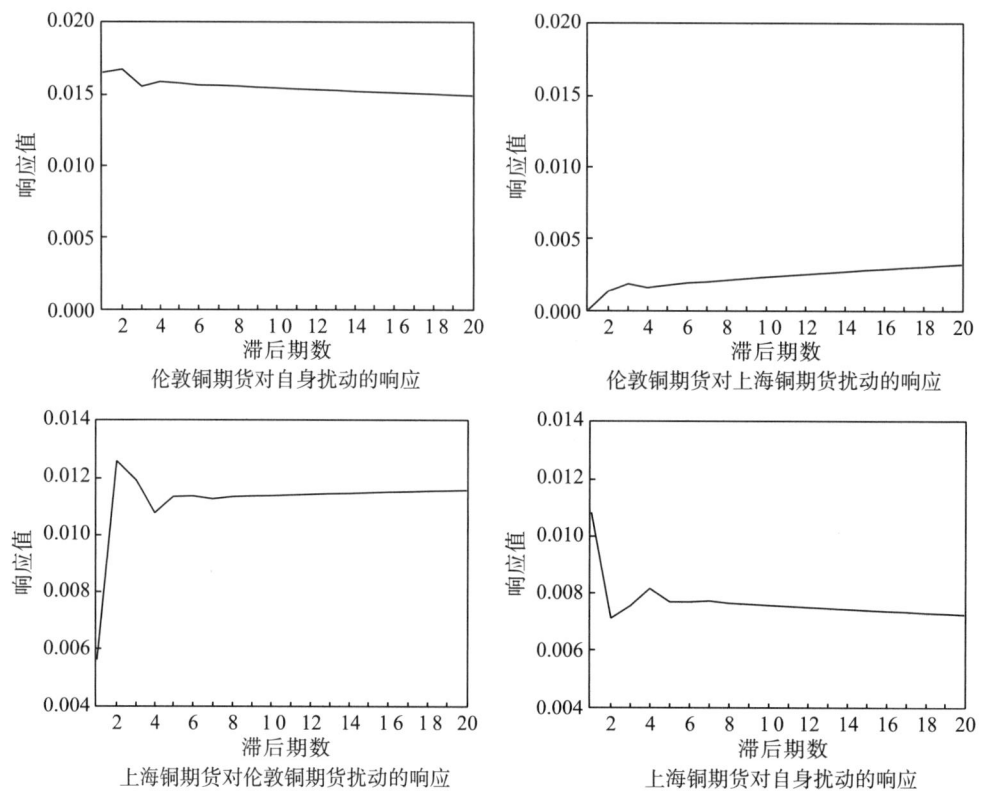

图 4.6　第二阶段数据脉冲响应图

数据表明第二阶段伦敦铜期货和上海铜期货之间也存在双向动态影响，但与第一阶段情况相反，上海铜期货对伦敦铜期货的影响要领先于伦敦铜期货对上海铜期货的影响，可见上海铜期货市场对新信息的反应速度更快，这与前面结论是一致的。

4. 方差分解

由前面的结果可知，上海铜期货在第二阶段相比伦敦铜期货市场有较强的价格发现功能。下一步本书将基于向量误差修正模型，利用方差分解对上海铜期货和伦敦铜期货价格领先-滞后关系进行进一步的研究。

脉冲响应函数描述的是 VECM 模型中的一个内生变量的冲击模型对其他内生变量带来的影响。而方差分解是通过分析每一个结构冲击对内生变量影响的贡献度，进一步评价不同结构冲击的重要性。因此方差分解给出对 VAR 模型中的变量产生影响的每个随机扰动项相对重要性信息。如果一个市场比另一个市场占的信息份额大，那么说明这个市场比另一个市场包含的信息更多，即信息份额大的市场在价格发现中发挥了主要的作用。

1) 第一阶段样本数据

基于 VEC 模型的方差分解,结果如表 4.8 所示。

表 4.8 第一阶段数据方差分解结果

滞后期数/期	伦敦铜期货/%		上海铜期货/%	
	上海铜期货/%	伦敦铜期货/%	上海铜期货/%	伦敦铜期货/%
1	9.64	90.36	100.00	0.00
2	9.34	90.66	68.92	31.08
3	11.69	88.31	63.04	36.96
4	12.77	87.23	62.95	37.05
5	13.13	86.87	62.10	37.90
10	14.08	85.92	58.97	41.03
15	14.25	85.75	56.78	43.22
20	14.24	85.76	54.84	45.16

结果显示,对于伦敦铜期货价格变动长期作用部分的方差,当滞后 1 期时,总方差中有 90.36%来自伦敦铜期货市场,在后面的几个滞后期中来自伦敦铜期货的方差逐渐减小,但是不明显,滞后 20 期时方差为 85.76%;同时在滞后 1 期时,总方差中 9.64%来自上海铜期货市场,随后来自上海铜期货市场的方差逐渐增大,上升至滞后 20 期的 14.24%。

对于上海铜期货价格变动长期作用部分的方差,当滞后 1 期时,总方差 100%来自上海铜期货市场,后面的几个滞后期逐渐下降,在滞后 20 期时总方差中有 45.16%来自上海铜期货市场;来自伦敦铜期货市场的方差呈上升趋势,滞后 1 期时总方差中有 0%来自伦敦铜期货市场,到滞后 20 期时来自伦敦铜期货市场的方差上升到 45.16%。平均而言,伦敦铜期货市场在价格发现功能中占主导地位。

2) 第二阶段样本数据

第二阶段样本数据基于 VEC 模型的方差分解结果如表 4.9 所示。第二阶段的样本数据方差分析的结果显示,对于伦敦铜期货价格变动长期作用部分的方差,滞后 1 期时,总方差中有 78.89%来自伦敦铜期货市场,在后面的几个滞后期中逐渐减小,到滞后 20 期时方差为 66.24%;同时在滞后 1 期时,总方差中 21.11%来自上海铜期货市场,随后逐渐增大,上升至滞后 20 期时的 33.76%。

表 4.9 第二阶段数据方差分解结果

滞后期数/期	伦敦铜期货/%		上海铜期货/%	
	上海铜期货/%	伦敦铜期货/%	上海铜期货/%	伦敦铜期货/%
1	21.11	78.89	100.00	0.00
2	24.45	75.55	82.42	17.58
3	26.51	73.49	79.61	20.39
4	27.23	72.77	80.05	19.95

续表

滞后期数/期	伦敦铜期货/%		上海铜期货/%	
	上海铜期货/%	伦敦铜期货/%	上海铜期货/%	伦敦铜期货/%
5	27.86	72.14	79.47	20.53
10	30.25	69.75	78.19	21.81
15	32.10	67.90	77.33	22.67
20	33.76	66.24	76.60	23.40

对于上海铜期货价格变动长期作用部分的方差，当滞后1期时，总方差100%来自上海铜期货市场，在后面的几个滞后期中逐渐下降，滞后20期时总方差中有76.60%来自上海铜期货市场；来自伦敦铜期货市场的方差贡献呈上升趋势，滞后1期时总方差中有0%来自伦敦铜期货市场，到滞后20期时来自现货市场的方差上升到23.40%。平均而言上海期铜市场在价格发现中占主导地位。

4.4 本章小结

本章采用2002年1月7日～2004年12月28日和2005年1月4日～2012年4月27日的LME与SHFE的3月铜期货开盘价格和收盘价格数据，利用Granger因果关系和VECM-DCC-GARCH模型、脉冲响应分析和方差分解研究了伦敦铜期货市场和上海铜期货市场价格的领先-滞后关系。

首先，本章用Granger因果检验分析了两个市场间的因果关系，第一阶段的样本数据在$P=1\%$的显著性水平上，伦敦铜期货通过了检验，构成了上海铜期货的Granger成因；但是上海铜期货并没有通过检验，没有构成伦敦铜期货的Granger成因，可知伦敦铜期货对上海铜期货的影响力明显大于上海铜期货对伦敦铜期货的影响力。第二阶段样本数据其检验结果对滞后期并不敏感，在$P=1\%$显著水平上伦敦铜期货和上海铜期货互为Granger因果，上海期铜对伦敦期铜的影响力明显增强。

其次，本章使用VECM-DCC-GARCH模型分析了伦敦铜期货和上海铜期货市场的收益率领先-滞后关系。研究发现第一阶段伦敦铜期货市场价格发现功能强于上海铜期货市场。伦敦铜对价格发现的贡献度为$\theta_L=0.6025$，上海铜期货对价格发现的贡献为0.3975。这表明伦敦铜期货市场领先于上海铜期货。但是到了第二阶段，上海铜期货市场在价格发现中的贡献已经超过了伦敦铜期货，上海铜期货对价格发现的贡献度为0.6037，说明上海铜期货市场在价格发现中已经占主导地位，领先于伦敦铜期货市场。

本章在分析价格发现功能的同时也考虑到了两个市场之间的波动率传导，发现从期货市场到现货市场存在显著的波动溢出效应，波动率传导可以解释为两个期货市场之间的信息传递。第一阶段$\delta_{S,L}$估计结果在$P=5\%$的水平上显著，表明在伦敦铜期货市场和上海铜期货市场之间不存在双向波动传导，信息主要通过伦敦期铜市场向上海期铜市场传递。第二阶段的参数$\delta_{S,L}$和$\delta_{L,S}$估计结果都在$P=1\%$的水平上显著，表明在伦敦铜期货市场和上海铜期货市场之间存在双向的波动率传导，两个期货市场之间有双向的波动溢出效应，信息在两个市场之间互相传递，但是上海铜期货的波动溢出效应更强。

最后，本章通过脉冲响应函数和方差分解分析了两个市场对信息反应的速度以及短期的相互动态关系。第一阶段的样本数据结果表明伦敦铜期货和上海铜期货之间存在双向动态影响，但是上海铜期货对伦敦铜期货的影响要滞后于伦敦铜期货对上海铜期货的影响，可见伦敦铜期货市场对新信息的反应速度更快，反映了伦敦铜期货价格在价格发现中的主导地位。数据结果表明第二阶段样本数据的伦敦铜期货和上海铜期货之间也存在双向动态影响，但与第一阶段情况相反，上海铜期货对伦敦铜期货的影响要领先于伦敦铜期货对上海铜期货的影响，可见我国上海铜期货市场对新信息的反应速度更快。

方差分解分析第一阶段样本数据表明，第一阶段伦敦铜期货市场在价格发现功能中占主导地位。第二阶段样本数据结果表明平均来说上海铜期货市场在价格发现中占主导地位。

综上所述，研究结果表明上海铜期货市场不断地发展与完善，在价格发现中的地位不断提升，在世界铜期货市场中已经具有非常重要的地位。

第5章 期货跨市场传导机制研究

本书第 3、4 章研究了股指期货和指数现货市场以及上海期铜和伦敦期铜市场之间的价格引导关系和波动溢出效应,信息在期货市场和现货市场之间传递,也在不同国家的市场间传递。以上的研究都是针对标的相同但是市场不同时信息是怎样传递的。那么当标的不同时,信息是否能在不同品种的市场之间进行传递呢？基于此,本章研究铜期货市场、螺纹钢期货市场、豆油期货市场、国债期货市场和股指期货市场之间是否也同样存在信息的传递。

5.1 商品期货市场之间的信息传递

本节选取螺纹钢期货和铜期货来研究这两个期货市场之间的信息传递与波动溢出效应。由于铜期货在大众商品中很重要,并且在经济发展中起到重要的作用,本节仍然选择铜期货市场为研究对象。螺纹钢期货是上海期货交易所中比较活跃的交易品种,并且其市场与铜期货一样受到一些宏观因素的影响,因此本节主要研究这两个市场之间是否存在价格引导和信息传递关系。

5.1.1 螺纹钢期货市场和铜期货市场之间的信息传递

期货市场的波动程度不仅仅受到市场自身前几期波动影响,还会受到其他市场波动的影响,这种市场间波动的传导称为波动溢出效应。波动溢出效应也可以解释为期货市场和现货市场之间的信息传递。

King 等(1990)研究了 1987 年 10 月的美国股市暴跌,该研究认为虽然一些信息仅仅对某一个标的市场的价格有影响,不同的市场之间也可以通过股票价格的波动来传递信息,这些信息本身可能对其他的市场并没有意义,但是由于市场中存在对某一事件的过度反应,所以这些信息会对其他的市场标的价格产生一定的影响,这也被称为传染效应。

我国是螺纹钢的生产大国,这些年我国基础设施建设不断发展,我国对固定资产的投资规模逐渐扩大,但我国生产出的螺纹钢主要满足国内的需求,出口数量并不多。多年来我国螺纹钢的年产量都保持较快的增长速度,并且在所有钢材种类中占最大比例。

2009 年 3 月 27 日螺纹钢期货在上海期货交易所开始交易,螺纹钢期货上市交易以来市场运行平稳,并且成交量逐渐扩大,是比较活跃的交易品种。据统计,2010 年螺纹钢期货的日平均成交量占上海期货交易所日平均成交量的四成,成为当时交易增长速度最快的商品期货。螺纹钢期货价格的影响因素很多,首先,螺纹钢现货的价格对期货价格的走势有很大的影响；其次,在沪深股市中有许多钢铁板块,它们在沪深股市中占有很大的交易权重,所以沪深股市价格的波动对螺纹钢期货的价格有很大的影响;再次,主力机构对螺纹钢期货的短期影响很大;最后,因为宏观经济因素对多种基本金属价格的影响是基本上一致的,所以一些其他金属,比如铜期货的价格走势对螺纹钢期货价格的走势也有一定的影响。

从古至今,铜是人类的发展与生产生活中不可缺少的金属材料,其在世界各个领域中得到广泛的应用,与人类生活密切相关。我国的金属铜消费居世界第一,精炼铜的产量居世界前列。我国铜期货市场是在 1991 年推出的,已有多年的历史。我国一直是铜资源不足的国家,但是由于经济发展的需要,又一直是世界用铜大国,因此我国在铜的进出口方面一直采取"宽进严出"的政策。随着全球经济的发展,国家对铜的进出口政策有所放松,铜基本实现了自由进出口。影响铜期货价格的因素很多,第一,铜现货价格对铜期货价格有很大的影响;第二,伦敦金属交易所及纽约商品交易所是国际上主要的铜交易市场,我国的金属铜消费居世界第一,因此 LME 铜期货价格与我国的铜期货价格具有很强的正相关性;第三,基金交易的方向也是影响铜期货价格的一个很重要的因素,从铜市场的演变来看,基金在诸多大行情中都起到了推动作用。第四,宏观经济等因素也会对铜期货价格产生一定的影响。

本章采用 Granger 因果检验 GARCH-BEKK 模型以及脉冲响应函数分析,对我国铜期货市场和螺纹钢期货市场之间是否存在信息传递与波动溢出效应进行探究。

1. 模型和实证方法

对于单变量的 GARCH(1,1)[①]模型假定如下

$$R_t = X_t\beta + \varepsilon_t, \quad \varepsilon_t | \Omega_{t-1} \sim N(0, h_t)$$
$$h_t = c_0 + a_1\varepsilon_{t-1}^2 + b_1 h_{t-1}$$
(5.1)

其中 ε_t 是残差,并且服从均值为零、方差为 h_t 的正态分布。Ω_{t-1} 为 $t-1$ 时的信息集。模型的设定形式要求 ε_t 服从正态分布,但是金融时间序列一般具有非正态性,t 分布能够很好地捕捉其尖峰厚尾特征,所以本书采用 t 分布而非正态分布假设。

单变量的 GARCH 模型可以很好地解释单个金融资产波动的时变性。但是在解决多个金融资产之间的波动溢出效应时,单变量的 GARCH 模型只能通过两步法来实现。所谓的两步法就是首先分别估计每个变量的 GARCH 模型,第二步是考察 GARCH 模型中 ε_{t-1}^2 对另一个市场第 t 波动的影响系数从而检测波动在两市间的溢出效应。这种方法虽然比较简单,而且容易实现,但是这个方法只是简单地考察了每个变量自己的波动性,并没有考虑到市场之间的相关性信息。

近年来许多学者通过多元 GRACH 模型来研究多个变量收益率之间的相关性。当金融市场中的多个变量之间具有波动溢出效应时,多元 GARCH 模型中通过残差向量的方差-协方差矩阵所包含的信息可以精确地估计出参数。

为了研究铜期货和螺纹钢期货两个市场之间的波动溢出效应,模型中的相关参数设定

---

① 关于ARCH族类模型滞后阶数的选取尚缺乏为大家共同接受的标准,不过以往的研究一般认为GARCH项和ARCH项滞后阶数都取为1便足以描述金融市场的波动状况。例如,Lamoureux等(1990)认为GARCH(1,1)或者EGARCH(1,1)形式能够很好地评估条件方差,其他支持GARCH(1,1)形式的文献可见Hamilton(1994)等。

如下

$P_{1,t}$：铜期货第 t 日的收盘价，在实际处理中使用其对数值；

$P_{2,t}$：螺纹钢期货第 t 日的收盘价，在实际处理中使用其对数值；

$R_{1,t}$：铜期货第 t 日的收益率；

$R_{2,t}$：螺纹钢期货第 t 日的收益率。

上述收益率（百分比）表示为各自日收盘价的对数一阶差分值，如下

$$R_{1,t}=100\times(\ln P_{1,t}-\ln P_{1,t-1}),\quad R_{2,t}=100\times(\ln P_{2,t}-\ln P_{2,t-1}) \tag{5.2}$$

则均值方程可以写为

$$\begin{aligned}R_{1,t}&=X_{1,t}\beta+\varepsilon_{1,t}\\ R_{2,t}&=X_{2,t}\beta+\varepsilon_{2,t}\end{aligned}\quad(\varepsilon_{1,t},\varepsilon_{2,t})^{\mathrm{T}}|(\Omega_{1,t-1},\Omega_{2,t-1})^{\mathrm{T}}\sim N(0,\boldsymbol{H}_t) \tag{5.3}$$

其中 $\boldsymbol{H}_t$ 是条件协方差矩阵，令 $\boldsymbol{\varepsilon}_t=(\varepsilon_{1,t},\varepsilon_{2,t})^{\mathrm{T}}$，条件协方差矩阵有不同的设定形式，Bollerslev 等（1988）提出的条件协方差矩阵如下

$$vech(\boldsymbol{H}_t)=vech(\boldsymbol{C})+\boldsymbol{B}\cdot vech(\boldsymbol{H}_{t-1})+\boldsymbol{A}\cdot vech(\boldsymbol{\varepsilon}_{t-1}\boldsymbol{\varepsilon}_{t-1}^{\mathrm{T}}) \tag{5.4}$$

这种设定形式要估计的参数比较多，因此在参数估计上有一定的困难。并且这种条件协方差设定形式不能保证协方差矩阵是正定的，因此本书使用 Engle 和 Kroner（1995）提出的 BEKK 方法，基于 GARCH 的 BEKK 模型设定，其条件方差方程如下

$$\boldsymbol{H}_t=\boldsymbol{C}\boldsymbol{C}^{\mathrm{T}}+\boldsymbol{A}(\boldsymbol{\varepsilon}_{t-1}\boldsymbol{\varepsilon}_{t-1}^{\mathrm{T}})\boldsymbol{A}^{\mathrm{T}}+\boldsymbol{B}\boldsymbol{H}_{t-1}\boldsymbol{B}^{\mathrm{T}} \tag{5.5}$$

其中 $\boldsymbol{H}_t=\begin{pmatrix}h_{11,t}&h_{12,t}\\h_{21,t}&h_{22,t}\end{pmatrix}$，$h_{11,t}$ 为铜期货收益率 R_t^{cu} 的条件方差；$h_{22,t}$ 为螺纹钢期货收益率 R_t^{rb} 的条件方差；$h_{12,t}=h_{21,t}$ 为铜期货收益率与螺纹钢期货收益率之间的条件协方差。要保证 $\boldsymbol{H}_t$ 为正定矩阵，要求 $\boldsymbol{C}$ 为上三角矩阵，因此 BEKK 方法克服了 Bollerslev 等所提出等模型的缺陷，详细的条件协方差矩阵可写为

$$\begin{aligned}h_{11,t}&=c_{11}^2+b_{11}^2h_{11,t-1}+2b_{11}b_{21}h_{12,t-1}+b_{21}^2h_{22,t-1}+a_{11}^2\varepsilon_{1,t-1}^2+2a_{11}a_{21}\varepsilon_{1,t-1}\varepsilon_{2,t-1}+a_{21}^2\varepsilon_{2,t-1}^2\\ h_{22,t}&=c_{21}^2+c_{22}^2+b_{12}^2h_{11,t-1}+2b_{12}b_{22}h_{12,t-1}+b_{22}^2h_{22,t-1}+a_{12}^2\varepsilon_{1,t-1}^2+2a_{12}a_{22}\varepsilon_{1,t-1}\varepsilon_{2,t-1}+a_{22}^2\varepsilon_{2,t-1}^2\\ h_{12,t}&=h_{21,t}=c_{11}c_{21}+b_{11}b_{12}h_{11,t-1}+(b_{12}b_{21}+b_{11}b_{22})h_{12,t-1}+b_{21}b_{22}h_{22,t-1}+a_{11}a_{12}\varepsilon_{1,t-1}^2\\ &\quad+(a_{21}a_{12}+a_{11}a_{22})\varepsilon_{1,t-1}\varepsilon_{2,t-1}+a_{21}a_{22}\varepsilon_{2,t-1}^2\end{aligned} \tag{5.6}$$

其中 a_{ij} 是矩阵 $\boldsymbol{A}$ 的第 (i,j) 个元素，b_{ij} 是矩阵 $\boldsymbol{B}$ 的第 (i,j) 个元素。条件协方差矩阵也可以写为

$$h_t=vec(\boldsymbol{H}_t)=vec(\boldsymbol{C}\boldsymbol{C}')+(\boldsymbol{A}\otimes\boldsymbol{A})vec(\boldsymbol{\varepsilon}_{t-1}\boldsymbol{\varepsilon}_{t-1}')+(\boldsymbol{B}\otimes\boldsymbol{B})vec(\boldsymbol{H}_{t-1}) \tag{5.7}$$

其中，条件方差-协方差矩阵对所有的 $\varepsilon_{i,t}$ 估计值都是正定的，还要求 GARCH 过程是平稳的。

BEKK 方法可以保证 $\boldsymbol{C}$ 为下三角矩阵时，条件协方差矩阵为正定。若 GARCH(1, 1) 过程为平稳的，则要求 $(\boldsymbol{A}\otimes\boldsymbol{A})+(\boldsymbol{B}\otimes\boldsymbol{B})$ 的特征值的绝对值小于 1，由此可以得到无条件协方差矩阵

$$[I-(\boldsymbol{A}\otimes\boldsymbol{A})-(\boldsymbol{B}\otimes\boldsymbol{B})]^{-1}vec(\boldsymbol{C}\boldsymbol{C}') \tag{5.8}$$

为了研究铜期货和螺纹钢期货两个市场之间的信息传递和波动溢出效应，本书对矩阵元素进行似然比检验，检验螺纹钢期货对铜期货不直接存在波动溢出效应时，原假设为 H_0：$b_{21}=0, a_{21}=0$，这时条件协方差矩阵简化为

$$h_{11,t}=c_{11}^2+b_{11}^2 h_{11,t-1}+a_{11}^2 \varepsilon_{1,t-1}^2$$
$$h_{22,t}=c_{21}^2+c_{22}^2+b_{12}^2 h_{11,t-1}+2b_{12}b_{22}h_{12,t-1}+b_{22}^2 h_{22,t-1}+a_{12}^2\varepsilon_{1,t-1}^2+2a_{12}a_{22}\varepsilon_{1,t-1}\varepsilon_{2,t-1}+a_{22}^2\varepsilon_{2,t-1}^2 \quad (5.9)$$
$$h_{12,t}=h_{21,t}=c_{11}c_{21}+b_{11}b_{12}h_{11,t-1}+b_{11}b_{22}h_{12,t-1}+a_{11}a_{12}\varepsilon_{1,t-1}^2+a_{11}a_{22}\varepsilon_{1,t-1}\varepsilon_{2,t-1}$$

同理，检验铜期货对螺纹钢期货市场不直接存在波动溢出效应时，原假设就变为 H_0：$b_{12}=0, a_{12}=0$。如果同时检验螺纹钢期货对铜期货市场不直接存在波动溢出效应，以及铜期货对螺纹钢期货市场不直接存在波动溢出效应时，原假设为

$$H_0: b_{21}=0, a_{21}=0 \text{ 且 } H_0: b_{12}=0, a_{12}=0 \quad (5.10)$$

如果两个期货市场之间不存在直接的波动溢出效应，那么矩阵 $\boldsymbol{A}$ 和矩阵 $\boldsymbol{B}$ 非对角上的元素应该为0。似然比统计量为

$$\mathrm{LR}=-2(l_r-l_u)\sim \chi^2(\cdot) \quad (5.11)$$

其中 l_r 和 l_u 分别为模型受约束和没有受约束时的对数似然值。当一个期货市场对另一个期货市场没有波动溢出效应时，卡方分布的自由度为2，当两个期货市场互相没有波动溢出效应时，卡方分布的自由度为4。

当条件残差向量服从二元正态分布假设时，对数似然函数为

$$L(\Theta)=-T\log(2\pi)-\frac{1}{2}\sum_{t=1}^T\left(\log|\boldsymbol{H}_t(\Theta)|+\boldsymbol{\varepsilon}_t(\Theta)\boldsymbol{H}_t^{-1}(\Theta)\boldsymbol{\varepsilon}_t^T(\Theta)\right) \quad (5.12)$$

其中 T 为样本个数；Θ 为待估参数；$\boldsymbol{\varepsilon}_t=(\varepsilon_{1,t},\varepsilon_{2,t})$ 为时间 t 的 1×2 残差向量。

2. 数据说明

本书选取的数据为上海铜期货和螺纹钢期货的连续日收盘价格，样本区间为2011年3月1日~2011年12月22日，共计202个数据。图5.1为铜期货和螺纹钢期货的连续价格走势图。表5.1为铜期货和螺纹钢期货的价格对数和收益率的描述性统计。

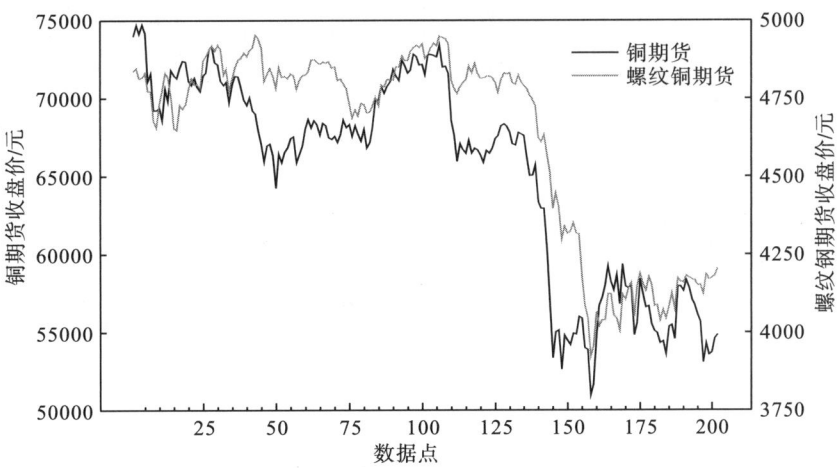

图5.1 铜期货和螺纹钢期货的价格走势图

从表 5.1 中可以看出铜期货价格收益率序列波动要比螺纹钢期货价格收益率序列波动剧烈一些，并且两个收益率序列的峰度都大于 3，偏度都大于 0，同时根据 JB 值可以判断出两个收益率序列均不服从正态分布，呈现一般金融时间序列所具有的尖峰厚尾特征。

表 5.1　铜期货和螺纹钢期货的对数价格序列和收益率序列的描述性统计

变量	均值	最大值	最小值	标准差	偏度	峰度	JB
$\ln P_{1,t}$	11.0805	11.2215	10.8386	0.1046	−0.7136	2.0373	24.9449
$\ln P_{2,t}$	8.4367	8.5077	8.2743	0.0698	−0.9402	2.1883	35.3093
$R_{1,t}$	0.0015	0.0657	−0.0600	0.0191	0.2524	5.2811	45.7144
$R_{2,t}$	0.0007	0.0320	−0.0283	0.0095	0.3389	4.7262	28.8052

在进行实证检验之前，先对所用的变量进行单位根检验，确定序列是否平稳，为了保证结果的稳健性，本书采用 ADF 单位根检验和 PP 单位根检验，检验结果如表 5.2 所示。结果显示在 $P=1\%$ 显著水平上对数价格序列和收益率序列都是非平稳序列，两个市场的收益率序列进行一阶差分之后为平稳序列。对数价格序列和收益率序列都是一阶单整。图 5.2 为铜期货和螺纹钢期货的收益率序列图。

表 5.2　对数价格序列和收益率序列单整检验结果

变量	ADF 值	$P=1\%$临界值	PP 值	$P=1\%$临界值	结论
$\ln P_{1,t}$	−1.5711	−3.4648	−1.4555	3.4642	不平稳
$\ln P_{2,t}$	−1.3312	−3.4648	−1.2958	3.4642	不平稳
$R_{1,t}$	−6.1370	−3.4650	−14.9497	−3.4643	平稳
$R_{2,t}$	−6.0193	−3.4650	−14.5620	−3.4643	平稳

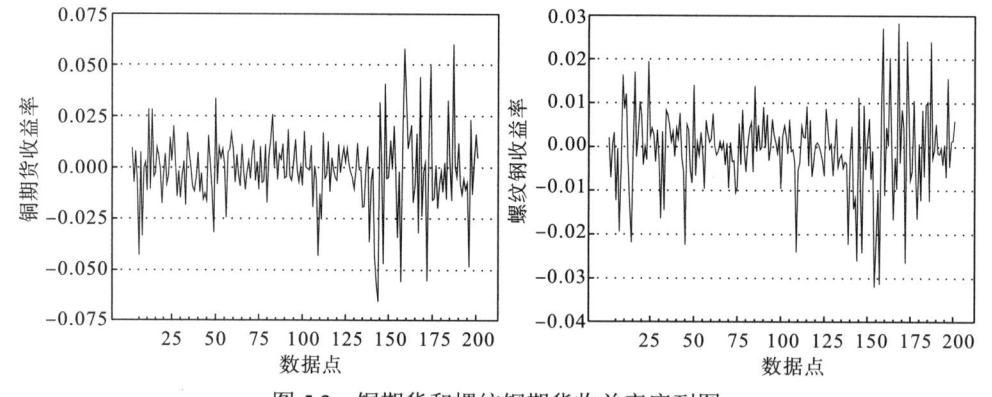

图 5.2　铜期货和螺纹钢期货收益率序列图

3. 实证结果及分析

1) Granger 因果检验

有一些经济变量显著相关，但这些相关未必都是有意义的。Granger 提出一个判断变量因果关系的检验,即 Granger 因果检验。其实质是检验一个变量的滞后变量是否可以引入其他变量方程。一个变量如果受到其他变量的滞后变量影响,则称它与这些变量具有 Granger 因果关系。具体方法就是先估计当前的 Y 值被其自身滞后期取值所能解释的程度,然后验证其引入序列 X 的滞后值是否可以提高 Y 的被解释程度。如果是,则称序列 X 是 Y 的 Granger 成因,此时 X 的滞后期系数具有显著性,可用同样的方法检验 Y 是否为 X 的 Granger 成因。

表 5.3 Granger 因果检验

原假设	样本值	F 统计量及其接受原假设的概率				
		滞后 1 阶	滞后 2 阶	滞后 3 阶	滞后 4 阶	滞后 10 阶
铜期货不是螺纹钢期货的 Granger 成因	202	7.4738 (0.0068)	3.7128 (0.0262)	6.4151 (0.0004)	4.9151 (0.0009)	2.3271 (0.0136)
螺纹钢期货不是铜期货的 Granger 成因	202	0.0043 (0.9481)	0.0196 (0.9806)	0.4635 (0.7081)	0.5881 (0.6716)	1.4150 (0.1772)

本书首先检验铜期货和螺纹钢期货两个市场之间是否具有 Granger 因果关系。表 5.3 为两个期货市场收益率的 Granger 因果检验,选择不同的滞后长度,检验结果对滞后期长度的改变并不敏感,所得结论有较高的可信度。从表 5.3 中可以看出螺纹钢期货并不能够成为铜期货市场的 Granger 成因,而在 $P=5\%$ 显著性水平上,铜期货市场通过了检验,构成了螺纹钢期货市场的 Granger 成因。

2) 向量 GARCH-BEKK 模型估计结果

估计 GARCH-BEKK 模型的参数时,可以同时利用模型中的方差-协方差矩阵所包含的信息,将一个市场对另一个市场的波动冲击看作模型中的内生变量,因此这个模型可以有效地考察两个期货市场相互的波动溢出效应。

表 5.4 铜期货和螺纹钢期货之间的溢出效应

GARCH-BEKK 模型估计结果
$A=\begin{pmatrix} 0.5529_{(0.0000)} & 0.2390_{(0.0000)} \\ -0.4039_{(0.0099)} & -0.3236_{(0.0000)} \end{pmatrix}$ $B=\begin{pmatrix} 1.1029_{(0.0000)} & 0.1588_{(0.0000)} \\ -0.6355_{(0.0000)} & 0.6936_{(0.0000)} \end{pmatrix}$ $C=\begin{pmatrix} 0.0011_{(0.5964)} & 0.0000 \\ -0.0010_{(0.2564)} & 0.0000_{(0.9999)} \end{pmatrix}$
(对数似然值) $L=1277.2743$

波动溢出效应假设检验		
两个期货市场之间不存在直接波动溢出效应:	铜期货对螺纹钢期货不存在直接波动溢出效应:	螺纹钢期货对铜期货不存在直接波动溢出效应:
H_0: $b_{21}=0, a_{21}=0, b_{12}=0, a_{12}=0$	H_0: $b_{21}=0, a_{21}=0$	H_0: $b_{12}=0, a_{12}=0$
$L=1190.8698$	$L=1241.1521$	$L=1208.3614$
LR=172.8089 (0.0000)	LR=72.24444 (0.0000)	LR=137.8257 (0.0000)

首先，根据表 5.4 结果，分析二元 GARCH-BEKK 模型的估计结果，信息是通过市场波动传播。表 5.4 中的 L 值为加约束条件之后的对数似然值，LR 为似然比。BEKK 模型中矩阵 $\boldsymbol{A}$ 和矩阵 $\boldsymbol{B}$ 的非对角元素反映波动溢出效应，也就是用模型中的非对角元素 $a_{12},a_{21},b_{12},b_{21}$ 来解释波动的传导。矩阵 $\boldsymbol{A}$ 中的元素 a_{12},a_{21} 表示一个市场的波动率对另一个市场的冲击程度，也就是波动溢出 ARCH 效应。矩阵 $\boldsymbol{B}$ 中的元素 b_{12},b_{21} 表示两个市场之间的波动率传导的持久性，反映出 GARCH 效应。因为矩阵的非对角线上的参数 $a_{12},a_{21},b_{12},b_{21}$ 都是在 $P=1\%$ 水平上显著，表明铜期货市场和螺纹钢期货市场之间存在双向的波动溢出效应。一方面，参数 a_{12} 衡量了收益率冲击对跨市场波动的影响，参数 a_{12} 显著表明螺纹钢期货市场当期的条件波动受到前期铜期货市场收益率冲击的影响。而 a_{21} 显著则表明前期螺纹钢期货市场的收益率受到的冲击对当期的铜期货市场的条件波动有影响。另一方面，b_{12},b_{21} 都是显著的，这表明两个市场前期的条件波动都对另一个市场当期波动有影响。所以通过 GARCH-BEKK 模型中的参数估计的结果可以看出，两个期货市场之间存在双向波动溢出效应。

其次，观察表 5.4 进行假设检验结果分析。第一，分析第一个假设检验，原假设为两个期货市场之间不存在直接波动溢出效应。原假设要求矩阵 $\boldsymbol{A}$ 和矩阵 $\boldsymbol{B}$ 的非对角元素都为 0，也就是 H_0：$b_{21}=0, a_{21}=0, b_{12}=0, a_{12}=0$。似然比值为 LR=172.8089，这个似然值相比没有约束条件时的似然值有所下降，并且在 $P=1\%$ 水平上显著，那么似然检验的结果拒绝两个期货市场之间不存在直接波动溢出效应的原假设。但是这个检验结果并不能确定波动溢出效应的方向：是铜期货市场向螺纹钢期货市场波动溢出，或是螺纹钢期货市场向铜期货市场波动溢出，抑或两个期货市场存在双向的波动溢出效应？第二，分析第二个假设，即螺纹钢期货对铜期货市场不存在直接波动溢出效应。原假设为 H_0：$b_{21}=0, a_{21}=0$，似然比值 LR= 72.24444，似然比检验在 $P=1\%$ 水平上是显著的，拒绝螺纹钢期货对铜期货市场不存在直接溢出效应的原假设，也就是说螺纹钢期货市场对铜期货市场有显著的波动溢出效应。第三，分析第三个假设检验，即铜期货对螺纹钢期货市场不直接存在波动溢出效应。原假设为 H_0：$b_{12}=0, a_{12}=0$，似然比值 LR=137.8257，那么似然比检验在 $P=1\%$ 显著水平上拒绝原假设。也就是说在 $P=1\%$ 显著水平上，铜期货对螺纹钢期货市场存在波动溢出效应。

通过 Granger 因果分析和 GARCH-BEKK 模型结果分析，可以得出的基本结论为：铜期货市场和螺纹钢期货市场之间有双向波动溢出效应，但主要是铜期货市场向螺纹钢期货的波动溢出。

3) 脉冲响应函数

Granger 因果检验只是给出了两个市场之间的相互引导关系，但是我们需要知道铜期货对螺纹钢期货市场施加影响的时间长度和螺纹钢期货对铜期货市场施加影响的时间长度。接下来本书使用脉冲响应函数来分析铜期货和螺纹钢期货市场之间的短期动态互动过程。

本书使用脉冲响应函数分析 VAR 模型的扰动项发生变动的时候，该扰动对铜期货和螺纹钢期货市场的影响。VAR 模型的滞后阶数是由 LR 方法确定的，该阶数为 3，估计的模型结果如下，其中括号内的数值为 P 值。

$$R_{1,t} = \underset{(0.0996)}{-0.0538}R_{1,t-1} \underset{(0.1027)}{-0.0468}R_{1,t-2} \underset{(0.1019)}{+0.2461}R_{1,t-3} \underset{(0.1971)}{-0.0167}R_{2,t-1} \underset{(0.1993)}{+0.1498}R_{2,t-2} \underset{(0.1942)}{-0.1969}R_{2,t-3}$$

$$R_{2,t} = \underset{(0.0498)}{-0.1315}R_{1,t-1} \underset{(0.0513)}{+0.0011}R_{1,t-2} \underset{(0.0509)}{+0.1719}R_{1,t-3} \underset{(0.0984)}{+0.1438}R_{2,t-1} \underset{(0.0997)}{+0.0539}R_{2,t-2} \underset{(0.0971)}{+0.1581}R_{2,t-3}$$

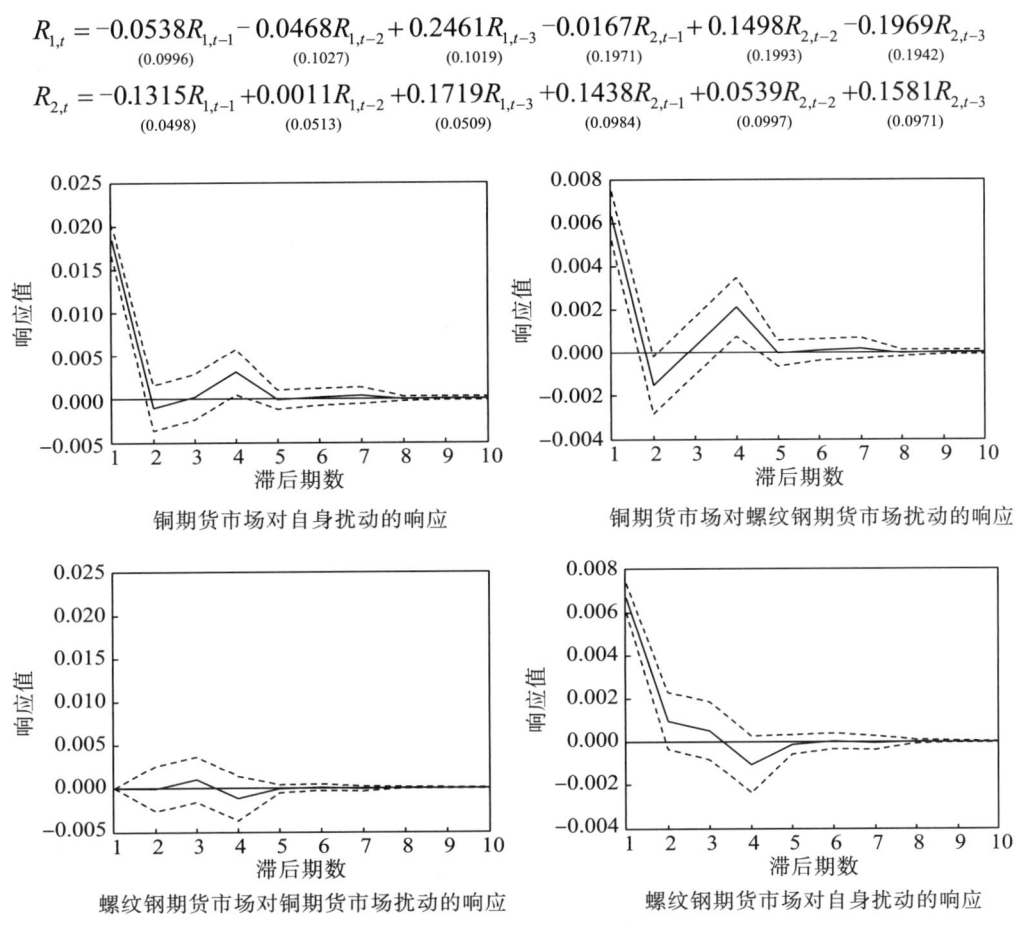

图 5.3 铜期货和螺纹钢期货脉冲响应分析[①]

脉冲响应分析具体如图 5.3 所示。首先，从铜期货的价格响应来看：①来自铜期货收益率的一个标准差信息冲击，滞后 1 期时铜期货收益率响应为 0.02，在滞后 2 期时响应几乎降为 0，第 2 期之后响应降为负，到第 3 期时又变为 0，在第 4 期时上升到 0.004 左右，第 5 期后震荡趋于 0，并且这种响应在滞后 8 期左右时消失。②对来自螺纹钢期货收益率的一个标准差信息冲击，滞后 1 期时铜期货收益率响应为 0.008 左右，滞后 2 期时铜期货价格响应有所下降为-0.002，滞后 3 期后有所回升变为 0，第 4 期响应上升为 0.002，第 5 期后小幅震荡趋于 0，在滞后 8 期时响应为 0。其次，从螺纹钢期货收益率响应来看：①对来自铜期货收益率的一个标准差信息冲击，滞后 2 期到 3 期时响应上升为 0.0015，到滞后 4 期时响应下降为-0.0015 左右，滞后 5 期时为 0。②对来自螺纹钢期货收益率的一个标准差信息冲击，滞后 1 期时的反应为 0.007，滞后 2 期后下降为 0.001 左右，在第 4 期时下降为-0.001，之后开始逐渐下降，滞后 5 期时响应为 0。

数据结果表明铜期货市场和螺纹钢期货市场之间存在双向动态影响，但是螺纹钢期货对铜期货市场的影响要滞后于铜期货对螺纹钢期货市场的影响，铜期货市场对新信息的反

---

① 图中虚线表示正负 2 倍标准差偏离带。

应速度更快,可见相对于螺纹钢期货市场冲击对铜期货的影响,铜期货市场冲击对螺纹钢期货的影响更为强烈和持久。当一个正向冲击产生之后,从螺纹钢期货市场传递到铜期货市场的速度比较慢,而从铜期货市场传递到螺纹钢期货市场的速度比较快且其影响的力度要大一些,也比较持久。

4) 方差分解

由前面的结果可知,铜期货市场和螺纹钢期货市场之间具有双向的波动溢出效应,但是铜期货市场向螺纹钢期货市场的波动溢出效应要强一些。

表 5.5 铜期货市场和螺纹钢期货市场方差分解分析

滞后期数/期	铜期货/%		螺纹钢期货/%	
	铜期货/%	螺纹钢期货/%	铜期货/%	螺纹钢期货/%
1	100.0000	0.000000	47.38242	52.61758
2	99.99633	0.003672	48.25238	51.74762
3	99.70913	0.290868	48.15746	51.84254
4	99.29060	0.709400	50.02236	49.97764
5	99.28769	0.712310	50.01369	49.98631
10	99.28370	0.716297	50.03927	49.96073
20	99.28370	0.716298	50.03929	49.96071

本书基于向量自回归模型,进一步利用方差分解研究这两个市场之间的波动溢出效应。脉冲响应函数描述的是 VAR 模型中的一个内生变量的冲击对模型中其他内生变量所带来的影响。而方差分解是通过分析每一个结构冲击对内生变量变化的贡献度,进一步评价不同结构冲击的重要性。因此方差分解给出对 VAR 模型中的变量产生影响的每个随机扰动项的相对重要性信息。如果一个市场占的信息份额比另一个市场大,就说明这个市场比另一个市场包含了更多的信息,且更多的信息从该市场向其他市场传递。基于 VAR 模型的方差分解具体结果如表 5.5 所示。

表 5.5 结果显示,对于铜期货收益率变动长期作用部分的方差,滞后 1 期时,总方差 100%来自铜期货市场,在后面的几个滞后期中来自铜期货市场的方差逐渐减小,但是减少的程度非常低,到滞后 20 期时方差为 99.28370%;滞后 1 期时,总方差中 0%来自螺纹钢期货市场,随后来自螺纹钢期货市场的方差有所增加至滞后 20 期的 0.716298%。对于螺纹钢期货变动长期作用部分的方差,滞后 1 期时,总方差中有 47.38242%来自铜期货市场,并在后面的几期中方差稳步上升,在滞后 20 期时总方差中有 50.03929%来自铜期货市场;来自螺纹钢期货市场的方差呈下降趋势,滞后 1 期时总方差中有 52.61758%来自螺纹钢期货市场,到滞后 20 期时下降到 49.96071%。铜期货市场拥有更多的信息,而且反应信息更加迅速。

5.1.2 铜期货市场和豆油期货市场之间的信息传递

1. 数据说明

豆油期货于 2006 年 1 月 9 日在大连商品交易所上市,是我国第一个批准上市的油脂类期货。书的这部分研究豆油期货市场和铜期货市场之间的信息传递关系。为了研究豆油期货和铜期货两个市场之间的波动溢出效应,模型中的相关参数设定如下。

$P_{c,t}$:铜期货的第 t 日收盘价,在实际处理中使用其对数值;

$P_{y,t}$:豆油期货的第 t 日收盘价,在实际处理中使用其对数值;

$R_{c,t}$:铜期货的第 t 日收益率;

$R_{y,t}$:豆油期货的第 t 日收益率。

则均值方程可写为

$$\begin{matrix} R_{y,t}=X_{y,t}\beta+\varepsilon_{y,t} \\ R_{c,t}=X_{c,t}\beta+\varepsilon_{c,t} \end{matrix} \quad (\varepsilon_{y,t},\varepsilon_{c,t})^{\mathrm{T}}|(\Omega_{y,t-1},\Omega_{c,t-1})^{\mathrm{T}} \sim N(0,H_t) \quad (5.13)$$

本节采用和上一节相同的方法,即建立 GARCH-BEKK 模型来研究豆油期货和铜期货之间的信息传递。

我们选取的数据为上海铜期货和豆油期货的连续日收盘价格,样本区间为 2011 年 3 月 29 日~2011 年 12 月 15 日,共计 177 个数据。图 5.4 为上海铜期货和豆油期货连续的价格走势图。表 5.6 为铜期货和豆油期货的价格对数和收益率的描述性统计。

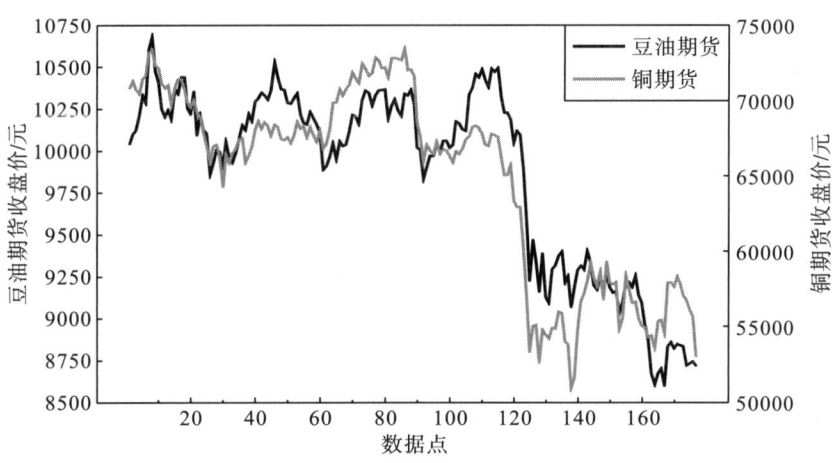

图 5.4 豆油期货和铜期货价格走势图

从表 5.6 中可以看出铜期货收益率序列波动要比豆油期货收益率序列波动剧烈一些,并且两个收益率序列的峰度都大于 3,偏度都小于零,同时根据 JB 值可以判断出两个收益率序列均不服从正态分布。

表 5.6　铜期货和豆油期货对数价格序列和收益率序列的描述性统计

变量	均值	最大值	最小值	标准差	偏度	峰度	JB
$\ln P_{c,t}$	11.07437	11.2042	10.8386	0.1017	-0.6746	1.9896	24.9544
$\ln P_{y,t}$	9.1953	9.2761	9.0592	0.0057	-0.8819	2.3996	25.6013
$R_{c,t}$	-0.0016	0.0601	-0.0657	0.0187	-0.2211	5.3885	43.2737
$R_{y,t}$	-0.0008	0.0304	-0.0366	0.0111	-0.3151	3.8132	7.7631

在进行实证检验之前，先对所用的变量进行单位根检验，确定序列是否平稳，为了保证结果的稳健性，本书采用 ADF 单位根检验和 PP 单位根检验，检验结果如表 5.7 所示。结果显示在 $P=1\%$ 置信水平上对数价格序列和收益率序列都是非平稳序列，两个市场的收益率序列进行一阶差分之后为平稳序列。对数价格序列和收益率序列都是一阶单整。图 5.5 为铜期货和豆油期货的收益率序列图。

表 5.7　对数价格序列和收益率序列单整检验结果

变量	ADF 值	$P=1\%$临界值	PP 值	$P=1\%$临界值	结论
$\ln P_{c,t}$	-0.6864	-3.4695	-0.6678	3.4686	不平稳
$\ln P_{y,t}$	-0.4430	-3.4695	-0.3603	3.4686	不平稳
$R_{c,t}$	-5.3273	-3.4697	-13.2283	-3.4688	平稳
$R_{y,t}$	-6.1988	-3.4697	-14.2863	-3.4688	平稳

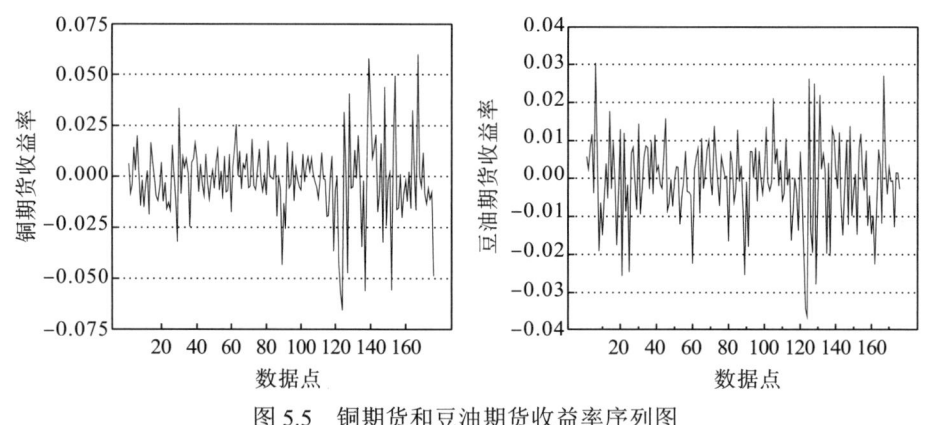

图 5.5　铜期货和豆油期货收益率序列图

2. 实证结果及分析

1) Granger 因果检验

接下来我们对两个市场的收益率序列进行 Granger 因果分析，对铜期货和豆油期货收益率序列建立 VAR 模型，根据 SC 和 AIC，取滞后阶数在 1 和 10 之间进行测算，得到最优的滞后阶数为 1。利用 VAR 模型，对样本区间中的两个收益率序列对 VAR 模型系数的外生性进行检验，以确定两个变量之间的 Granger 因果关系，系数外生性检验时通过 Wald

检验法，结果如表 5.8 所示。

表 5.8　铜期货和豆油期货 Granger 因果检验

原假设	滞后阶数	卡方统计量	P 值
铜期货不是豆油期货的 Granger 成因	1	5.060	0.0245
豆油期货不是铜期货的 Granger 成因	1	0.7518	0.3859

由表 5.8 结果可知，豆油期货 Wald 检验的卡方统计量值在 $P=10\%$ 显著性水平上不能拒绝原假设，因此豆油期货不是铜期货市场的 Granger 成因。铜期货的 Wald 检验卡方统计值在 $P=5\%$ 显著性水平下拒绝原假设，说明铜期货是豆油期货市场的 Granger 成因，这表明铜期货对豆油期货市场有波动溢出效应。

2) GARCH-BEKK 模型估计结果

根据表 5.9 第一栏的结果，首先分析二元 GARCH-BEKK 模型的估计结果，信息的传递方式是通过波动传播。BEKK 模型中矩阵 A 和矩阵 B 的非对角元素反映波动溢出效应，也就是通过模型中的非对角元素 $a_{12}, a_{21}, b_{12}, b_{21}$ 来解释波动的传导。矩阵 A 中的元素 a_{12}, a_{21} 表示的是一个市场的波动率对另一个市场的冲击程度，也就是波动溢出 ARCH 效应。

表 5.9　GARCH-BEKK 模型估计结果

GARCH-BEKK 模型估计结果		
$A=\begin{pmatrix} 0.2161 & 0.2549 \\ (0.2337) & (0.1043)^* \\ 0.1099 & -0.2580 \\ (0.3329) & (0.0262)^{**} \end{pmatrix}$	$B=\begin{pmatrix} 0.6888 & -0.2528 \\ (0.0000)^{***} & (0.0000)^{***} \\ 0.0366 & 0.9981 \\ (0.1470) & (0.0000)^{***} \end{pmatrix}$	$C=\begin{pmatrix} 0.0065 & 0.0000 \\ (0.0000)^{***} & \\ 0.0047 & -0.6\times 10^{-6} \\ (0.0000)^{***} & (0.9998) \end{pmatrix}$
(对数似然值) $L=1092.89$		
波动溢出效应假设检验		
两个期货市场之间不存在直接波动溢出效应： H_0：$b_{21}=0, a_{21}=0, b_{12}=0, a_{12}=0$ $L=1084.68$ LR=16.4066 $(0.0000)^{***}$	豆油期货对铜期货不存在直接波动溢出效应： H_0：$b_{21}=0, a_{21}=0$ $L=1092.36$ LR=1.0544 (0.3483)	铜期货对豆油期货不存在直接波动溢出效应： H_0：$b_{12}=0, a_{12}=0$ $L=1084.80$ LR=16.1623 $(0.0000)^{***}$

矩阵 B 中的元素 b_{12}, b_{21} 表示两个市场之间的波动率传导的持久性，反映出 GARCH 效应。因为估计的非对角线上的参数 a_{12}, b_{12} 分别在 P 为 10% 和 1% 水平上显著，表示铜期货市场向豆油期货市场存在波动溢出效应。

一方面，参数 a_{12} 衡量了收益率冲击对跨市场波动的影响，参数 a_{12} 显著表明，豆油期货市场的当期条件波动受到前期铜期货市场收益率冲击的影响。另一方面，b_{12} 是显著的，这表铜期货市场前期的条件波动对当期豆油期货市场有影响。

观察表 5.9 中假设检验结果，首先分析第一个假设检验，原假设为两个期货市场之间不存在直接波动溢出效应。原假设要求矩阵 A 和矩阵 B 的非对角元素都为 0，也就是 H_0：$b_{21}=0, a_{21}=0, b_{12}=0, a_{12}=0$。似然比值为 LR=16.4066，这个似然值相比没有约束条件时的似然值有所下降，并且在 $P=1\%$ 水平上显著，那么似然检验的结果拒绝原假设。其次，分析第二个假设，即豆油期货对铜期货市场不存在直接波动溢出效应。原假设为 H_0: $b_{21}=0,a_{21}=0$，似然比值 LR= 1.0544，似然比检验在 $P=10\%$ 置信水平上不显著，结果接受原假设，即不存在豆油期货市场向铜期货市场的波动溢出效应。最后，分析第三个假设检验，原假设为 H_0: $b_{12}=0,a_{12}=0$，似然比值 LR=16.1623，那么似然比检验在 1% 显著水平上拒绝原假设。铜期货对豆油期货存在溢出效应。通过 Granger 因果分析和波动溢出效应分析，我们可以得出信息是从铜期货市场传向豆油期货市场的。

5.2 国债期货推出对股指期货市场波动性与流动性的影响

随着金融市场的不断发展，金融风险的跨市场传递越来越受到学界与业界的广泛关注，金融市场互联互通是市场化的货币政策得以有效实施的基础性条件。许多学者关注股票市场与债券市场之间的风险溢出效应，并且获得了很多有价值的研究结果，但所下结论还存在较大差异，Andersen 等(2007)认为两个市场之间的关系主要表现为两种：一是当基础条件变化在市场中起主导作用时，两个市场的价格同方向变化；二是由于股票与债券定价不同，投资者会根据市场中的信息不断调整其资产组合，这使得两个市场价格变动呈反方向，即产生"跷跷板效应"。

我国债券市场长期处于分割状态，金融市场结构并不完整。国债期货作为金融衍生品市场最重要的组成部分之一，于 2013 年 9 月 6 日在中国金融期货交易所上市。国债期货与股指期货同为我国重要的金融衍生品，研究两个市场之间的波动关系具有一定的现实意义。另外，期货市场与现货市场之间的相关性很高，且学术界已有研究成果表明，由于期货市场具有高流动性、低交易成本、卖空限制宽松、较低的保证金和快速执行等优点，期货市场比现货市场包含更多市场信息，且期货市场对于新信息的反应比现货市场快，则期货市场引导现货市场。因此，本节采用国债期货与股指期货代表债券市场与股票市场，研究两个市场之间的波动溢出效应及国债期货的推出是否对股指期货波动性与流动性产生影响。

5.2.1 模型与实证方法

为了检验国债期货推出对股指期货市场的波动性的影响，本书建立 GARCH(p, q) 模型，并将国债期货推出作为虚拟变量引入条件方差方程。为了剔除经济形势的影响，本书选取中证 500 指数作为替代变量引入均值方程。因此模型设定为

$$R_{\text{IF},t} = a_0 + \sum_{i=1}^{n} b_i R_{t-i} + a_1 R_{ZZ,t} + a_2 D_{1,t} + a_3 D_{2,t} + a_4 D_{3,t} + a_5 D_{4,t} + \varepsilon_t \tag{5.14}$$

$$h_t = \alpha_0 + \sum_{i=1}^{p} \alpha_i \varepsilon_{t-i}^2 + \sum_{j=1}^{q} \beta_j h_{t-j} + \gamma DT \tag{5.15}$$

其中 $R_{\text{IF},t}$ 为股指期货收益率，$R_{ZZ,t}$ 为中证 500 指数收益率，DT 为虚拟变量，国债期货推出之前 DT 取值为 0，推出之后则取值为 1。若 γ 显著，表明国债期货推出确实对股指期货市场的波动产生影响。如果 γ 系数显著且为正，则国债期货的推出加大股指期货市场波

动；若 γ 系数显著且为负，则国债期货的推出抑制股指期货市场波动；若 γ 系数接近于零或者不显著，则国债期货的推出对股指期货影响有限或不存在影响。$D_{1,t}, D_{2,t}, D_{3,t}, D_{4,t}$ 为虚拟变量，$D_{i,t}=i(i=1,2,3,4)$ 表示第 t 期是星期 i。

国债期货上市之后与股指期货市场之间是否存在波动溢出效应及信息非对称效应？本书选择构建非对称的 VAR-GARCH-BEKK 模型，这个模型可以检验两个市场之间的波动溢出效应及非对称信息效应。由于国债期货与股指期货对数价格之间不存在协整关系，因此不采用 VECM 模型。VAR 方程可以写为

$$\Delta R_{\mathrm{TF},t} = \mu_1 + \sum_{i=1}^{p} \beta_i^{11} \Delta R_{\mathrm{TF},t-i} + \sum_{j=1}^{q} \beta_j^{12} \Delta R_{\mathrm{IF},t-j} + \varepsilon_{1t} \tag{5.16}$$

$$\Delta R_{\mathrm{IF},t} = \mu_2 + \sum_{i=1}^{p} \beta_i^{21} \Delta R_{\mathrm{TF},t-i} + \sum_{j=1}^{q} \beta_j^{22} \Delta R_{\mathrm{IF},t-j} + \varepsilon_{2t} \tag{5.17}$$

Bollerslev 等（1988）提出的条件协方差矩阵如下

$$vech(\boldsymbol{H}_t) = vech(\boldsymbol{C}) + \boldsymbol{B} \cdot vech(\boldsymbol{H}_{t-1}) + \boldsymbol{A} \cdot vech(\boldsymbol{\varepsilon}_{t-1}\boldsymbol{\varepsilon}_{t-1}^{\mathrm{T}}) \tag{5.18}$$

这种设定形式需要估计的参数比较多，从而在参数估计上有一定的困难。且这种条件协方差设定形式不能保证协方差矩阵是正定的，因此本书使用 Engle 和 Kroner(1995) 提出的 BEKK 方法，基于 GARCH 的 BEKK 模型设定，其条件方差方程如下。

$$\boldsymbol{H}_t = \boldsymbol{CC}^{\mathrm{T}} + \boldsymbol{A}(\boldsymbol{\varepsilon}_{t-1}\boldsymbol{\varepsilon}_{t-1}^{\mathrm{T}})\boldsymbol{A}^{\mathrm{T}} + \boldsymbol{B}\boldsymbol{H}_{t-1}\boldsymbol{B}^{\mathrm{T}} \tag{5.19}$$

其中 $\boldsymbol{C} = \begin{bmatrix} c_{11} & 0 \\ c_{21} & c_{22} \end{bmatrix}$ 为常数项系数矩阵，$\boldsymbol{A} = \begin{bmatrix} a_{11} & a_{12} \\ a_{21} & a_{22} \end{bmatrix}$，$\boldsymbol{B} = \begin{bmatrix} b_{11} & b_{12} \\ b_{21} & b_{22} \end{bmatrix}$。矩阵 $\boldsymbol{A}$ 对角线参数反映 ARCH 效应，即波动的短期效应。矩阵 $\boldsymbol{B}$ 中对角线参数反映 GARCH 效应，即两个市场自身波动的持久性效应。国债期货与股指期货波动溢出效应可以通过矩阵 $\boldsymbol{A}$、$\boldsymbol{B}$ 中的对角参数获得。要保证 $\boldsymbol{H}_t$ 为正定矩阵，要求 $\boldsymbol{C}$ 为上三角矩阵，因此 BEKK 方法克服了 Bollerslev 等所提出模型的缺陷，BEKK 方法可以保证，如果 $\boldsymbol{C}$ 为下三角矩阵，条件协方差矩阵即为正定。若 GARCH(1,1) 过程为平稳的，则要求 $(\boldsymbol{A} \otimes \boldsymbol{A}) + (\boldsymbol{B} \otimes \boldsymbol{B})$ 的特征值的绝对值小于 1，可以得到无条件协方差矩阵为

$$[\boldsymbol{I} - (\boldsymbol{A} \otimes \boldsymbol{A}) - (\boldsymbol{B} \otimes \boldsymbol{B})]^{-1} vec(\boldsymbol{CC}') \tag{5.20}$$

Grier 等（2004）提出非对称 GARCH-BEKK 模型如下

$$\boldsymbol{H}_t = \boldsymbol{CC}^{\mathrm{T}} + \boldsymbol{A}(\boldsymbol{\varepsilon}_{t-1}\boldsymbol{\varepsilon}_{t-1}^{\mathrm{T}})\boldsymbol{A}^{\mathrm{T}} + \boldsymbol{B}\boldsymbol{H}_{t-1}\boldsymbol{B}^{\mathrm{T}} + \boldsymbol{D}\boldsymbol{I}_{t-1}\boldsymbol{D}^{\mathrm{T}} \tag{5.21}$$

其中 $\boldsymbol{D} = \begin{bmatrix} d_{11} & d_{12} \\ d_{21} & d_{22} \end{bmatrix}$，$\boldsymbol{I}_{t-1}$ 为非对称效应，该模型可以捕捉市场中是否存在非对称效应。

5.2.2 数据说明与实证分析

1. 国债期货推出对股指期货波动性的影响

本部分选取股指期货与中证 500 指数 5 分钟收盘价数据为研究对象[①]，样本区间为

---

① 数据来源于 Wind。

2011 年 5 月 16 日~2014 年 8 月 5 日。选取股指期货成交量和持仓量最大的最近月份主力合约数据。通过表 5.10 可知整个样本期股指期货收益率均值为-3.16×10^{-6}，标准差为 0.0008。从样本区间可知，股指期货收益率序列的标准差在推出后期小于前期。无论在整个样本期间还是子样本期间，收益率序列均不服从正态分布。从中证 500 指数收益率序列标准差来看，国债期货推出前其标准差大于推出后的标准差，且概率分布显著异于正态分布并左偏。对股指期货和中证 500 指数收益率序列进行单位根 ADF 检验，结果表明在 $P=1\%$ 的显著性水平上收益率序列均为平稳序列。

表 5.10 股指期货与中证 500 指数收益率序列描述统计量与平稳性检验

变量	样本量	均值	最大值	最小值	标准差	偏度	峰度	JB	ADF 检验(t 统计量)
R_{II}	整个样本期(37631)	-3.16×10^{-6}	0.0111	-0.0154	0.0008	-0.2972	26.8985	896075.8	-199.5010
	推出前(27023)	-4.64×10^{-6}	0.0111	-0.0154	0.0008	-0.3458	28.3107	721861.3	-169.1513
	推出后(10608)	6.36×10^{-7}	0.0047	-0.0076	0.0006	-0.0186	11.4151	31300.53	-105.6787
R_{Z}	整个样本期(37631)	-1.52×10^{-6}	0.0105	-0.0184	0.0008	-1.3391	29.8119	1138415	-74.7900
	推出前(27023)	-4.27×10^{-6}	0.0105	-0.0184	0.0008	-1.3133	28.7534	754548.2	-114.6123
	推出后(10608)	5.47×10^{-6}	0.0037	-0.0117	0.0005	-1.2404	22.0785	163603.9	-56.7927

对方程(5.14)与方程(5.15)进行联合估计，其中均值方程设定至关重要，若设定不当则残差出现偏差，也会影响到其他参数估计的精确性。根据 AIC(Akaike Information Criterion)找到均值方程的最优滞后阶数为 2。对均值方程(5.14)残差及残差平方序列进行 LM 检验，残差项不存在自相关，残差平方 LM 检验结果在 $P=1\%$ 的显著性水平上拒绝原假设，表明存在显著的 ARCH 效应，因此建立 GARCH 模型，对 GARCH 模型的残差序列诊断检验表明，残差序列均不存在显著的自相关。

表 5.11 GARCH(1,1)模型估计结果

估计参数	样本量	国债期货推出前(27023)	国债期货推出后(10608)	整个样本期(37631)
a_0		-1.26×10^{-5} (-2.1329)**	1.01×10^{-5} (1.0077)	-4.62×10^{-6} (-0.9314)
b_1		-0.2605 (-62.2013)***	-0.2885 (-41.3935)***	-0.2482 (-87.5011)***
b_2		-0.0044 (1.0306)	0.0081 (1.01105)	0.0128 (3.0885)***

续表

估计参数	样本量	国债期货推出前 (27023)	国债期货推出后 (10608)	整个样本期 (37631)
a_1		0.5741 (170.6715)***	0.7535 (300.4324)***	0.6881 (503.8352)***
a_2		-1.49×10^{-5} (-1.7668)*	-2.79×10^{-5} (-1.9417)**	-1.4×10^{-5} (-1.7548)*
a_3		-6.87×10^{-7} (-0.1666)	-9.37×10^{-6} (-1.2861)	9.51×10^{-7} (0.2407)
a_4		-5.08×10^{-6} (-1.8548)*	-3.55×10^{-6} (-0.7554)	-3.90×10^{-7} (-0.1535)
a_5		6.26×10^{-8} (0.0299)	-6.98×10^{-6} (-1.9135)*	1.33×10^{-7} (0.0718)
α_0		1.34×10^{-8} (13.5061)***	5.73×10^{-8} (16.1339)***	2.43×10^{-8} (47.0976)***
α_1		0.0999 (19.1402)***	0.1131 (16.4787)***	0.0906 (62.2244)***
β_1		0.8731 (156.5884)***	0.6757 (36.1815)***	0.8467 (354.6137)***
γ				-3.77×10^{-9} (-14.9683)***

注：括号内为 t 检验值，***、**和*分别代表在 P 为1%、5%、10%的置信水平下显著。

表 5.11 给出了 GARCH(1,1)模型估计结果，对整个样本期进行分析，虚拟变量的系数 γ 显著不为零，表明国债期货的推出对股指期货的波动确实产生影响。γ 估计值为-3.77×10^{-9}（t 统计量为-14.9683），表明国债期货的推出减小了股指期货市场的价格波动，虽然国债期货对股指期货市场存在显著的影响，但是从估计值的大小来看，这种影响十分微小。

分析表 5.11 中国债期货推出前后的样本子区间模型估计结果，推出前和推出后样本 GARCH 模型参数均在 $P=1\%$ 水平下显著不为零。参数 α_1 由国债期货推出之前的 0.0999 增加到推出后的 0.1131。Antoniou 和 Holmes(1995)认为 α_1 可以被视为"信息"的系数，推出之后参数 α_1 增加表明价格波动对信息的反应更快，新信息对价格波动有较大的影响。参数 β_1 可以反映"旧信息"的影响，参数 β_1 由国债期货推出之前的 0.8731 减小到推出后的 0.6757，"旧信息"对股指期货的价格波动的影响减小。无条件方差可以由 $\alpha_0/(1-\alpha_1-\beta_1)$ 计算得到，进一步表明国债期货推出之后股指期货对信息的反应速度更快，更多的信息传递到股指期货市场中。

2. 波动溢出效应与非对称性效应

为了进一步研究国债期货上市之后与股指期货之间的波动溢出效应及非对称效应，本书采用非对称 GARCH-BEKK 模型进行分析。本部分数据选取国债期货与股指期货 1 分钟高频交易数据为研究对象，样本区间为 2013 年 9 月 6 日～2014 年 7 月 15 日。选取成交量和持仓量最大的最近月份主力合约数据。图 5.6 为整个样本区间国债期货和股指期货日收盘价格走势图。

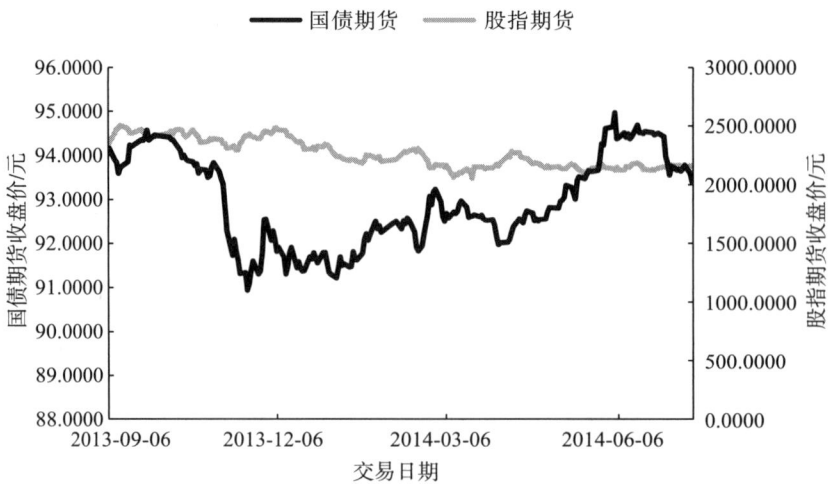

图 5.6　国债期货与股指期货日收盘价格走势图

国债期货及股指期货的 1 分钟收益率描述性统计如表 5.12 所示。可以看出，国债期货收益率均值为正，而股指期货收益率均值为负。从标准差来看，股指期货收益率的波动大于国债期货的波动。从 JB 统计量来看，两个收益率序列均不服从正态分布。对国债期货与股指期货对数价格及收益率序列进行单位根 ADF 检验，结果表明两个期货对数价格是非平稳时间序列，收益率序列为平稳序列。

表 5.12　国债期货和股指期货收益率序列描述性统计

变量	均值	最大值	最小值	标准差	偏度	峰度	Jarque-Bera	ADF 检验(t 统计量)
$\ln(P_{TF})$	1.9676	1.9777	1.9584	0.0048	0.2234	1.8694	3123.844	−1.2803
$\ln(P_{IF})$	3.3557	3.4021	3.3116	0.0232	0.2158	1.6558	4213.238	−1.1806
R_{TF}	2.9×10^{-8}	0.0034	−0.0020	0.0001	6.1682	381.4703	3.0×10^{8}	−167.6165**
R_{IF}	-8.0×10^{-7}	0.0049	−0.0056	0.0003	0.1050	19.5101	576277.000	−227.6412**

1）国债期货市场结构变换

时间序列存在结构断点时，可能会影响传统单位根检验的功效，将带有结构突变的平稳序列判断为非平稳序列，最终导致错误结论。因此在进行模型估计之前首先对样本数据进行结构变换检验。检验线性回归模型是否存在结构变换的常用方法有两种：一种基于广义波动函数，另一种基于 F 统计量。

由于国债期货是新上市品种，国债期货可能在样本期内存在结构变换。因此对国债期货收益率序列进行 F 检验和广义波动函数检验，发现数据存在结构突变现象[①]；使用滚动估计的 CUSUM 方法来检验方程(5.15)是否稳定。如果模型是稳定的，即不存在结构变换，

---

① 基于 F 统计量和广义波动函数检验的图示不再详细列出，书中只给出通过 BIC 和 SSR 判断最优断点个数的图示和结构断点的具体时间。

CUSUM 统计量的数值应当在一个区间之内,如果数值在某一时刻超出了这一区间,则认为国债期货在该时刻发生了结构变换(Zeileis et al.,2002)。

从图 5.7 可以看出国债期货存在三个较为明显的结构变换点。因此,本部分将数据分为四个区间:2013 年 9 月 6 日~2013 年 11 月 7 日(样本一),2013 年 11 月 7 日~2014 年 1 月 20 日(样本二),2014 年 1 月 20 日~2014 年 3 月 6 日(样本三),2014 年 3 月 6 日~2014 年 6 月 24 日。

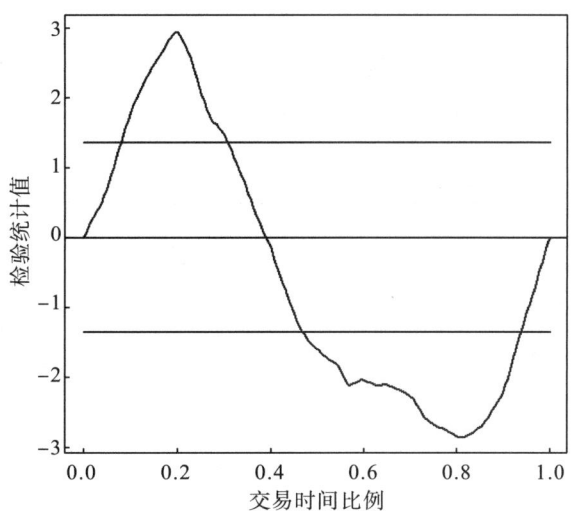

图 5.7 国债期货结构突变情况图

2)波动溢出效应与非对称效应实证分析

国债期货与股指期货对数价格收益率序列之间不存在协整关系,因此本书采用 VAR 模型。根据 AIC 确定四个阶段样本的最优滞后阶数分别为 2、2 和 4,整个样本滞后阶数为 2 阶。表 5.13 给出了 GARCH-BEKK 模型估计结果[①]。

首先,整个样本周期和四个子样本区间估计结果显示,参数 a_{11} 和 a_{22} 均显著不为零,表明国债期货与股指期货市场波动具有 ARCH 效应,两个市场在前一期受到的价格冲击影响其自身当期波动。反映 GARCH 效应的参数 b_{11} 和 b_{22} 均显著不为零,表明两个市场的波动具有持久性。子样本二、三、四的参数 a_{22}、b_{11} 的估计值分别大于 a_{11}、b_{22} 的估计值和统计量,这表明股指期货市场波动更多地表现为短期效应,而国债期货市场的波动持久性更明显,股指期货市场对价格冲击反应较快。

其次,反映两个市场的波动溢出效应的参数 a_{12}、b_{12}、a_{21}、b_{21} 除子样本三中的参数 a_{21} 不显著外,其余参数均显著不为零,表明国债期货与股指期货市场之间存在双向波动溢出效应。从分段样本数据来看,两个期货市场之间的短期波动溢出效应是先增强、后减弱、再增强。国债期货上市初,股指期货持久性波动溢出效应比较弱,后续有所增强。从整体来看,两个市场之间存在双向短期波动溢出效应与持久性波动溢出效应,股指期货市场的

---

① VAR 模型估计结果不再详细列出。

波动溢出效应强于国债期货市场。

再次，分析两个市场的非对称效应。如果坏消息发生时 $\varepsilon_{i,t-1}<0$，则 $I_{i,t}=1$（i=TF 或 i=IF），好消息发生时 $\varepsilon_{i,t-1}>0$，则 $I_{i,t}=0$，这种非对称效应又称为"杠杆效应"。若 $d_{i,j}>0$，非对称效应的主要效果是使波动加大；若 $d_{i,j}<0$，则非对称效应使波动减少。参数 d_{11}、d_{22} 均在统计意义上显著，则两个市场均存在非对称效应。国债期货前三个样本区间参数为正，即坏消息发生使波动增加。而样本四中的参数为负，坏消息使波动减少。从整个样本区间来看，参数 d_{12} 无统计意义上显著，说明股指期货市场上的坏消息并未影响国债期货市场；而参数 d_{21} 显著不为零且为负，即当国债期货市场出现坏消息时，股指期货市场会做出反应，国债期货市场的坏消息使股指期货市场波动减少。

表 5.13 GARCH-BEKK 模型估计结果

系数	样本一	样本二	样本三	样本四	整个样本
a_{11}	0.5381 (6.7889)***	0.4128 (3481.1623)***	0.1854 (15.3148)***	0.2886 (35.0287)***	0.5033 (82.2834)***
a_{12}	0.2461 (5.1761)***	−2.2774 (−129.1368)***	0.0279 (0.5275)	−0.1962 (−6.0277)***	−0.2168 (−8.5617)***
a_{21}	−0.0264 (−21.3097)***	0.0075 (1293.6955)***	0.0626 (18.4499)***	0.0124 (11.7195)***	0.0247 (32.4335)***
a_{22}	0.0750 (10.7299)***	0.7024 (818.8177)***	0.2319 (11.7424)***	0.3414 (40.0661)***	0.2288 (44.0303)***
b_{11}	0.7192 (80.5317)***	0.6800 (15938.4067)***	0.6756 (83.0077)***	0.9316 (389.8737)***	0.8706 (396.4849)***
b_{12}	−0.2291 (−8.2288)***	16.3180 (851.0586)***	−3.3009 (−79.6524)***	0.3034 (14.9779)***	0.1751 (14.2325)***
b_{21}	0.0051 (4.5738)***	0.0004 (247.1875)***	0.1286 (65.3005)***	−0.0222 (−47.3703)***	−0.0276 (−65.0894)***
b_{22}	0.9857 (451.6011)***	0.0997 (165.0277)***	0.6535 (61.6636)***	0.8533 (200.0429)***	0.8713 (239.2884)***
d_{11}	0.6645 (28.6155)***	18.2468 (591.2295)***	0.2078 (10.4138)***	−0.2177 (−13.0327)***	0.3137 (26.7108)***
d_{12}	0.5552 (8.6772)***	0.0000 (0.0002)	0.6272 (6.5638)***	−0.2837 (−3.6552)***	−0.0130 (−0.2685)
d_{21}	0.0239 (10.0065)***	0.0298 (274.0048)***	0.0052 (0.9620)	0.0099 (5.5490)***	−0.0083 (−5.7376)***
d_{22}	−0.0982 (−9.1346)***	3.1399 (928.8701)***	−0.0968 (−3.5330)***	0.2798 (19.0856)***	−0.2544 (−29.3983)***

注：括号内为 t 检验值，***、**和*分别代表在 P 为1%、5%、10%的置信水平上显著。

3. 国债期货推出对股指期货流动性影响

本节采用黄峰和杨朝军（2007）提出的流动性指标，这个指标包含了时间、价格、交易量三个因素，具体表示为

$$\text{ill}_{i,t} = \frac{SW_t^i}{V_t^i} \tag{5.22}$$

其中 V_t^i 为时间 $t-1$ 至 t 内的交易量，SW_t^i 为时间 $t-1$ 至 t 内的价格振幅，即（最高价-最低价）/开盘价。

为了研究国债期货推出对股指期货市场流动性的影响，本书建立如下 VAR 模型进行分析。

$$\text{Volatility}_t = \kappa_{1,0} + \kappa_{1,1} R_{\text{IF},t} + \kappa_{1,2} \text{Volatility}_{t-1} + \kappa_{1,3} \text{Liquidity}_{t-1} + \kappa_{1,4} D_{\text{TF},t} + \mu_{1,t}$$
$$\text{Liquidity}_t = \kappa_{2,0} + \kappa_{2,1} R_{\text{IF},t} + \kappa_{2,2} \text{Volatility}_{t-1} + \kappa_{2,3} \text{Liquidity}_{t-1} + \kappa_{2,4} D_{\text{TF},t} + \mu_{2,t} \quad (5.23)$$

其中 $R_{\text{IF},t}$ 为股指期货收益率，Volatility_t、Liquidity_t 分别为股指期货波动率与流动性，$D_{\text{TF},t}$ 为虚拟变量，国债期货推出之前取值为 0，推出之后则取值为 1。股指期货波动率序列采用 GARCH 模型波动率。

表 5.14　国债期货推出对股指期货流动性影响

项目	$\kappa_{1,0}$	$\kappa_{1,1}$	$\kappa_{1,2}$	$\kappa_{1,3}$	$\kappa_{1,4}$
Volatility_t	2.71×10^{-8} (14.7403)***	-2.45×10^{-6} (-2.3091)**	-0.9642 (710.673)***	-0.0040 (-1.3021)	-8.43×10^{-9} (-4.2854)***
	$\kappa_{2,0}$	$\kappa_{2,1}$	$\kappa_{2,2}$	$\kappa_{2,3}$	$\kappa_{2,4}$
Liquidity_t	6.01×10^{-8} (38.0291)***	6.63×10^{-7} (0.7281)	-0.0053 (-4.5383)***	0.8555 (322.911)***	-3.13×10^{-8} (-18.7487)***

注：括号内为 t 检验值，***、**和*分别代表在 P 为 1%、5%、10%的置信水平上显著。

从表 5.14 中的估计结果可以看出，向量回归方程中的虚拟变量均显著为负。对于波动方程，除流动性的参数不显著外其余均显著，结果再次表明国债期货的上市对股指期货市场的波动率产生影响，但数值十分微小，与前面的结论一致。对于流动性方程，虚拟变量 $D_{\text{TF},t}$ 参数估计值显著，说明国债期货的推出对股指期货市场的流动性产生一定影响，从参数的符号为负可以判断出国债期货的推出降低了股指期货市场的流动性，但是影响十分微小。

5.3　沪深 300、上证 50 和中证 500 指数期货信息传递机制

随着我国金融市场的不断发展，为了加快建设多层次的资本市场，我国于 2015 年 4 月 16 日推出上证 50 和中证 500 股指期货。中证 500 指数行业分布分散且市值相对沪深 300 指数较小，且两个指数的成分股没有重叠，这样可以弥补沪深 300 对冲市值风格波动时的不足，限制对冲的有效性，因此上证 50 和中证 500 股指期货的挂牌上市，将大大改善国内金融期货品种单一的局面。

金融风险跨市场传递越来越受到学者与业界的广泛关注，当一个市场受到新信息冲击时，这种波动效应会溢出到其他市场，并且影响其他市场的价格及波动率。研究波动率传导可以揭示不同市场之间的信息传递过程及每个市场获取信息的效率。我国新上市的两个金融期货品种是否具备价格发现功能？新品种的上市是否对现货市场的波动产生影响？三大指数期货之间是否存在信息传递？基于此，本章对沪深 300、上证 50 和中证 500 指

数期货信息传递机制进行研究。

5.3.1 模型和实证方法

1. GJR-GRACH-M 模型分析

GJR-GARCH 模型较好地描述了非对称效应(Engle and Ng，1993)。GJR-GARCH(r,s) 可以表示为

$$h_t = \alpha_0 + \sum_{j=1}^{s}\alpha_j u_{t-j}^2 + \sum_{i=1}^{r}\beta_i h_{t-1} + \sum_{j=1}^{s}\gamma_j m_j u_{t-j}^2 \quad (5.24)$$

当均值方程的误差项为负时，虚拟变量 m_j 取值为 1，$u_{t-j}<0$ 表示坏消息的冲击；虚拟变量 m_j 取值为 0，好消息发生时 $u_{t-j}>0$。如果系数 m_j 估计值为正，表明坏消息对条件方差有较强的冲击。本书在 GJR-GARCH 模型中引入另一个虚拟变量 Dummy，股指期货推出之后 Dummy 取值为 1，推出之前取值为 0。虚拟变量加入模型有两种形式，如下

(模型一)： $\quad h_t = \alpha_0 + \alpha_1 u_{t-1}^2 + \beta_1 h_{t-1} + \gamma_1 m_1 u_{t-1}^2 + \delta \text{Dummy} \quad (5.25)$

(模型二)： $\quad h_t = (1+\text{Dummy})(\alpha_0 + \alpha_1 u_{t-1}^2 + \beta_1 h_{t-1} + \gamma_1 m_1 u_{t-1}^2) \quad (5.26)$

Engle 等(1987)引入 ARCH-M 模型，该模型采用条件方差来衡量风险对收益率的影响，GJR-GRACH-M 在均值方程中加入条件方差作为解释变量，记为 GARCH_V。

$$R_t = a_0 + \rho \text{GARCH\_V} + \varepsilon_t \quad (5.27)$$

2. 事件分析法

分析股指期货推出对指数的影响之前需要考虑滞后项及周末效应，因此均值方程设定如下

$$R_t = a_0 + \sum_{i=1}^{n}a_i R_{t-i} + \sum_{j=1}^{4}b_j D_{jt} + c\text{GARCH\_V} + \varepsilon_t \quad (5.28)$$

其中 R_t 为 t 时刻指数收益率，D_{jt} 为虚拟变量，$D_{jt}=1$ ($j=1,2,3,4$)表示第 t 期是星期 j，否则表示第 t 期不是星期 j。

3. 波动溢出效应：三元 GARCH-BEKK 模型及 Wald 检验

假设模型中包含的三个期货市场的收益率序列构成向量 Y_j，三元 GARCH-BEKK$(1,1)$均值方程为

$$Y_t = \gamma X_t' + E_t \quad (5.29)$$

其中 $Y_t = \begin{pmatrix} y_{1t} \\ y_{2t} \\ y_{3t} \end{pmatrix}$，$y_{1t}, y_{2t}, y_{3t}$ 分别为沪深 300 指数期货、上证 50 指数期货及中证 500 指数期货的对数收益率序列。E_t 为均值方程残差。BEKK 方差-协方差方程为

$$H_t = CC' + \Phi E_{t-1}E_{t-1}'\Phi' + \Gamma H_{t-1}\Gamma' \quad (5.30)$$

将式(5.30)展开，沪深300指数期货市场收益率序列方程如下

$$\begin{aligned}h_{11,t} =& c_{11}^2 + \gamma_{11}^2 h_{11,t-1} + 2\gamma_{11}\gamma_{12} h_{12,t-1} + \gamma_{12}^2 h_{22,t-1} + 2\gamma_{11}\gamma_{13} h_{13,t-1} \\&+ \gamma_{13}^2 h_{33,t-1} + 2\gamma_{12}\gamma_{13} h_{23,t-1} + \phi_{11}^2 \varepsilon_{1,t-1}^2 + 2\phi_{11}\phi_{12}\varepsilon_{1,t-1}\varepsilon_{2,t-1} + \phi_{12}^2 \varepsilon_{2,t-1}^2 \\&+ 2\phi_{11}\phi_{13}\varepsilon_{1,t-1}\varepsilon_{3,t-1} + \phi_{13}^2 \varepsilon_{3,t-1}^2 + 2\phi_{12}\phi_{13}\varepsilon_{2,t-1}\varepsilon_{3,t-1}\end{aligned} \quad (5.31)$$

同理可得其他两个市场收益率序列的方程。

Wald检验可以用来检验收益率的条件波动是否会受到其他两个市场波动的影响。如检验 y_{1t} 的条件波动是否受到另外两个市场的波动影响，假设 $H_0: \phi_{12} = \gamma_{12} = 0$，这时候式子变成

$$h_{11,t} = c_{11}^2 + \gamma_{11}^2 h_{11,t-1} + 2\gamma_{11}\gamma_{13} h_{13,t-1} + \gamma_{13}^2 h_{33,t-1} + \phi_{11}^2 \varepsilon_{1,t-1}^2 + 2\phi_{11}\phi_{13}\varepsilon_{1,t-1}\varepsilon_{3,t-1} + \phi_{13}^2 \varepsilon_{3,t-1}^2 \quad (5.32)$$

从上式可以看出 y_{1t} 的条件波动只受到本身和 y_{3t} 波动的影响，即 y_{2t} 对 y_{1t} 不存在波动溢出效应。假设 γ 为待估参数，考虑含有 L 个线性约束组合的零假设为 $H_0: R\beta = 0$。$\hat{\beta}$ 为 β 的一致估计，$R\hat{\beta} = m$，那么Wald检验统计量为

$$W = m'(Var(m)/X)^{-1}m : \chi^2(L) \quad (5.33)$$

5.3.2 数据说明

上证50和中证500股指期货合约代码分别为IH和IC，合约分为当月、下月、下季和隔季。本书采用交易量最大的活跃合约，期货合约样本区间采用从2015年4月17日～2015年7月21日的1分钟高频数据，共计17952个观测值；指数样本区间为2014年7月1日～2015年7月21日，共计62754个观测值。表5.15为中证500指数和上证50指数及对应的期货合约。两大指数在期货推出之后的数据标准差明显大于期货推出之前的标准差。对指数及期货的收益率序列进行单位根ADF检验，结果表明：在 $P=1\%$ 的显著性水平上，各收益率序列是平稳的。

从表5.15可以看出样本区间的收益率序列均不服从正态分布，检验不同样本时期的方差异质性不能使用 F 检验、Bartlett's检验等。因此，本部分采用Fligner-Killen检验以检验方差的异质性(Conover et al., 1981)。检验结果表明在 $P=1\%$ 显著水平上拒绝原假设，即期货推出之前和期货推出之后的无条件方差显著不同。

表5.15 数据描述性统计

变量	均值	最大值	最小值	标准差	偏度	超额峰度	Jarque-Bera
IC对数价格序列	9.0881	9.3648	8.6905	0.1558	0.0025	-0.9419	663.7523
IH对数价格序列	8.0341	8.1788	7.7717	0.0824	-0.6821	-0.7702	1835.6969
IC收益率序列	0.0000	0.0979	-0.0494	0.0029	3.0346	107.1641	8617208.8395
IH收益率序列	-1.2×10^{-5}	0.0933	-0.0387	0.0024	3.2730	149.8510	16827704.4990
中证500指数收益率（期货推出之前）	1.5×10^{-5}	0.0116	-0.0295	0.00048	-5.3603	361.0893	255285961.9254
中证500指数收益率（期货推出之后）	0.2×10^{-5}	0.0641	-0.0483	0.0017	1.1498	239.96669	37922555.3799
上证50指数收益率（期货推出之前）	1.7×10^{-5}	0.0348	-0.0801	0.0010	-8.3602	848.0068	1407286753.5443
上证50指数收益率（期货推出之后）	0.1×10^{-4}	0.0837	-0.0837	0.0020	0.8487	368.7712	89552757.8095

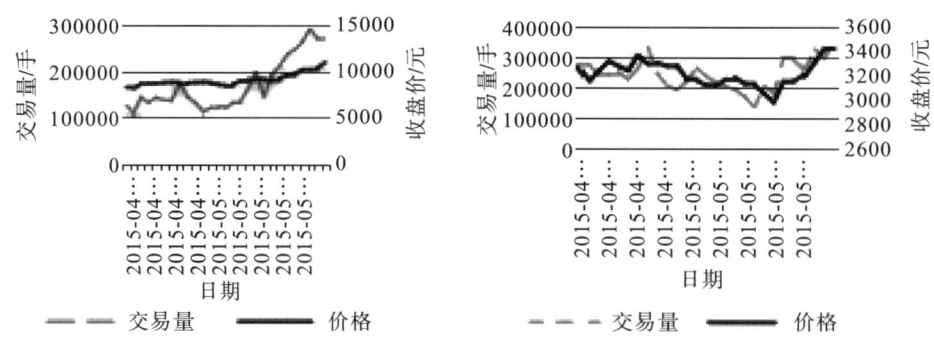

图 5.8 中证 500 与上证 50 指数期货走势图

5.3.3 实证结果及分析

1. 中证 500 与上证 50 指数波动结构变化研究

本部分采用 Garman 和 Klass(1980)的方法估计标的指数的波动率，这种方法同时考虑了开盘价 O_1、最低价 L_1、最高价 H_1 和收盘价 C_1，较传统方法具有明显优越性。Garman 和 Klass 的方法表达式如下：

$$\hat{\sigma}_{GK}^2 = 0.511(u-d)^2 - 0.019[c(u+d) - 2ud] - 0.383c^2 \tag{5.34}$$

其中，$u = H_1 - O_1, d = L_1 - O_1, c = C_1 - O_1$。

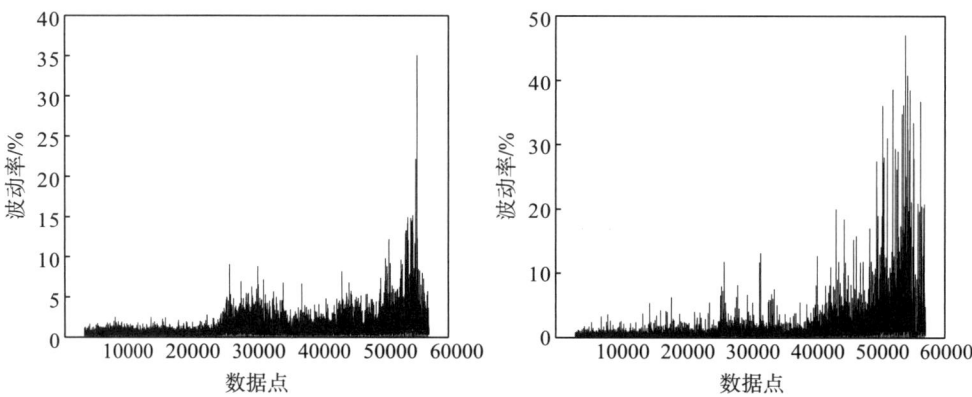

图 5.9 基于 Garman 和 Klass 方法估计的上证 50 和中证 500 指数波动率图

对样本区间进行分段，估计两大股指期货的推出对标的指数波动的影响，模型主要借鉴 Chang 等(1999)提出的模型检验现货指数波动是否出现结构变化。

$$\text{Vol}_t = \lambda_1 + \lambda_2 D_{\text{Futures}} + \varepsilon_t \tag{5.35}$$

Vol_t 为指数 1 分钟 GK 波动率，D_{Futures} 为虚拟变量，指数期货推出之前取值为 0，推出之后则取值为 1。若 λ_2 显著不为零，则说明指数期货的推出对指数现货波动产生影响，若 λ_2 为正，则说明指数期货的推出加大了标的指数的波动，反之则说明股指的推出减小了标的市场的波动。

表 5.16 模型回归结果

中证 500 指数	样本一 (2015.3.17~2015.5.17)	样本二 (2015.2.17~2015.6.17)	样本三 (2015.1.17~2015.7.17)	样本四 (整个样本时期)
λ_1	1.2176 (60.4088)***	0.9158 (53.2978)***	0.8439 (46.3843)***	0.6367 (90.2343)***
λ_2	0.3352 (13.5793)***	1.1973 (51.0859)***	1.8219 (72.5295)***	2.0424 (145.8297)***
上证 50 指数	样本一 (2015.3.17~2015.5.17)	样本二 (2015.2.17~2015.6.17)	样本三 (2015.1.17~2015.7.17)	样本四 (整个样本时期)
λ_1	0.8820 (102.9439)***	0.8253 (109.7305)	0.8638 (92.7189)***	0.7639 (194.3528)***
λ_2	0.2591 (20.8783)***	0.4087 (39.8450)***	0.7449 (57.9078)***	0.8317 (106.6154)***

通过表 5.16 回归结果可以看出，两大指数期货的推出对标的市场指数波动产生显著影响，且 λ_2 显著大于零，两大指数波动率出现结构变化，随着估计区间的扩大，λ_2 值逐渐增加。通过图 5.9 可以看出波动率在 2014 年 12 月份开始增大，主要是市场中场外配资规模增大影响了市场的波动，这可能会使结果受到影响。因此，股指期货推出是否导致标的市场指数产生结构变化，需要进一步验证，下面本书通过 GJR-GRACH-M 模型对此进行分析。

2. GJR-GRACH-M 模型实证分析

在采用 GJR-GRACH-M 模型进行实证分析时，为了降低样本区间的不同对结果产生的不同影响，本书仍将对不同样本区间进行模型回归，进一步分析两大股指期货对现货指数的影响。本书采取 AIC 确定均值方程的滞后阶数，进行 ARCH 检验，结果表明残差序列均存在 ARCH 效应。由于篇幅限制，本节不再列出均值方程结果，均值方程中滞后项系数均显著，周一、周四和周五虚拟变量系数显著。

首先，分析中证 500 指数期货合约上市对标的市场指数波动的影响。从表 5.17 的回归结果可以看出模型一及模型二得到相似的结论。虚拟变量参数 δ 在四个样本区间中均显著为正，置信区间为 $P=1\%$。此结果表明中证 500 指数期货的推出确实对标的市场指数波动产生影响，但是从参数估计值可以看出这种影响十分微小。系数 γ_1 衡量非对称效应，参数均显著为正，表明坏消息会加大市场波动，这种情况与我国实际情况比较相符，虽然投资者可以通过融券做空股票，但是由于在现实中融券难度较大且量较小，因此大多数投资者只能单边做多股票，随着样本的扩大，γ_1 参数值逐渐变小，也表明中证 500 指数期货推出可以使投资者在出现坏消息时多一种对冲手段。α_1 和 β_1 分别衡量新消息和旧消息对条件方程的影响，从表 5.17 中可以看出所有样本区间的估计结果相似，α_1 估计值均大于 β_1 估计值，表明中证 500 指数对信息反应速度较快，信息传播效率较高。GARCH_V 的系数显著不为零，但在不同的样本期 GARCH_V 的系数符号不一致，表明不同时期的时变风险溢价不同程度地依赖于条件方差，但是依赖程度十分微小。

表 5.17　中证 500 指数 GJR-GRACH-M 模型实证结果

项目		α_0	α_1	β_1	γ_1	δ	shape	GARCH_V
样本一	模型一	-0.1×10^{-5} (18.4286)	0.8147 (16.3461)	0.1441 (10.0409)	0.5067 (5.8967)	9.4×10^{-5} (11.6226)	5.6683 (25.5844)	-0.0001 (-9.0410)
	模型二	-0.1×10^{-5} (15.7219)	0.7928 (13.2817)	0.1392 (9.2102)	0.5021 (4.9077)	1.7×10^{-5} (9.5043)	5.8931 (26.9034)	-0.0001 (-6.5739)
样本二	模型一	0.0000 (15.1963)	0.6885 (22.9443)	0.2261 (21.8239)	0.7992 (17.3858)	1.3×10^{-4} (23.7446)	5.2102 (42.5079)	-0.0001 (-11.0937)
	模型二	-0.1×10^{-5} (14.6435)	0.5986 (20.7765)	0.2109 (22.1634)	0.7102 (16.8730)	2.8×10^{-5} (16.9832)	5.8371 (39.2075)	0.0001 (-9.8349)
样本三	模型一	-0.2×10^{-4} (-195.5291)	0.7623 (26.7195)	0.3325 (61.1337)	0.5739 (13.5670)	6.5×10^{-5} (14.6974)	4.6714 (47.8014)	0.0001 (68.8798)
	模型二	-0.3×10^{-5} (-80.6802)	0.7039 (24.7820)	0.3024 (50.1206)	0.5485 (11.7332)	2.6×10^{-5} (11.3904)	5.1936 (39.7291)	0.0001 (79.3829)
样本四	模型一	0.1×10^{-5} (64.4942)	0.7415 (41.2046)	0.2956 (52.5283)	0.4929 (17.6929)	0.7×10^{-4} (17.0047)	5.1291 (71.5789)	-0.0002 (-22.8633)
	模型二	0.3×10^{-6} (45.0298)	0.7298 (30.2910)	0.2847 (50.4933)	0.4688 (20.8874)	0.6×10^{-4} (14.8392)	4.9389 (68.2947)	0.0001 (-16.2691)

其次，分析上证 50 指数期货合约上市对标的市场指数波动的影响。从表 5.18 的回归结果可以看出参数 δ 在所有样本区间均不显著，且估计值非常小，因此上证 50 指数期货的推出对标的市场指数波动影响并不显著。不同模型及样本数据所估计参数 δ 的符号不同，表明 GARCH 模型是敏感的，但是无论使用什么样的模型，系数均不显著，表明期货交易对标的市场指数波动的影响是微不足道的。参数 γ_1 在所有样本区间均显著为正，同样表明坏消息加大了上证 50 指数的波动。采用同样的 GJR-GARCH 模型估计期货推出之前的指数收益率[①]，模型估计出的非对称效应系数大于表 5.18 中所估计的结果，从这个结果可以合理地推断由于股指期货的卖空机制，当坏消息发生时投资者有做空渠道，这可以减轻坏消息对标的市场指数的影响。随着样本的扩大，参数 γ_1 的数值逐渐变小，也同样可以证明上证 50 指数期货的推出可以使投资者在出现坏消息时多一种对冲坏的手段。从表 5.18 中可以看出所有样本区间的估计结果相似，α_1 估计值均小于 β_1 估计值，表明上证 50 指数期货对信息反应速度较快，信息传播效率较高。模型中 GARCH_V 的系数同样显著不为零，不同的样本期 GARCH_V 的系数符号不一致，这与表 5.17 结果相似，表明不同时期时变风险溢价不同程度地依赖于条件方差。

表 5.18　上证 50 指数 GJR-GRACH-M 模型实证结果

项目		α_0	α_1	β_1	γ_1	δ	shape	GARCH_V
样本一	模型一	0.1×10^{-5} (23.1763)	0.2332 (5.1135)	0.4492 (8.6351)	0.4418 (5.1251)	-0.3×10^{-5} (-0.2627)	4.0527 (25.9573)	-0.0001 (-9.1302)
	模型二	0.1×10^{-5} (19.6392)	0.2100 (9.3902)	0.4066 (9.2102)	0.4019 (4.9611)	-1.1×10^{-6} (0.6124)	3.9921 (24.7041)	-0.0001 (-7.7812)

---

① 由于篇幅限制，本书未列出所有模型估计结果。

续表

项目	α_0	α_1	β_1	γ_1	δ	shape	GARCH_V
模型一 样本二	0.1×10^{-5} (35.0008)	0.1334 (6.7919)	0.7712 (31.3668)	0.1809 (5.1493)	1.4×10^{-5} (1.7321)	3.6281 (36.8342)	−0.0001 (−16.6000)
模型二	0.1×10^{-5} (11.2339)	0.1011 (8.8785)	0.6922 (29.2847)	0.1600 (6.7730)	1.8×10^{-5} (1.0710)	4.6819 (35.5792)	0.0001 (−19.5637)
模型一 样本三	0.2×10^{-5} (388.2515)	0.0949 (13.3777)	0.8537 (123.8892)	0.1302 (435.8795)	0.4×10^{-5} (0.5839)	3.6364 (48.2837)	−0.0001 (−29.9798)
模型二	-0.1×10^{-5} (−170.4529)	0.0069 (14.6721)	0.7644 (100.5483)	0.0995 (326.8362)	-1.2×10^{-5} (1.9201)	4.2873 (42.7463)	0.0001 (−26.7382)
模型一 样本四	0.1×10^{-5} (19.2697)	0.0925 (19.4335)	0.8985 (238.9872)	0.0396 (63.5719)	0.5×10^{-5} (0.6494)	3.8409 (63.2908)	−0.0001 (−17.0420)
模型二	0.1×10^{-5} (16.7463)	0.0753 (20.5293)	0.6737 (200.6533)	0.0479 (70.6592)	0.4×10^{-5} (0.5620)	3.6473 (59.6382)	0.0001 (−19.6724)

3. 三大指数期货市场波动溢出效应实证分析

假设 y_{1t}, y_{2t}, y_{3t} 分别为沪深 300 指数期货、上证 50 指数期货及中证 500 指数期货市场对数收益率序列，且均为平稳序列，模型估计及 Wald 检验过程中本书采用 BHHH 方法，对三个残差序列进行 ARCH 检验，Ljung-Q 统计量结果显示模型估计残差序列不存在序列相关性，ARCH-LM 检验结果显示残差无 ARCH 效应，表 5.19 列出波动溢出效应检验结果。首先，矩阵 B 对角线参数均显著，表明三大指数期货市场的波动具有聚集性。$A(3,2)$ 的 T 统计值显著不为零，则表明中证 500 指数期货对上证 50 指数期货市场具有显著的波动溢出效应。$B(1,3)$ 和 $B(3,1)$ 表明沪深 300 指数期货与中证 500 指数期货之间存在相互的波动溢出效应，信息在两个市场之间传递。表 5.20 给出三个期货市场之间波动溢出效应检验结果，通过结果可以看出中证 500 指数期货市场对信息反应速度较快，与其他两大指数期货市场之间存在波动溢出效应，而上证 50 指数期货市场处于信息接收地位，对其他市场波动溢出效应较弱。

表 5.19 三大期货市场波动溢出效应

矩阵元素	估计系数	标准差	T 统计值
$C(1,1)$	0.0042	0.0017	2.4046**
$C(2,1)$	0.0059	0.0019	3.0065***
$C(2,2)$	0.0007	0.0005	1.4737
$C(3,1)$	0.0027	0.0014	1.9985**
$C(3,2)$	0.0001	0.0006	0.2539
$C(3,3)$	0.0000	0.0008	0.0039
$A(1,1)$	0.289	0.2253	1.2872
$A(1,2)$	−0.0644	0.2684	−0.2398
$A(1,3)$	0.3714	0.4173	0.8898
$A(2,1)$	0.0986	0.1998	0.4935

续表

矩阵元素	估计系数	标准差	T统计值
$A(2,2)$	0.3922	0.2395	1.6415*
$A(2,3)$	-0.0503	0.2707	-0.1857
$A(3,1)$	0.1205	0.0905	1.3323
$A(3,2)$	0.1751	0.0976	1.7928*
$A(3,3)$	0.1931	0.1749	1.1041
$B(1,1)$	1.0165	0.1800	5.6471***
$B(1,2)$	0.0013	0.2147	0.0063
$B(1,3)$	0.2758	0.1668	1.6539*
$B(2,1)$	-0.0848	0.2062	-0.4116
$B(2,2)$	0.8396	0.2400	3.4980***
$B(2,3)$	-0.2128	0.1704	-1.2487
$B(3,1)$	-0.0845	0.0502	-1.6846*
$B(3,2)$	-0.0520	0.0620	-0.8382
$B(3,3)$	0.8348	0.6482	15.9535***
模型	5.0373	0.6482	7.7706***

表 5.20 波动溢出效应 wald 检验

原假设	Wald 统计量	P 值	结论
IF 对 IH 不存在波动溢出效应	1.2013	0.1871	接受原假设
IH 对 IF 不存在波动溢出效应	1.0021	0.2481	接受原假设
IF 对 IC 不存在波动溢出效应	1.7118*	0.0903*	拒绝原假设
IC 对 IF 不存在波动溢出效应	1.9271*	0.0772*	拒绝原假设
IH 对 IC 不存在波动溢出效应	0.9928	0.2897	接受原假设
IC 对 IH 不存在波动溢出效应	1.8712	0.0856*	拒绝原假设

5.4 本章小结

在螺纹钢期货和铜期货之间信息传递的研究中，选取的数据为上海铜期货连续和螺纹钢期货连续的日收盘价格，样本区间为 2011 年 3 月 1 日～2011 年 12 月 22 日，利用 Granger 因果关系和 MVGARCH-BEKK 模型、脉冲响应函数和方差分解研究了铜期货市场和螺纹钢期货市场之间的信息传递和波动溢出效应。

首先，本章用 Granger 因果检验分析了两个市场间的因果关系，螺纹钢期货并不能成为铜期货的 Granger 成因，而在 $P=5\%$ 显著性水平上，铜期货通过了检验，构成了螺纹钢期货的 Granger 成因。其次，本章使用了 MVGARCH-BEKK 模型和似然比检验分析了两个市场的波动溢出效应，结果表明两个市场之间存在双向的波动溢出效应。最后，通过脉冲响应函数和方差分解分析了两个市场信息反应的速度以及短期的相互动态关系。结果表明铜期货和螺纹钢期货之间存在双向动态影响,但是螺纹钢期货对铜期货的影响要滞后于铜期货对螺纹钢期货的影响,可见铜期货市场对新信息的反应速度更快。方差分解结果表明,平均而言,来自铜期货市场的方差为 74.3398%,来自螺纹铜期货市场的方差为 25.6602%。因此铜期货市场拥有更多的信息,而且反应信息更加迅速。研究表明铜期货市场比螺纹钢期货市场包含更多的信息,而且铜期货市场对信息的反应速度更快,虽然两个市场之间存在显著的双向波动溢出效应,即信息是在两个市场之间相互传递的,但是铜期货市场向螺纹钢期货市场有更明显的波动溢出效应,更多的信息是从铜期货市场向螺纹钢期货市场传递的。

在铜期货市场和豆油期货市场之间信息传递的研究中,本章采用 Granger 因果检验和 MVGARCH-BEKK 模型和似然比检验分析了铜期货市场和豆油期货市场的波动溢出效应,结果表明铜期货市场向豆油期货市场存在显著的单向波动溢出效应,铜期货市场引导豆油期货市场。这表明在不同标的市场之间也是存在信息传递的。

在国债期货推出对股指期货市场波动性与流动性的影响研究中,本章采用国债期货与股指期货高频数据,对国债期货的推出对股指期货市场价格波动性进行了实证研究,进一步采用结构变换,分段估计双变量 VAR-GARCH-BEKK 模型,研究两个市场之间的波动溢出效应与非对称效应。通过 GARCH(1,1) 模型对整个样本期进行分析,发现国债期货的推出减小了股指期货市场的价格波动,并且股指期货市场对新信息反映速度加快,股指期货市场的信息效率有所提高;从分段样本数据来看,两个期货市场之间的短期波动溢出效应是先增强、后减弱、再增强,国债期货上市初对股指期货持久性波动溢出效应比较弱,后续有所增强。总的来说,国债期货与股指期货市场之间存在双向波动溢出效应,股指期货市场存在较强的波动溢出效应,国债期货市场对信息的传播速度与质量需进一步地提高与改善。国债期货与股指期货市场本身均存在非对称效应,股指期货市场对国债期货市场上的"坏消息"做出反应且使股指期货市场波动减少。国债期货上市前,许多投资者担心国债期货会分流资金,从而降低股指期货的流动性。根据本书的实证结果,国债期货的推出确实降低了股指期货的流动性,但是这种影响是十分微小的。

在沪深 300、上证 50 和中证 500 指数期货信息传递机制的研究中,首先,本章采用 Chang 等(1999)提出的模型检验现货指数波动是否出现结构变化,结果显示指数期货的推出对指数现货波动产生影响。其次,本章采用两种 GJR-GRACH-M 模型对样本分段进行实证分析,以分析上证 50、中证 500 指数期货推出对标的指数的影响,结果显示上证 50 指数期货的推出并未对标的市场指数波动产生显著的影响,上证 50 指数期货对信息反应速度较快。而中证 500 指数期货的推出确实对标的指数波动产生影响,但是由参数估计值可以看出这种影响十分微小,中证 500 指数对信息反应速度较快,信息传播效率较高。且结论显示上证 50、中证 500 指数期货推出可以使投资者在出现坏消息时多一种对冲手段。最后,本章对三大指数期货市场之间的信息传递效应进行研究,中证 500 指数期货市场对上证 50 指数期货市场具有显著的波动溢出效应,沪深 300 指数期货市场与中证 500 指数期货市场之间存在相互的波动溢出效应,信息在两个市场之间相互传递。相对而言,上证 50 指数期货市场对信息反应速度较慢,处于信息接收地位。

第6章 测量期货市场中的指令流毒性

作为量化投资的前沿和热点问题,市场微观结构理论和高频交易近年在国内备受关注,其主要原因在于我国于2010年4月推出了股指期货,由于它采取 $t+0$ 交易方式,电脑程序化的高频交易更易在其中被操作使用,并且其较高的盈利水平吸引广大投资者以及有关监管部门的关注。那么究竟什么是市场微观结构理论?它关注的是哪些问题?简单地说,市场微观结构理论关注价格具体是如何形成的,市场流动性来自哪里,哪些行为会造成流动性耗尽以及市场崩溃,高频交易起到的作用是什么,各种类型的交易者会有什么样的表现等。

前面几章主要研究的是不同市场之间信息的传递,那么在同一个市场中信息是通过什么方式传递的呢?怎样判断信息的方向呢?怎样通过市场的一些表现来判断信息是好还是坏呢?尤其是高频交易的出现,使得判断信息流成了一件很困难的事情。因此,本章主要探讨信息是如何在一个市场内部传递的。本章的主要研究对象是股指期货和交易量较大的商品期货。

6.1 问题的提出

国外在市场微观结构方面的研究相对成熟,从最初的存货模型到信息模型,再到利用博弈论的研究等等。每个模型的提出都有一定的现实背景。如2010年5月6日美股市场大跌,当日道琼斯工业指数大跌了1010.14点,创下其单日跌幅的最高纪录。针对美股这次的闪电崩盘事件,有关政府机构以及学术界、金融业界开始进行调查反思。Easley等(2011b)指出这次的"闪跌"是目前市场结构中新的动力使然,该动力即指令流毒性(order flow toxicity),当指令流逆向地选择做市商时,这些指令流就被认为是有毒性的,这时做市商在提供流动性的同时也遭受了损失。他们强调指令流毒性对流动性的供给起到了重要的作用,并且提供了一种新的程序来估计指令流毒性,即等交易量知情交易概率,这种方法不但可以测量指令流毒性,而且还可以起到预警的作用。

我国股指期货作为新兴交易品种,监管部门对其风险控制的经验尚浅,我们可以借鉴国外发展股指期货的成功经验,吸取其中的经验教训,促进我国股指期货市场的健康运作。那么VIPN方法是否适用于我国的期货市场?我们可否用这个方法来监测我国期货市场指令流毒性?本章通过对我国期货市场的实证研究来回答上述问题。

市场微观结构理论是研究价格形成过程的学科分支,在市场微观结构下的交易是高频交易的核心。市场微观结构交易的理念就是从观察到的报价数据中提取信息,并依据提取的信息进行交易以获利。Lyons(2001)提到市场微观结构理论里包含了两种基本模型:存货模型和信息模型。信息模型更关注消息公布后,信息反映到价格中这一过程,在信息模型中，含有市场信息的委托单流导致了价格变动。而存货模型则解释了没有消息公布时价格短暂波动的原因。

信息模型着重于分析各类市场参与者的意图及其未来可能采取的行动。信息模型包括采用对策论模型对报价和交易订单流进行逆向工程解析，以发现做市商拥有的信息，信息模型还利用观测到的或者推测出的指令订单流来做出知情交易决策。信息模型中一个主要的结论就是：即使做市商手中有无限的存货能够即时满足任何交易，买卖价差仍然存在。实际上，在市场存在知情交易商的情况下，价差是做市商维持其偿付能力的一种方式。当指令从知情交易商传递给做市商时，信息也相应地从交易商手中传递到了做市商手中，接下来买卖价差的改变同样可以让信息从做市商手中传递给更多的市场参与者。

市场中的信息不对称会导致逆向选择，知情交易商能够通过自己掌握的信息从不知情交易商那里获得利润。近来许多学者提出了各种度量信息不对称的方法，信息模型的起源可追溯到 Bagehot(1971) 的一篇论文，随后许多研究者对其理论进行了扩展。买卖价差反映了做市商在信息不对称的情况下对市场运动的预期，买卖差价越大，信息不对称程度越高。他们在买卖报价价差方法的基础上，又提出了有效买卖价差的计算方法，即将最新成交价与买卖报价的中间值的差值乘以 2，然后除以买卖报价的中间值。因此，有效买卖价差几乎等同于买卖报价价差，不过它反映了委托的真实状况，并且可以对不同价格水平下的金融工具进行相互比较。

高频交易是市场微观结构理论的新趋势，据统计，2009 年美国高频交易公司数量仅占总的交易公司数量(约 20 000 家)的 2%，却分别占了 70%的股票市场交易量和近 50%的期货市场交易量。大多数高频交易者扮演着做市商的角色。高频交易者在电子订单中发出不同水平的被动交易指令。被动交易指令即市场指令，因此指令发出者不能控制指令的执行时间。高频交易者并不在一个交易方向上交易，而是通过大量的交易来赚取微乎其微的利润。他们对变化的市场做出反应，并且实现资金的快速周转。高频交易的特征是交易次数很多，而每笔的平均盈利较小。他们是通过控制自己头寸风险来获得这样的盈利能力，在控制执行被动订单时逆向选择的能力在很大程度上影响高频交易者的盈利能力。

高频交易给市场带来的好处体现在以下几点：高频交易策略可发现并消除市场暂时出现的无效率之处，并促进市场价格更快地反映市场信息；很多高频交易者为市场提供了显著的流动性，使市场运行更加平稳，并且让每个投资者降低了摩擦成本；高频交易者还促进计算机技术的革新，推动找到消除网络通信瓶颈的新方法；高频交易还能纠正市场错误定价，从而稳定市场体系。知情交易者要比非知情交易者更具有优势，当订单流逆向选择做市商时，订单流是被认为有毒性的，这时做市商以他们的损失为代价来为市场提供流动性。在高频交易的环境下，高频交易者在提供流动性的同时也承担了一定的风险，即当订单流平衡时，高频交易者可以通过大量的交易来赚取利润，然而当订单流不平衡的时候，高频交易者可能会因为信息不对称导致逆向选择失误，从而遭受损失，高频交易者会衡量对知情交易者的期望损失，如果期望损失很大，他们就会清算头寸离开市场，从而对市场的流动性产生一定的影响。

市场微观结构理论的一个基本观点就是含有市场信息的委托单流导致了价格变动，衡量信息订单流对高频交易者来说尤为重要。但是根据高频交易的特性，捕捉信息订单流是一件很难的事情。在高频交易中，由交易量捕捉的交易时间相比时钟时间是更重要的度量，且信息的意义也有所差别。在标准的序贯交易模型中，信息主要是指与资产未来价格有关的一些数据信息。股票市场很自然地会把信息和公司未来前景和公司产品市场联系起来。因为做市商会同时持有股票的长头寸或者短头寸，资产未来价值的变动直接影响做市商的利润，因此他们尽可能地从所有交易模式中推断潜在的信息。高频交易中，做市商也面临相同的基本问题，高频交易的做市商会在几分钟内交易股票，那么这几分钟内的信息就会影响股票的价格，这些信息可能和标的资产的基本面有关，也有可能和交易的本质等相关因素有关，或者是和这段时间内的流动性需求有关。这种更广泛的信息意味着一天中信息事件会经常发生，它们对未来价格的影响也不相同。

Easley 等（2011a）在知情交概率 PIN 的基础上提出了一种新的方法，即以 VPIN 直接估计高频交易世界里的指令流毒性。这种方法不需要估计一系列不可观测的参数，并且 VPIN 随着新信息到达市场的速度而随机更新，这种方法克服了在交易量很大的市场里估计 PIN 的困难，提供了一个比较容易的方法来测量指令流毒性。Easley 等提供了 VPIN 量的实证统计性质，并且展示了如何在样本中用交易量篮子降低波动聚集性的影响。一般大幅度的价格变动会伴随着大交易量，所以交易量可以代表波动性。由此产生的时间序列观测值非常接近正态分布，并且这个序列比单纯用时钟时间取样的样本而言具有较少的异方差性。这篇文章估计了 E-min 标准普尔 500 指数期货和 WTI 原油期货两个合约，并且表明 VPIN 和期货价格波动有很重要的联系，因为指令流毒性对于流动性的提供者是有害的，那么高水平的 VPIN 预示着较高的波动性，他们的分析表明 VPIN 可以预测短指令流期毒性诱导的波动，尤其在它涉及大的价格波动时。

指令流毒性估计有许多应用领域。首先，对于流动性的提供者来说，可以用 VPIN 值作为实时风险控制工具。Easley 等（2012b）提供了证据证明在美国"5·16"那一天，大跌之前的 VPIN 值已经变得很高，很多的指令流毒性已导致流动性提供者离开市场。其次，监管者可以监控市场流动性的"质量"，进而提前限制交易或者加强市场控制，高频交易中，有效的监管必须是在问题发生之前采取措施。最后，交易者也可以用 VPIN 来设计算法，以控制订单的执行风险。

6.2　模型和方法

6.2.1　信息模型

我们先介绍一个标准测量指令流毒性的微观结构模型 PIN。Easley 等在一系列文献中演示了如何用个股交易数据来确定基于信息交易的概率 PIN 的微观结构模型。这个微观结构模型把交易看成在交易时间内 $(i=1,\cdots,I)$ 流动性提供者和其他交易者之间不断重复的游戏。在每个交易时期的开始，他们会自然选择一个信息事件是否发生，这些信息事件是相互独立的，并且以概率 α 发生。如果信息是好消息，那么信息交易者知道交易时间结束后资产的价格为 $\overline{S_i}$，如果信息是坏消息，那么资产价格为 $\underline{S_i}$，并且 $\overline{S_i} > \underline{S_i}$。坏消息发

生的概率为 δ，好消息发生的概率为 $1-\delta$，交易时间内交易者到达服从泊松分布。在交易时间内如果一个信息事件发生，知情交易者的订单到达率为 μ，如果知情交易者得到的是好消息，则他们选择买入，反之则选择卖出。在任何交易时间内，订单买卖到达率都为 ε，这个过程如图 6.1 所示。

上面描述的结构模型使我们把可以观测到的市场结果（买或卖）和不可观测的信息、订单交易的过程联系起来，以往的研究方法是用极大似然估计这些参数。直观地讲，这个模型把一只股票正常的买卖交易量看作非知情交易，然后用数据来确定非知情交易订单流的到达率 ε，把不正常的买卖交易量作知情交易来确定知情交易到达率 μ。用交易时间内的不正常买卖交易数量来确定 α 和 δ。流动性提供者根据上述信息来估计这些参数并确定他的买卖价差。

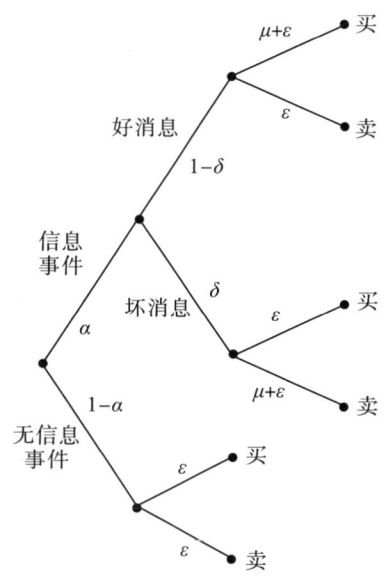

图 6.1 不确定事件下的序贯交易

随着交易的进行，流动性提供者观察交易的情况，假设他们通过贝叶斯法则来更新现有的信息。令 $P(t)=(P_n(t),P_b(t),P_g(t))$ 为流动性提供者在时间 t 时关于"无消息""好消息""坏消息"的判断，那么在 0 时刻 $P(0)=(1-\alpha,\alpha\delta,\alpha(1-\delta))$。在 t 时刻条件期望为

$$E(S_i|t) = P_n(t)S_i^* + P_b(t)\underline{S_i} + P_g(t)\overline{S_i} \tag{6.1}$$

其中 $S_i^* = \delta\underline{S_i} + (1-\delta)\overline{S_i}$，是对先前资产的期望值。

买价是有交易者想把资产卖给流动性提供者时的资产的期望值

$$B(t) = E[S_i|t] - \frac{\mu P_b(t)}{\varepsilon + \mu P_b(t)}(E[S_i|t]-\underline{S_i}) \tag{6.2}$$

同样，卖价是有交易者想从流动性提供者那里买入资产时对资产的期望值

$$A(t) = E[S_i|t] + \frac{\mu P_g(t)}{\varepsilon + \mu P_g(t)}(\overline{S_i} - E[S_i|t]) \tag{6.3}$$

上式明确说明了当知情交易者和非信息交易者到达时对价格的影响。如果没有知情交易者（$\mu=0$），买价和卖价都等于先前的资产价格的期望值。若没有非知情交易者（$\varepsilon=0$），则买价和卖价分别为资产的最小和最大值，这时知情交易者也不会进行交易，市场将要关闭。

时刻 t 的买卖价差表示为 $\sum(t)=A(t)-B(t)$，即

$$\sum(t)=\frac{\mu P_g(t)}{\varepsilon+\mu P_g(t)}(\overline{S_i}-E[S_i|t])+\frac{\mu P_b(t)}{\varepsilon+\mu P_b(t)}(E[S_i|t]-\underline{S_i}) \tag{6.4}$$

上式等号右边第一项和第二项分别是流动性提供者和知情交易者买卖资产潜在损失的概率，当好消息和坏消息以相同的概率出现，即 $\delta=1-\delta$ 时，上式就变为比较简单的形式，即

$$\sum=\frac{\alpha\mu}{\alpha\mu+2\varepsilon}(\overline{S_i}-\underline{S_i}) \tag{6.5}$$

这个模型的关键在于初始订单来自知情交易者的概率，基于知情交易的概率叫作 PIN，表达为

$$\text{PIN}=\frac{\alpha\mu}{\alpha\mu+2\varepsilon} \tag{6.6}$$

其中 $\alpha\mu+2\varepsilon$ 为所有订单的到达率，$\alpha\mu$ 为基于知情交易订单的到达率。因此 PIN 是测量知情交易者的订单占所有订单的比率，价差公式中表明 PIN 是价差的关键影响因素。上式表明流动性的提供者需要正确地估计 PIN，以确定进入市场的最优水平。PIN 意外上涨将使没有及时调整价格的流动性提供者遭受损失。

6.2.2 VPIN 和估计的参数

1. 信息和时间

计算 PIN 的标准方法是用极大似然估计不可观测的参数 $(\alpha,\mu,\delta,\varepsilon)$，进而从这些参数中得到 PIN。Easley 等（2011a）提出了不需要估计不可观测的参数而直接估计毒性的方法，即 VPIN。他们在研究中采用的是交易时间而不是自然时间。相关的信息越多，则吸引的交易量越多，如果一个消息产生的交易量是另一个消息产生交易量的两倍，那么我们会增加其在样本中的权重。

信息在标准的序贯交易模型中被认为是一些关于资产未来价值信息的数据。股票市场信息通常和公司未来的前景或其产品的市场相关，在一个有效市场中，知情交易者通过掌握的信息进行交易并寻求利润，资产价值应该收敛于它的全部信息价值。因为市场中的做市商可以做多或者做空股票，资产价值未来的变动影响他们的盈利能力，因此他们试图通过交易模式推断出任何潜在的新信息，并且把这些更新的信息体现在买卖价差中。

在高频交易中做市商也面临同样的问题。高频交易的做市商几分钟内持有股票，这时资产的价值受到其间信息的影响，这些信息也许和标的资产的基本价值相关，但是它也许是反映整个市场交易性质相关的因素，或者和这段时间内的流动性特性有关。期货合约中，信息导致交易者对合约对冲的需求增加，这一般会影响期货的价格。这种对信息的广泛定义意味着信息事件每天会频繁地发生，并且它们对价格的影响程度也不相同，但是这些信

息的存在是通过交易的性质和事件发出信号的。

高频模型有一个重要的性质,即交易并不是等时间间隔达到的,交易达到的频率是不规则的,因为其中的一些交易者掌握了私有信息,所以这些交易者要比其他交易者更重要。市场中一波又一波的新信息不断地转化为交易量,不同资产的相关信息在不同时间到达。本章模型中采用交易时间,而不是时钟时间,因为 Easley 和 O'Hara(1992a)提出了这个观点,他们认为交易之间的时间和新信息的到达相关,因此一个相关信息的到达会吸引更多的交易;这是合理的。

2. 交易篮子和买卖交易量划分

在介绍 VPIN 之前,本书首先将每天的交易量分成一些相等的篮子,每个篮子的交易量为一个外生的变量 V,一个交易量篮子是交易量为 V 的集合。如果最后一个交易量大于篮子的需求,那么多余的部分会被分配到下一个交易量篮子中。令 $\tau=1,\cdots,n$ 为每个篮子下标,那么每个交易篮子可以分为买的交易量 V_τ^B 和卖的交易量 V_τ^S,则 $V_\tau^S + V_\tau^B = V$。

每次交易至少包含了一个买家和一个卖家,哪一方主动发起交易,对市场的参与者来说是很有价值的信息。交易方向(买或者卖)可以用来识别不对称的信息,持续的交易不平衡是毒性订单流存在的信号,它的结果潜在地影响市场的流动性。然而,参与者不能直接判断是谁发起了交易,在高频交易中这个任务更具有挑战性。现在大量交易都是在电子市场中完成的,所以没有指定的流动性提供者,在现实中人们想从交易数据中推断隐藏的订单进而分散化交易成为问题。然而,即使提供了订单的数据,大规模数据文件中数量庞大的交易结果其购买和储存是非常昂贵的,更不用说操作成本了,因此实践者和研究者需要一个可靠并且低成本的方法来判断高频市场中的交易方向。

其次,买卖交易量是按照 Easley 等(2012a)的方法划分的,Bulk Volume Classification(简称 BVC)算法是聚集一段时间内(用时间限制表示)或者一定数量的交易量,用区间内的起点和终点的标准价格变化粗略地估计买卖数量。传统的分类算法是把交易分为买或者卖,而 BVC 算法是把交易分为买的数量和卖的数量。高频交易的市场并不是"旧"市场的简单加速,大量的交易发生在极短的时间间隔内,这挑战了基于时间的传统数据分析方法。在 Easley 等(2012b)证明了采用这种新的方法进行分类要比基于个人交易数据的成交明细分类准确,他们在研究中采用以往的成交明细算法对 e-mini 标准普尔 500 期货的交易进行分类,发现这个算法对 86.43%的数据进行了准确的分类,但是这个算法在对原油期货和黄金期货的数据进行分类时,准确率只有 78.95%和 67.18%,他们认为这种准确度的降低是由于交易数量较少,较低的流动性和合约报价数量的动态变化有关。相反地,BVC 方法可以对 91% e-mini 标准普尔 500 期货的交易数据准确地进行分类,对 91.59%的原油期货交易数据和 87.36%的黄金期货交易数据进行准确的分类。时间序列证据表明这几种方法在交易极其活跃的交易日,其准确性会有所下降。

在分析中,本书首先用相等的时间限制(time bars)把交易量聚合起来(本书用的是 40 秒钟的时间条)。根据时间条的起点到终点的标准化价格变化($\frac{P_i - P_{i-1}}{\sigma_{\Delta P}}$,$\sigma_{\Delta P}$ 是两个价格的标准差)来决定买卖交易量的百分比。交易量的聚合可以减缓订单的分裂,且使用标准

化的价格变化可以在概率条件下对交易量进行买卖分类。令

$$V_\tau^B = \sum_{i=t(\tau-1)+1}^{t(\tau)} V_i \cdot Z\left(\frac{P_i - P_{i-1}}{\sigma_{\Delta P}}\right) \tag{6.7}$$

$$V_\tau^S = \sum_{i=t(\tau-1)+1}^{t(\tau)} V_i \left[1 - Z\left(\frac{P_i - P_{i-1}}{\sigma_{\Delta P}}\right)\right] = V - V_\tau^B \tag{6.8}$$

其中 $t(\tau)$ 为第 τ 个交易篮子中最后的时间间隔，Z 是标准正态分布的累积分布函数。如果在相同的时间条里价格从起点到终点都没有发生变化，那么我们就把这个时间限制的交易量分为相等的买卖交易量；如果价格上涨，我们就会赋予买的交易量更多权重。交易量主要用来计算非平衡的订单，令

$$OI_\tau = |V_\tau^B - V_\tau^S| \tag{6.9}$$

为第 τ 个交易篮子中的非平衡交易量，因为本书采用的方法是基于概率对交易量进行划分，所以这个算法得到的不平衡订单是真实不平衡订单的近似值。

如果每一个时间限制的交易量被一个因素 $\beta>0$ 影响，则 $V_i^*=\beta V_i$，交易量的不平衡均匀分布在篮子内部，那么完成一个交易篮子的时间限制的期望数量和 β 成反比，有 $\dfrac{t(\tau)-t(\tau-1)}{\beta}$，进而不平衡交易量的期望值是不变的，即

$$E[OI_\tau^*]=E[|V_\tau^{*B} - V_\tau^{*S}|]=\frac{1}{\beta}E[|\beta V_\tau^B - \beta V_\tau^S|]=E[OI_\tau] \tag{6.10}$$

每个交易篮子的大小和时间限制的选择都会影响估计的不平衡订单，当每个篮子中的时间限制数量减少时，测量的不平衡交易量的值就会增加，最终与使用很长（不合理的）的时间限制时不平衡交易量的值趋平，因此在计算不平衡订单时会选择一个比较合理的时间限制。

BVC 算法也许会错误地分类交易量，但是这个算法的目的并不是对每一笔交易精确地分类，而是计算整体交易不平衡的指标，且这个指标有利于毒性的衡量。

6.2.3 VPIN 方法测量指令流毒性

标准的 PIN 模型只通过买的数量和卖的数量来推断潜在的信息结构，并没有涉及交易量。分析高频市场时，交易数量是很重要的问题。回到 PIN 的基本理论，我们最终想要得到的就是交易的意图是来自知情交易者还是非知情交易者。那些交易意图和交易数据之间的联系就是特殊的噪声交易意图，即把订单分裂成许多块来减少其对市场的影响，一个订单也许会通过多次交易来被执行完成，知情交易者可以通过多种形式完成交易。

Easley 等（2008）中证明了不平衡交易量的期望为 $E[|V_\tau^S - V_\tau^B|] \approx \alpha\mu$，总交易量的预期为 $E[V_\tau^B + V_\tau^S]=\alpha\mu+2\varepsilon$，即

$$\frac{1}{n}\sum_{\tau=1}^{n}(V_\tau^B + V_\tau^S) = \alpha(1-\delta)(\varepsilon+\mu+\varepsilon) + \alpha\delta(\mu+\varepsilon+\varepsilon) + (1-\alpha)(\varepsilon+\varepsilon) \tag{6.11}$$

$$= \alpha\mu + 2\varepsilon = V$$

其中 $\alpha(1-\delta)(\varepsilon+\mu+\varepsilon)$ 为好消息的交易量，$\alpha\delta(\mu+\varepsilon+\varepsilon)$ 为坏消息的交易量，$(1-\alpha) \times$

($\varepsilon+\varepsilon$) 为没有信息的交易量。通过上面的计算，可以得到

$$\text{VPIN} = \frac{\alpha\mu}{\alpha\mu + 2\varepsilon} = \frac{\alpha\mu}{V} \approx \frac{\sum_{\tau=1}^{n}|V_{\tau}^{S}-V_{\tau}^{B}|}{nV} \tag{6.12}$$

估计 VPIN 需要选择一个篮子交易量的大小 V 和篮子的数量 n，本书选取的 V=5000，时间限制为 40 秒[①]。VPIN 在每个篮子交易完成之后更新，采用交易时间来更新 VPIN 有两个原因，一是通过 VPIN 的更新速度来模拟市场中新信息的到达，二是更新基于等量的信息。在交易量很少的交易日，交易量会很不平衡，在这样交易量很少的交易时段里似乎不太可能产生新的信息。因此采用时钟时间来更新 VPIN 能保证更新是基于大量的异质信息。

GARCH 方法提供了一种替代方法，以处理时钟时间采样的高频数据样本中的波动聚集性，因为计算 VPIN 采用的是样本中的相同交易量，所以采用交易时间降低了波动聚集性。价格大的波动伴随着大的交易量，用交易量取样可以近似地被看作用波动取样。因此用交易时间可以看作一个简单的替代 GARCH 模型的方法。

6.3 我国股指期货市场指令流毒性(VPIN)的实证研究

6.3.1 数据说明

本书选取从 2010 年 6 月 17 日～2011 年 7 月 15 日的沪深 300 指数股指期货主力合约 500 毫秒数据，数据来自交易所报价系统。我们用 Matlab 编程求出了平均每天约 40 个 VPIN 值，其描述性统计分析的结果如表 6.1 所示。

表 6.1 VPIN 描述性统计

统计特征	均值	方差	偏度	超额峰度	观测值
VPIN	0.3737	0.0073	−0.3816	0.8037	10758

从表 6.1 中可以看出，这个序列的偏度值小于 0，超额峰度值大于 0，说明这个序列具有厚尾、左偏的特征，并不服从标准正态分布。

图 6.2 给出了所有样本时期的 VPIN 的经验分布，我们首先使用累积分布函数来提供衡量 VPIN 度量是否符合正常水平的标准。累积分布函数(cumulative distribution function)是指连续函数所有小于等于 a 的值，其出现概率的和。从图 6.3 可以看出，60%的 VPIN 值低于 0.4，即 CDF(0.4)=0.6，那么 VPIN 值高于 0.4 的概率只有 40%。而其值大于 0.5 的概率只有不足 2%，表明异常值出现的概率非常小，绝大部分时间，交易都处于正常的范围。

[①] Easley 等(2012b)估计 VPIN 采用交易篮子的个数 N= 50 为确定值，也就是每天估计 50 个 VPIN 值。但是本书采用确定交易量的方法，因为如果交易量特别大，他们的方法就会出现问题，比如在"闪跌"那一天，他们估计了 137 个 VPIN，此时采用确定交易量的方法会更加合理一些，因为 VPIN 的更新速度可以更好地匹配信息的到达速度。

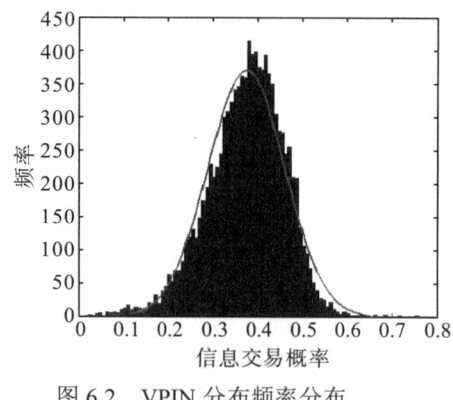
图 6.2 VPIN 分布频率分布

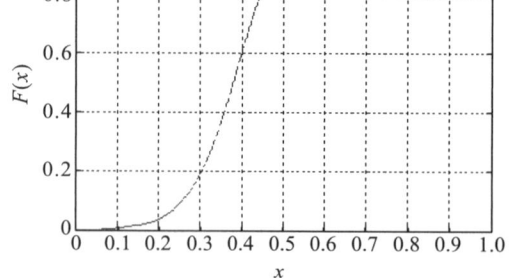
图 6.3 VPIN 经验分布

图 6.4 为 2010 年 6 月 17 日~2011 年 7 月 15 日这段时间内我国沪深 300 指数和估计的 VPIN 度量。从图中可以很容易看出，虽然 VPIN 具有一定的波动性，但总体还是很稳定的。

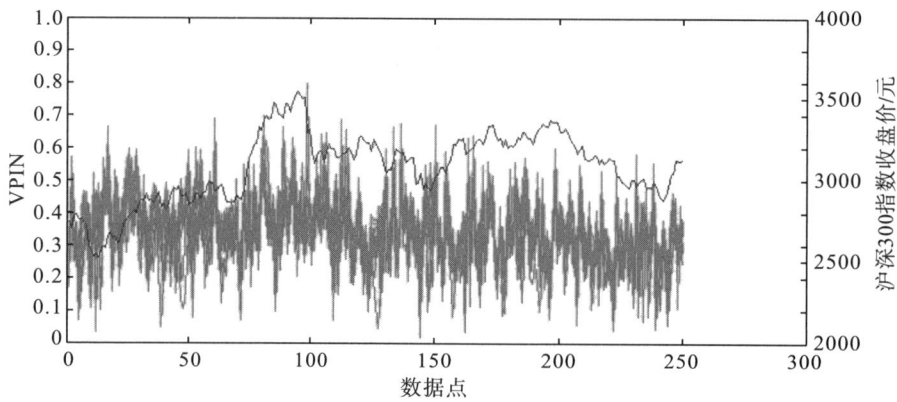

图 6.4 2010 年 6 月 17 日~2011 年 7 月 15 日 VPIN 值和市场价格图

6.3.2 估计指令流毒性：指数下跌的情形

本书接下来研究这种测量指令流毒性对我国的股指期货市场是否有预警作用。本书挑选 2010 年 11 月 12 日这一天，因为这天的沪深 300 指数收盘于 3292 点，暴跌 218 点，下跌 6.22%，指数下跌幅度非常大，我们重点考察大跌当天以及大跌前后各一个交易日的 VPIN 值。11 月 12 日当天 4 个合约的表现如表 6.2 所示。

表 6.2 2010 年 11 月 12 日沪深 300 期货及 4 个合约的表现

项目	价格/元	涨跌幅/%
沪深 300 指数	3291.83	-6.22
IF1011	3287.00	-7.31
IF1012	3342.40	-7.51
IF1103	3394.00	-8.54
IF1106	3449.00	-8.34

在大跌的前一天下午 2 时，即收盘前 1 小时股指已经上涨 2%之多，从 14:45 开始，短短 15 分钟里股指从 3554 点下降到 3513 点，这种情况下 VPIN 值应该反映出市场中的指令流毒性。

大跌当天和前后各一个交易日的 VPIN 情况如图 6.5 所示，该图展现了 2010 年 11 月 11 日、12 日、15 日的股指期货市场上主力合约的市场价格、VPIN 值及其相应的经验 CDF (VPIN)（即测量 VPIN 小于等于当前值的概率）。

从图 6.5 中我们可以观察到，VPIN 值在大跌的那一天从开盘起就一直上升，并且最高值达到了 0.8，属于异常情形。同时 CDF(VPIN)在开盘不久就变为 1，出现这种情况时，流动性的提供者应该保持警惕，因为这意味着有大量知情交易者的出现，且对他们来说指令流毒性将逐渐变得不可预测。从图中还可以观察到，在大跌的前一天快收盘的时候 CDF(VPIN)已经开始变得比较高，这时候高频交易者就应该注意到，接下来出现知情交易者的可能性非常大，应提前做好必要的准备。而同样可以观察到的是，在大跌的后一天 CDF(VPIN)开始回落到正常的水平区间，即表明出现知情交易者的概率大大降低。

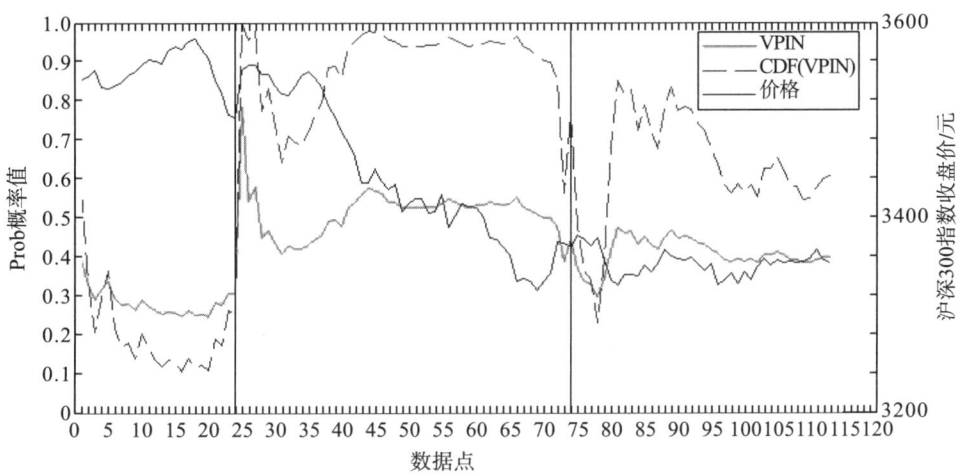

图 6.5　2010 年 11 月 11 日、12 日、15 日沪深 300 指数期货的 VPIN

6.3.3　估计指令流毒性：指数上涨的情形

多数研究是使用 VPIN 估计指数大跌的时候能否测量指令流毒性，那么在指数大涨的时候，我们是否也可以使用 VPIN 测量到指令流毒性？基于 VPIN 的式子如下

$$\text{VPIN} = \frac{\sum_{\tau=1}^{n}|V_\tau^S - V_\tau^B|}{nV} \tag{6.13}$$

我们看到估计指令流毒性主要在于估计买卖交易量差的绝对值，既然在大跌的时候 VPIN 可以预警，那么在股指期货上涨的时候，VPIN 的值是否也异常高呢？我们挑选了 2010 年 9 月 28 日、29 日、30 和 10 月 8 日连续 4 个交易日的主力合约的价格和 VPIN 的表现。表 6.3 为这 4 个交易日的沪深 300 指数主力合约的表现。

表 6.3　2010 年 9 月 28 日、29 日、30 日和 10 月 8 日主力合约价格和回报率

日期	开盘价格/元	收盘价格/元	回报率/%
2010-09-28	2900.54	2880.91	−0.83028
2010-09-29	2877.27	2874.81	−0.21174
2010-09-30	2859.06	2935.57	2.113531
2010-10-08	2965.65	3044.23	3.701496

这 4 个交易日的 VPIN 值和 CDF(VPIN)表现如图 6.6 所示，9 月 28 日和 29 日两天 VPIN 值和 CDF(VPIN)处于正常值水平，而 9 月 30 日开盘交易不久，CDF 的值就达到了最大值 1，其 VPIN 值也明显上升，同样 10 月 8 日这天的 CDF 和 VPIN 值也比平时要高，从而说明测量指令流毒性的方法 VPIN 不仅对指数下跌的情形起作用，对指数上涨的情形也有比较好的预警效果，只要指数出现大幅度的波动，VPIN 都可以起到很好的预警和测量指令流毒性作用。

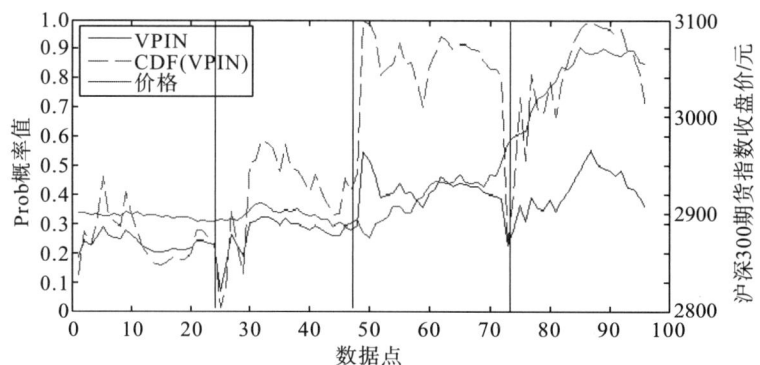

图 6.6　2010 年 9 月 28 日、29 日、30 日和 10 月 8 日沪深 300 指数期货的 VPIN

6.4　VPIN 估计的稳定性

由于 VPIN 涉及许多参数的设定问题，本书在这部分对估计 VPIN 时涉及的最重要的两个参数展开讨论：一是交易量的分类；二是交易记录变化。本章研究了交易量的分类和交易记录的变化对 VPIN 稳定性的影响，以此检验 VPIN 的稳健性。

6.4.1　不同交易篮子划分 VPIN 的稳定性

选择不同的交易篮子对 VPIN 有很重要的影响。因为估计 VPIN 时本就涉及交易的不平衡和强度问题，采用时间限制来聚集交易量期望可以降低变量的噪声，并且易于重新调整。在分析时往往采用 VPIN 的累积分布函数，而不是 VPIN 值的绝对水平。

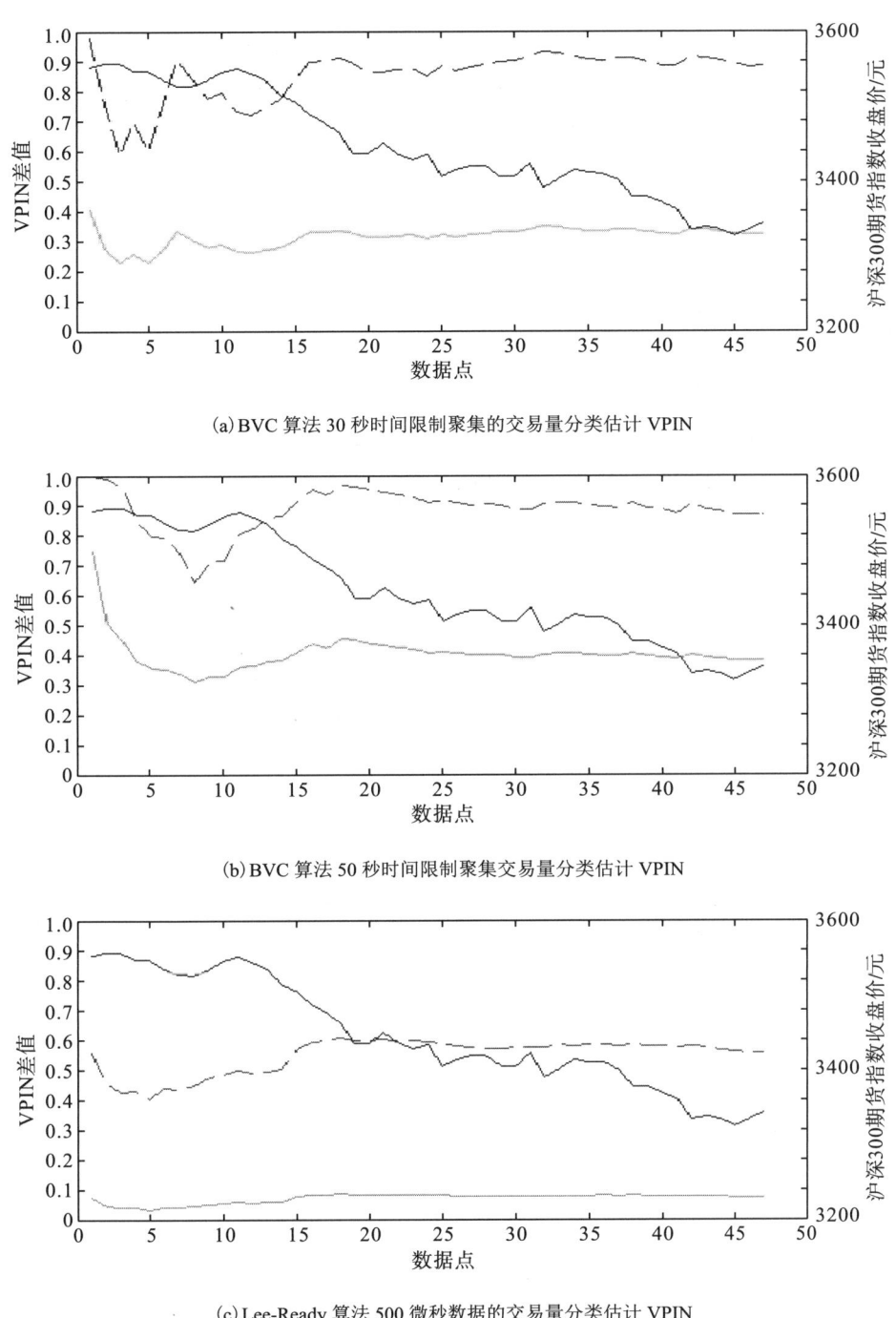

(a) BVC 算法 30 秒时间限制聚集的交易量分类估计 VPIN

(b) BVC 算法 50 秒时间限制聚集交易量分类估计 VPIN

(c) Lee-Ready 算法 500 微秒数据的交易量分类估计 VPIN

图 6.7 VPIN 和交易划分

要分析不同交易篮子的划分对 VPIN 产生的影响，可以通过分析我国股指期货 2010 年 11 月 12 日这一天的 VPIN 表现实现。图 6.7(a) 展现了用 BVC 算法 30 秒钟时间限制得到的 VPIN。图 6.7(b) 是用 BVC 算法 50 秒钟时间限制得到 VPIN 的表现。图 6.7(c) 是用 Lee-Ready 算法 500 微秒(实时数据)的分类。这三种方法中用 BVC 算法对交易量分类，并且用 30 秒和 50 秒的时间限制得到的结果和用 1 分钟时间限制得到的 VPIN 在 11 月 12 日那一天的表现相同,即在大跌之前 CDF(VPIN)已经达到 90%,并且一直维持很高水平。用 Lee-Ready 算法 500 微秒数据得到的结果和前面几种分类不同,虽然在大跌之前 CDF(VPIN)有所上升,但是维持在 60%左右,并没有像其他几种分类方法得到的结果那样非常高。Easley 等(2011a)把这种现象归因于对交易量的错误分类。因此在估计 VPIN 时不采用 Lee-Ready 算法 500 微秒数据。

6.4.2 交易记录的改变对 VPIN 结果稳定性的影响

VPIN 稳定性测试用于检验交易记录的变化对估计 VPIN 的影响。交易记录中的小差错或者小变化会产生两种影响。第一,丢失的交易记录会改变交易量的不平衡性,但是计算 VPIN 是采用等量划分的交易量,因为典型的交易往往只是很少的几个合约间的交易,这相对于每天的总交易量很小,这个效应可以忽略不计。第二,丢失交易记录会改变 VPIN 的轨迹。这个效应可以通过计算交易中的不同初始时间点来得到多个 VPIN 的轨迹。

首先,为了评估不同的初始时间点,本书先计算了 10 月 18 日的 VPIN,时间从 09:15 至 09:45,每个新 VPIN 轨迹的初始点是前一个初始点的一分钟后。每隔一个时间限制计算一次这一天的 VPIN 值,最后得到 30 条 VPIN 的轨迹,把每一个轨迹与相对应的时间对齐,接着用第一个 VPIN 轨迹,也就是 09:15 这一时刻的对应的 VPIN 轨迹和随后的 29 个 VPIN 轨迹做差,结果如图 6.8 所示。开始的 VPIN 值相差较多,随后差值逐渐减小,各轨迹差值最大不超过 0.07。

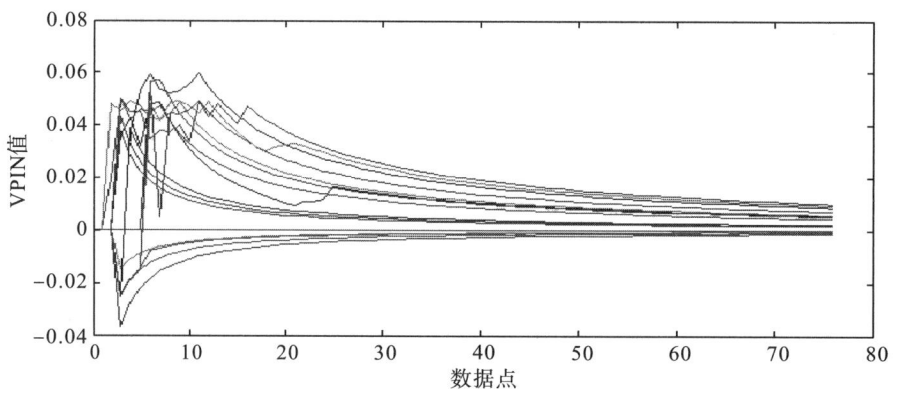

图 6.8　10 月 18 日 VPIN 不同轨道的轨迹差

其次,根据上述方法,本书还计算了 2010 年 10 月 8 日~10 月 21 日 10 个交易日的 VPIN,每个交易日计算 10 个 VPIN 的轨迹,图 6.9 展示了这 10 天的每个 VPIN 轨迹和原始 VPIN 轨迹差的均值。这个序列的均值为 0.0115,和 VPIN 的均值 0.3737 相比很小。考虑两个 VPIN 的值,一个为 0.5,另一个为 0.55,它们之间的差为 0.05,远远大于序列均值。虽然在 VPIN 值上来看它们相差很多,但是从 CDF(VPIN)值来看它们的差别并不大。

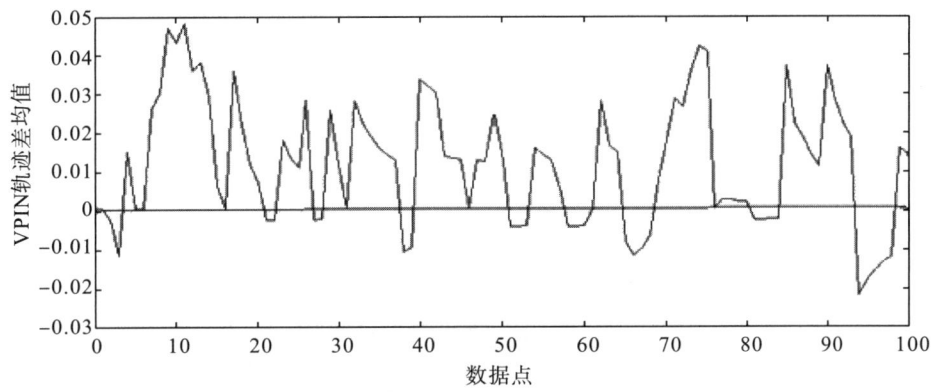

图 6.9　100 个不同 VPIN 轨迹差的均值

6.5　VPIN 和未来价格变化

高频交易市场中，流动性提供者可以参考 VPIN 值来测量指令流毒性。因为毒性影响做市商的收益，也影响做市商行为。本部分主要分析 VPIN 和价格未来变化的关系。

本书前面已经说过，时间对于高频交易的做市商来说不是一个具有特别意义的概念。对高频交易市场中的做市商来说，他们是被动的交易者，被动地等待订单流的到来，因此交易量对做市商来说是很重要的参量，也是联系 VPIN 和价格变化的重要变量。当做市商持有头寸的时候，他们需要知道毒性怎样影响价格的变动。做市商一天当中会寻求多次交易的机会，但是他们交易的频率是取决于交易量的。因此对于做市商来说，有两个关键的问题，第一是在做市商持有头寸的时间内，高毒性是怎样影响价格变动的？第二，毒性对价格行为的影响会持续多久？

然而回答上面两个问题是很困难的，第一个困难是由于标准的微观结构模型并不适合捕捉高频交易中的行为；第二个困难是计量经济学对高频交易领域中的流动性和波动性分析尚处于萌芽阶段。为了回答上面的问题，本书用基本的关系来检验毒性、流动性和波动性之间的关系。先观察一下再定义在连续的交易篮子之间的毒性和价格变化之间的关系。一般情况下，当毒性增长时做市商面临着当前的损失，这时做市商可能会选择减少持有的头寸甚至离开市场，市场的流动性就会降低。

6.5.1　VPIN 和收益率相关性

VPIN 是否和未来的价格变动有关？我们用两个相邻交易篮子之间的 VPIN 的自然对数和价格绝对收益率的 Pearson's 相关系数 $\rho\left(\ln(\text{VPIN}_{\tau-1}), \left|\frac{P_{\tau}}{P_{\tau-1}} - 1\right|\right)$ 来回答这个问题，下标 τ 代表第 τ 个交易篮子。因为可以通过不同的交易篮子和时间限制组合来计算 VPIN，因此本书通过计算 VPIN 和相邻交易篮子的相关性，选取相关性最大的组合[①]。通过计算 10758 个

---

① 相关性最大的组合为每个交易篮子包含 5000 个交易量，时间限制为 40 秒，即（5000，40）。

样本，$\rho\left(\ln(\text{VPIN}_{\tau-1}), \left|\dfrac{P_\tau}{P_{\tau-1}}\right|\right) = 0.3092$，在 $P=95\%$ 置信区间上 $\rho\left(\ln(\text{VPIN}_{\tau-1}), \left|\dfrac{P_\tau}{P_{\tau-1}}\right|\right) \in$ [0.3049,0.3135]。虽然这个相关性看起来不大，但是在高频交易的环境中是很显著的。图 6.10 显示了不同参数下 VPIN 和绝对收益率的相关性。

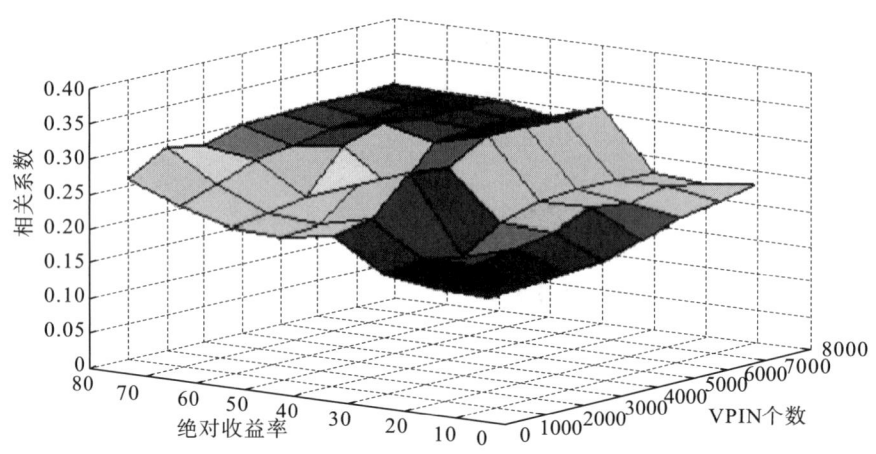

图 6.10　VPIN 和收益率相关曲面

图 6.11 根据先前 VPIN 水平展现了沪深 300 指数合约相邻两个交易篮子的绝对收益率，图中显示了随着 VPIN 的上升，相邻交易篮子的绝对收益率垂直地展开，表明更高的毒性（VPIN）伴随着更大的绝对收益率。

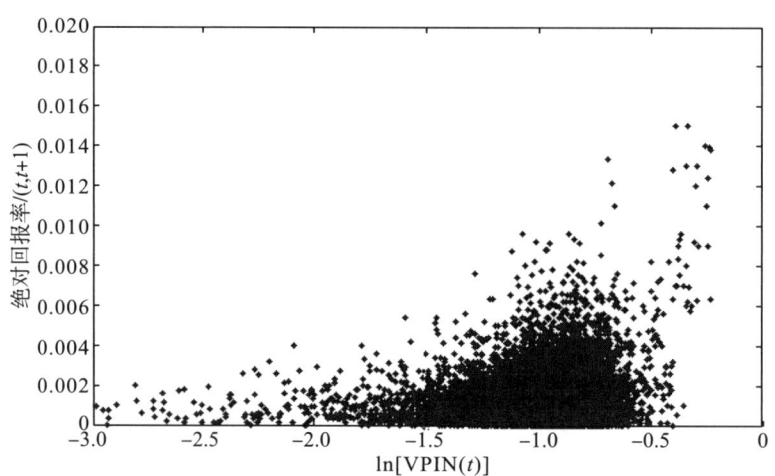

图 6.11　相邻交易篮子的绝对收益率和先前的 VPIN

6.5.2　VPIN 和收益率的条件概率

简单的相关性并不是说明问题的可靠性指标。接下来我们主要考虑这两个问题：①当

VPIN 值很高的时候,绝对收益的表现如何?②当绝对收益很高时,之前的 VPIN 值处于什么水平?我们采用条件概率回答这两个问题。首先,需要计算 VPIN 和绝对收益的联合概率分布,从联合分布中我们得到了两个条件概率分布。我们对相邻的两个交易篮子之间的绝对收益的条件分布进行检验,我们先把绝对收益按照 0.25%的间隔划分归类,再把 VPIN 按照 5%的间隔分类。如表 6.4 所示,第一行为两个相邻篮子的绝对收益,第一列为 VPIN 百分位数值,其余的每行代表了在给定 VPIN 之后,绝对收益的边际分布。

首先,从表 6.4 中很明显能看到当 VPIN 很低时,在 0%～0.25%范围内绝对收益占 92.04%。其次,随着 VPIN 值升高,连续收益的条件分布更分散,在 VPIN 很低时,相邻两个交易篮子的绝对收益较高的(大于 1%)概率为 0。最后,值得注意的是当 VPIN 很高时,相邻两个交易篮子的绝对收益很高的概率也很小,即 VPIN 很高不一定意味价格立即会有较大的波动。这个问题将在下一部分得到分析。

表 6.4 给定 VPIN 时绝对收益率的各种概率

VPIN \ 绝对收益	0.25%	0.50%	0.75%	1.00%	1.25%	1.50%	1.75%
0.05	92.04%	6.82%	1.14%	0.00%	0.00%	0.00%	0.00%
0.10	98.08%	1.92%	0.00%	0.00%	0.00%	0.00%	0.00%
0.15	92.50%	7.50%	0.00%	0.00%	0.00%	0.00%	0.00%
0.20	92.77%	7.23%	0.00%	0.00%	0.00%	0.00%	0.00%
0.25	92.02%	7.18%	0.80%	0.00%	0.00%	0.00%	0.00%
0.30	92.80%	6.68%	0.42%	0.10%	0.00%	0.00%	0.00%
0.35	89.39%	9.68%	0.77%	0.16%	0.00%	0.00%	0.00%
0.40	84.31%	14.03%	1.39%	0.26%	0.00%	0.00%	0.00%
0.45	81.91%	15.76%	2.04%	0.24%	0.00%	0.00%	0.00%
0.50	82.33%	14.90%	2.56%	0.14%	0.07%	0.00%	0.00%
0.55	75.20%	18.93%	4.80%	0.27%	0.53%	0.27%	0.00%
0.60	74.42%	19.77%	5.81%	0.00%	0.00%	0.00%	0.00%
0.65	58.67%	20.63%	18.95%	1.36%	0.38%	0.01%	0.00%
0.75	44.08%	23.38%	20.09%	12.03%	0.42%	0.00%	0.00%
0.80	35.42%	25.32%	26.14%	8.26%	2.56%	1.21%	1.09%

表 6.5 给出了在第 τ 和第 $(\tau+1)$ 个篮子中,绝对收益率给定的条件下第 τ 个篮子的 VPIN 分布,表中的每一列是绝对收益给定时 VPIN 的边际分布。从表中我们可以看到,如果绝对收益很高,先前的 VPIN 值升高的概率很大。

表 6.5　给定绝对收益率时 VPIN 的条件概率

VPIN \ 绝对收益	0.25%	0.50%	0.75%	1.00%	1.25%	1.50%	1.75%
0.05	5.88%	1.43%	0.56%	0.00%	0.00%	0.00%	0.00%
0.10	5.56%	2.07%	0.78%	0.00%	0.00%	0.00%	0.00%
0.15	5.81%	2.43%	1.29%	0.00%	0.00%	0.00%	0.00%
0.20	7.68%	3.86%	1.20%	0.00%	0.00%	0.00%	0.00%
0.25	7.77%	3.92%	3.67%	0.00%	0.00%	0.00%	0.00%
0.30	7.69%	4.56%	2.22%	2.35%	0.00%	0.00%	0.00%
0.35	7.82%	5.06%	4.78%	3.56%	0.00%	0.07%	0.00%
0.40	8.44%	6.00%	4.32%	4.38%	0.00%	2.68%	0.00%
0.45	8.93%	7.56%	5.96%	7.10%	0.00%	1.27%	0.00%
0.50	8.95%	8.28%	4.92%	8.70%	0.00%	0.00%	0.00%
0.55	6.00%	7.89%	6.65%	4.35%	0.00%	0.00%	0.00%
0.60	4.70%	8.22%	6.08%	0.00%	0.00%	6.20%	0.00%
0.65	4.27%	9.62%	7.67%	0.00%	0.00%	3.40%	0.00%
0.70	4.20%	9.20%	10.56%	13.04%	0.00%	15.60%	15.64%
0.75	3.16%	9.58%	16.78%	30.43%	33.33%	26.80%	25.44%
0.80	3.14%	10.32%	22.56%	26.09%	66.67%	43.98%	58.92%

6.5.3　VPIN 一定会对极端的波动有预警作用吗？

合约中价格变化很大的时候 VPIN 值可能很小，这表明并不是所有的波动都是由指令流毒性造成的，其他因素也可能引起价格大幅度的波动。

表 6.4 显示了在 VPIN 低水平的时候较高的绝对收益率出现概率很小，这也是有可能的，例如由 Gregory Meyer 在 2011 年 7 月 9 日的《金融时报》上报道的天然气期货事件①，这个例子生动地说明了当价格出现极端波动时，VPIN 的值并没有达到很高的水平。《金融时报》报道称，2011 年 7 月 6 日的天然气期货突然间暴跌了 8.1%，几秒钟之后开始回升，2011 年 7 月 9 日《金融时报》解释这次事件是交易员下达了错误的指令导致的，交易量很小时意味着数量很大的订单对市场产生特别大的影响。如果《金融时报》的解释是正确的，那么 VPIN 在价格下跌之前不会达到很高的水平。Easley 等（2012b）研究了这次事件当天的 VPIN，如图 6.12 所示，价格急速下跌并在几秒钟之内立即恢复，但是 VPIN 值一直很低，这说明并不是所有的波动都是由毒性引起的，VPIN 可以帮助监管者观察市场并且知道价格的下跌是否由毒性引起。

---

① 《金融时报》2011 年 7 月 8 日报导："纽约商品交易所交易大厅已关闭超过 5 个小时，周三晚些时候纽约商品交易所 7 月天然气下跌 39 美分，一些市场观察人士认为，当一个交易者错误地在一个订单的末尾输入一个额外的零，从而使订单规模增加了 10 倍时，这是一个'肥手指'错误。另一些人则将其归咎于交易期货的计算机算法故障。成交量很小，这意味着任何大订单都会产生巨大的影响，并可能引发自动销售。"

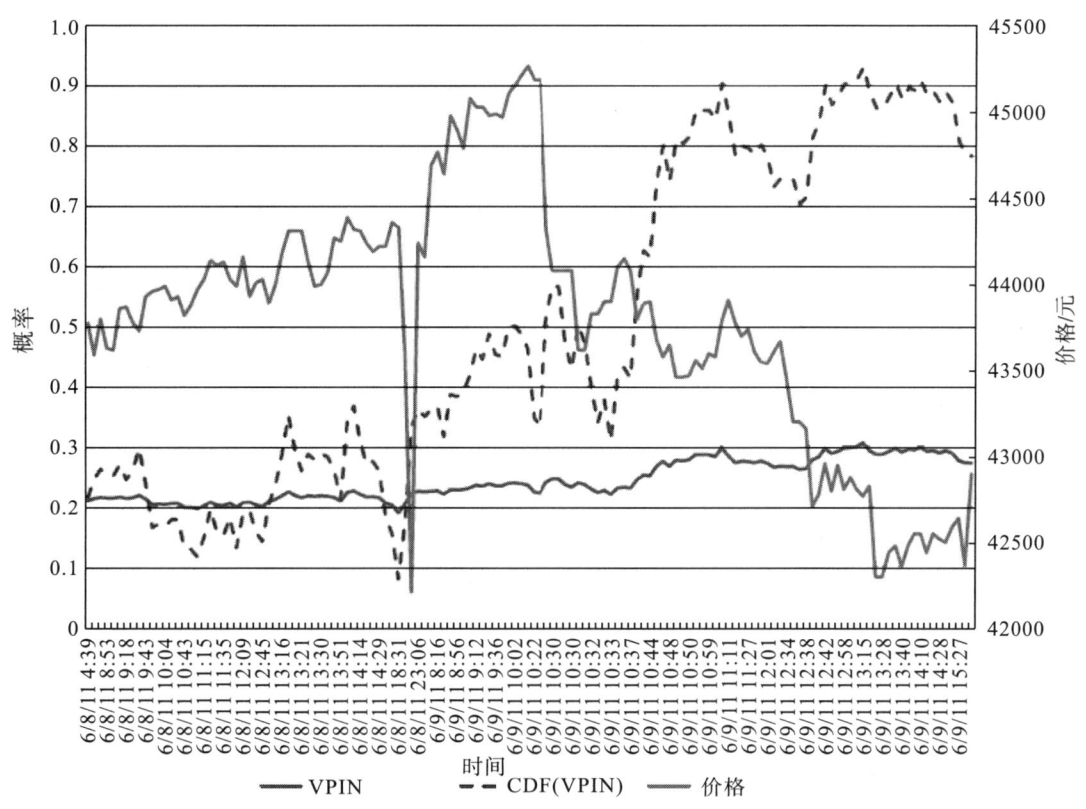

图 6.12　2011 年 7 月 8 日天然气期货的 VPIN 和价格

注：图片摘自 Easley 等（2012）。

6.5.4　高水平的 VPIN 一定代表极端波动？

由表 6.4 可知，当 VPIN 水平比较高时也会出现较低的绝对收益率。并不是高 VPIN 水平下一定都会出现大的波动，而持续的高水平 VPIN 会导致波动。根据样本数据，当交易量很小（比如在开盘）时，VPIN 有时会出现较高水平，这时并不代表毒性的出现。而当交易过程中 VPIN 出现持续较高水平时，监管者和做市商才应该保持警惕。

接下来计算波动率数量，本书仍然把绝对收益按照 0.25% 的间隔划分归类，再把 VPIN 按照 5% 的间隔分类。当 VPIN 从一个 5% 的分类跨越到另一个分类时，计算这个时间内最大的绝对收益率。例如，假定当 VPIN 在第一个篮子中的值为 0.85，那么在第 4 个篮子 VPIN 的值变为 0.90，我们就会计算这四个篮子中每两个篮子之间的收益率，也就是 1 和 2、1 和 3、1 和 4、2 和 3、2 和 4、3 和 4 篮子之间的绝对收益率，然后在这些收益率中选取最大值。这种方法要比表 6.4 中得到的条件概率更丰富。

本章的理论前提之一就是当波动出现时，一旦毒性达到触发点，就会超过做市商的承受能力。这个方法考虑了同一个 VPIN 水平时的最大绝对收益率，符合本章的研究目标。但是这种方法也有些局限性，一些情况没有被考虑到，就会低估毒性诱导的波动性。表 6.6 中，当 VPIN 值从一个水平跳跃到另一个水平时，毒性诱导的波动性就会增加。

表 6.6　VPIN 和波动

VPIN \ 绝对收益	0.25%	0.50%	0.75%	1.00%	1.25%	1.50%	1.75%
0.05	42.04%	25.64%	16.58%	15.53%	0.00%	0.21%	0.00%
0.10	39.08%	32.92%	22.44%	0.00%	0.00%	5.56%	0.00%
0.15	52.70%	23.03%	19.33%	4.94%	0.00%	0.00%	0.00%
0.20	32.44%	29.63%	20.87%	12.23%	0.00%	4.83%	0.00%
0.25	27.37%	24.74%	20.03%	16.97%	9.33%	0.00%	1.56%
0.30	22.93%	27.79%	19.31%	18.61%	6.33%	5.03%	0.00%
0.35	19.57%	18.71%	20.53%	17.64%	13.51%	7.71%	2.33%
0.40	13.29%	25.74%	26.66%	15.57%	9.89%	6.33%	2.51%
0.45	14.99%	25.87%	21.15%	19.12%	7.69%	5.93%	5.25%
0.50	16.44%	19.83%	20.71%	23.28%	9.76%	6.95%	3.03%
0.55	12.79%	22.31%	19.31%	21.00%	16.59%	8.00%	0.00%
0.60	10.53%	20.88%	23.92%	14.31%	19.57%	6.69%	4.10%
0.65	11.89%	15.73%	27.81%	19.56%	14.00%	1.01%	10.00%
0.75	9.98%	10.79%	14.07%	19.29%	10.73%	12.56%	22.58%
0.80	5.13%	8.67%	6.29%	9.38%	27.96%	12.30%	30.27%

6.6　估计 Signed-SOI

借助 VPIN 和 CDF(VPIN) 的值可以测量市场中的指令流毒性，监管者和流动性的提供者可以参考 CDF(VPIN) 的值，将其作为实时风险控制的工具。从上部分的结论中可以看到，不仅在指数大跌时 VPIN 的值异常高，指数大涨的时候 VPIN 的表现也是这样。但是当 VPIN 的值很高时，观察者并不知道接下来指数是涨还是跌。Andersen 和 Bondarenko(2014a) 认为可以通过测量带符号的不平衡订单来判断指数涨跌。

在估计 VPIN 时，把交易量划分为一些相等的篮子，因为每笔交易可以分为买或者卖，所以在每个篮子中分别用 V_τ^S 和 V_τ^B 来定义买卖交易量。VPIN 的公式如下

$$\text{VPIN} = \frac{\alpha\mu}{\alpha\mu + 2\varepsilon} = \frac{\alpha\mu}{V} \approx \frac{\sum_{\tau=1}^{n}|V_\tau^S - V_\tau^B|}{nV} \tag{6.14}$$

可以把上式变形为

$$\text{VPIN} = \frac{\sum_{\tau=1}^{n}|V_\tau^S - V_\tau^B|}{nV} = \frac{\sum_{\tau=1}^{n}|V_\tau^S - V_\tau^B|}{\frac{V}{n}} = \sum_{\tau=1}^{n}\frac{|V_\tau^S - V_\tau^B|}{\frac{V}{n}} \tag{6.15}$$

由变形后的式(6.15)可以看出 VPIN 是通过计算每个篮子中不平衡交易量的均值实现的。令 SOI 表示每个交易篮子中带符号的不平衡订单的测量，表示为

$$\text{SOI} = \frac{V_\tau^S - V_\tau^B}{V} = \frac{V_\tau^S - V_\tau^B}{V_\tau^S + V_\tau^B} \quad (6.16)$$

令 OI 表示给定的篮子中不平衡交易量的绝对值，即

$$\text{OI} = |\text{SOI}| = \frac{|V_\tau^S - V_\tau^B|}{V} = \frac{|V_\tau^S - V_\tau^B|}{V_\tau^S + V_\tau^B} \quad (6.17)$$

Andersen 和 Bondarenko（2014a）采用不平衡交易量的非绝对值来构造 1 分钟时间限制的 VPIN，这样可以提高稳健性，并帮助识别市场中不平衡交易量的方向，本书用 S-VPIN 表示 SOI 的均值。

这部分采用 Andersen 等的方法，主要的参考指标为 SOI 的均值，也就是 S-VPIN，而不是 CDF 的值。这是因为通过 S-VPIN 值的正负可以观察出不平衡交易量的方向。例如，当更新的交易篮子中计算得出买的交易量大于卖的交易量时，VPIN 应该为正值；同理，当更新的交易篮子中卖的交易量大于买的交易量时，VPIN 为负值。当 SOI 由正值转向负值时，CDF 值会变小，所以可以通过 CDF 值辅助观察 S-VPIN 值是否处于正常水平。

首先，观察 2010 年 11 月 11 日、12 日和 15 日 S-VPIN 的表现。如图 6.13，从图上可以观察到在 11 日，SOI 均值一直为 0.1 左右，也就是说不平衡交易量中买的交易量大于卖的交易量，这时指数应该是上涨的。这一天在开盘时指数是上涨的，但是接近收盘的时候，指数突然大幅下跌，这时 S-VPIN 在指数下降之前已经开始下降。在 12 日，在指数大跌之前 S-VPIN 在 0 附近震荡，不久 S-VPIN 开始下降为负，并且收盘之前一直维持在-0.1 左右。

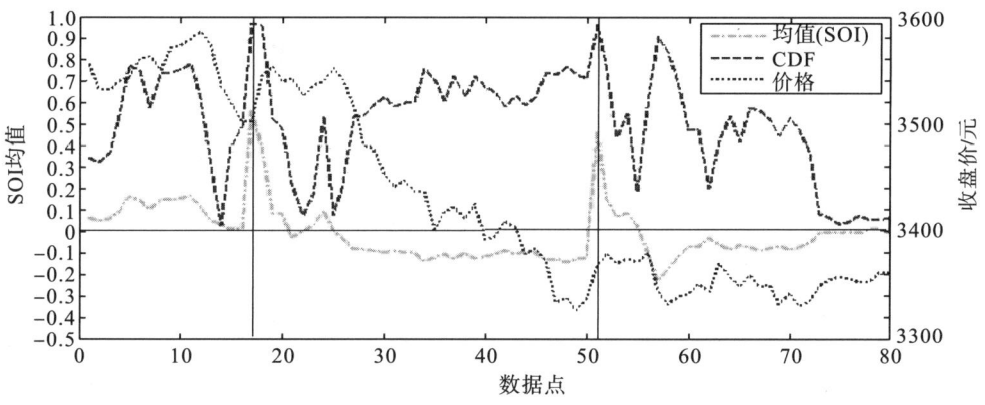

图 6.13　2010 年 11 月 11 日、12 日、15 日 S-VPIN 表现

其次，观察 2010 年 9 月 28 日、29 日、30 日和 10 月 8 日 S-VPIN 的表现，如图 6.14。9 月 30 日和 10 月 8 日这两天的指数是上涨的，S-VPIN 的值也一直维持在 0.2 左右。

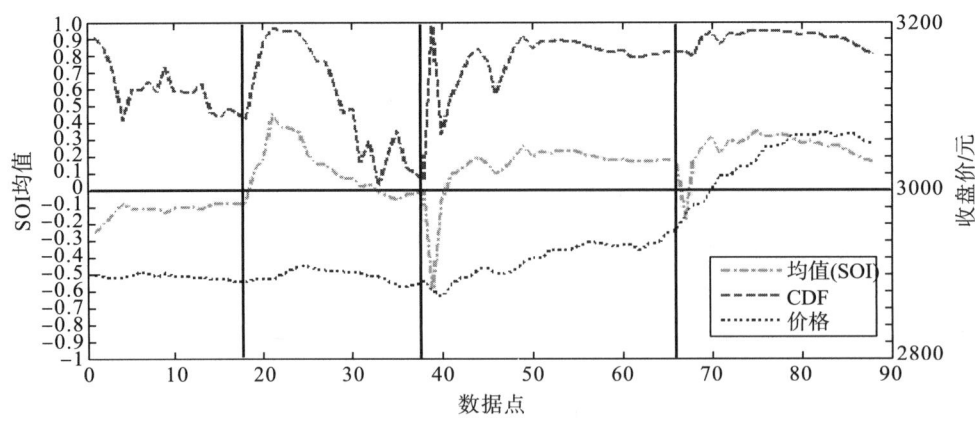

图 6.14 2010 年 9 月 28 日、29 日、30 日和 10 月 8 日 S-VPIN 表现

通过上面的观察，发现 S-VPIN 能判断不平衡订单的方向，投资者和监管者可以借助 S-VPIN 来监测市场。

6.7 测量商品期货市场的指令流毒性

本章已经深入地探讨了股指期货的指令流毒性以及 VPIN 在我国股指期货市场中发挥的作用。这部分主要研究我国商品期货市场中的指令流毒性，我们选取了交易量比较大的四种商品期货：铜期货、螺纹钢期货、豆油期货和豆粕期货。

6.7.1 测量铜期货市场的指令流毒性

本章选取 2011 年 3 月 29 日～2011 年 12 月 15 日上海铜期货主力合约实时交易数据，数据来自证券交易自动报价系统。估计 VPIN 时选定的参数为(40，10000)，即 40 秒的时间限制，交易篮子的大小为 10000，其描述性统计分析的结果如表 6.7 所示。

表 6.7 铜期货 VPIN 描述性统计

序列\统计特征	均值	方差	偏度	峰度	观测值
VPIN	0.2189	0.0159	1.6653	6.2733	4687
lnVPIN	−1.6608	0.0139	−0.1455	5.2535	4687

从表 6.7 中可以看出，VPIN 序列的偏度值大于 0，超额峰度值大于 0，说明这个序列具有厚尾、左偏的特征，并不服从标准正态分布。lnVPIN 的统计特征也未标准服从正态分布。

图 6.15 为样本数据这段时间内我国铜期货 VPIN 和 lnVPIN 度量。图 6.16(a) 画出了所有样本时期的 VPIN 经验分布。首先观察估计铜期货 VPIN 的分布，可以看出 VPIN 基本上是呈对数正态分布，所以对 VPIN 取对数，观察图 6.16(b) 可知 lnVPIN 基本上呈正态分布。因此，使用调整后的对数正态分布的累积分布函数来判断 VPIN 值是否处于正常水

平。图 6.16(c) 给出了 VPIN 的经验累积分布函数。从图中可以看出，有 60% 的 VPIN 值低于 0.2，即 CDF(0.2)=0.6，那么 VPIN 高于 0.2 的值只有 40%。而 VPIN 值大于 0.4 的概率只有不足 10%，表明异常值出现的概率非常小，绝大部分时候交易都处于正常范围。

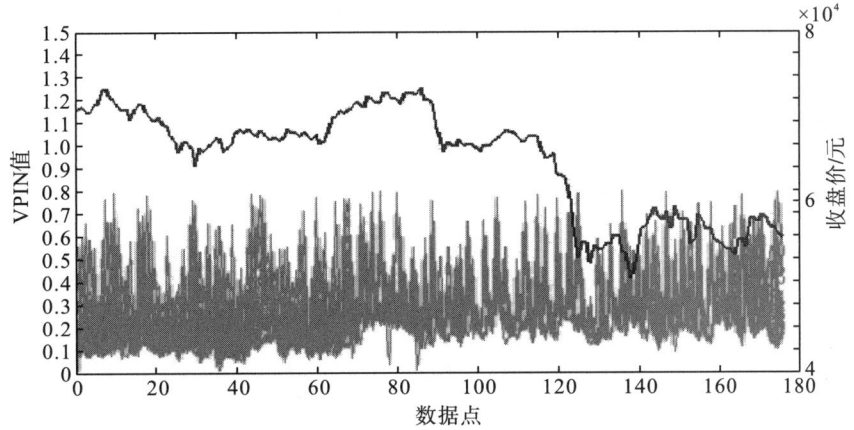

图 6.15 铜期货 VPIN 值变化情况

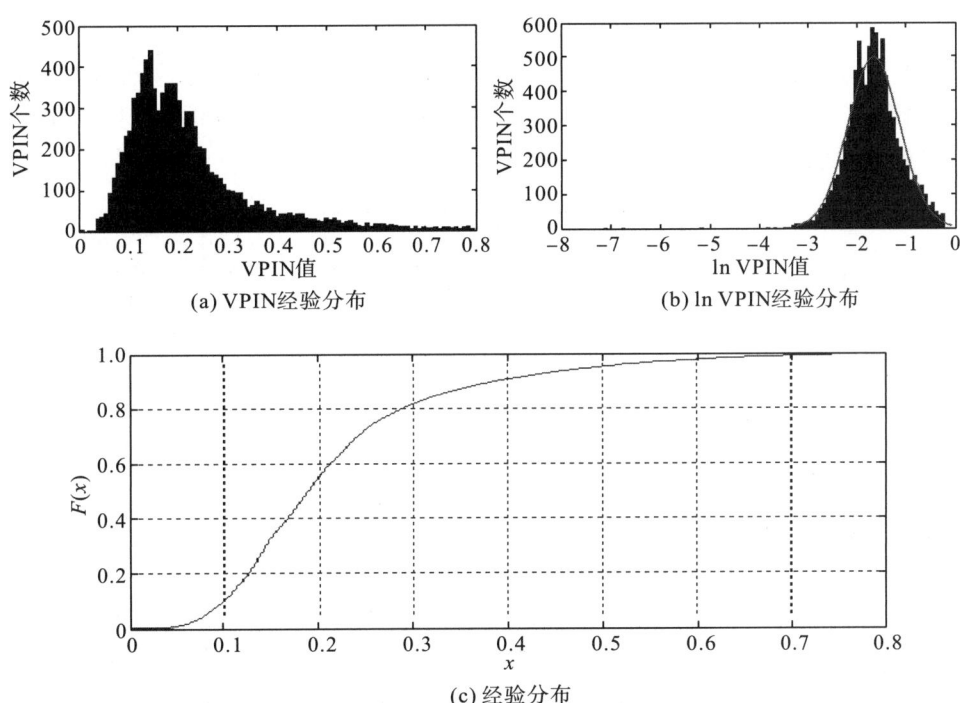

图 6.16 铜期货 VPIN 的频率和经验分布

接下来研究这种指令流毒性测量对我国的铜期货市场是否有预警作用。我们挑选 2011 年 9 月 26 日这一天进行，因为这天的铜期货的开盘价格为 55940 元，收盘价格为 53320 元，指数下跌幅度很大，为 4.7%。

从图 6.17 中我们可以观察到，VPIN 值在大跌的那一天开盘时迅速升高，之后下降到

0.3 左右，又回升到 0.5 左右，VPIN 一直保持着较高水平。同时 CDF(VPIN)在开盘后一直在 0.9 以上，出现这种情况时，流动性的提供者应该保持警惕。

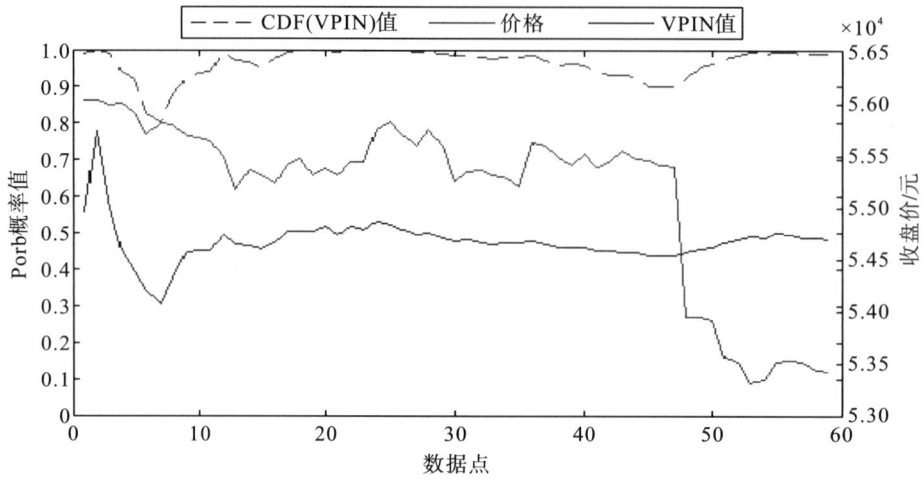

图 6.17　9 月 26 日铜期货 VPIN 表现

接下来观察一下 9 月 30 日，这一天铜期货开盘价格为 52550 元，收盘价格为 54790 元，价格上涨了 4.3%。图 6.18 展示了这一天的 VPIN 的表现，VPIN 值维持在 0.4 左右，CDF(VPIN)也维持在 0.9 左右。

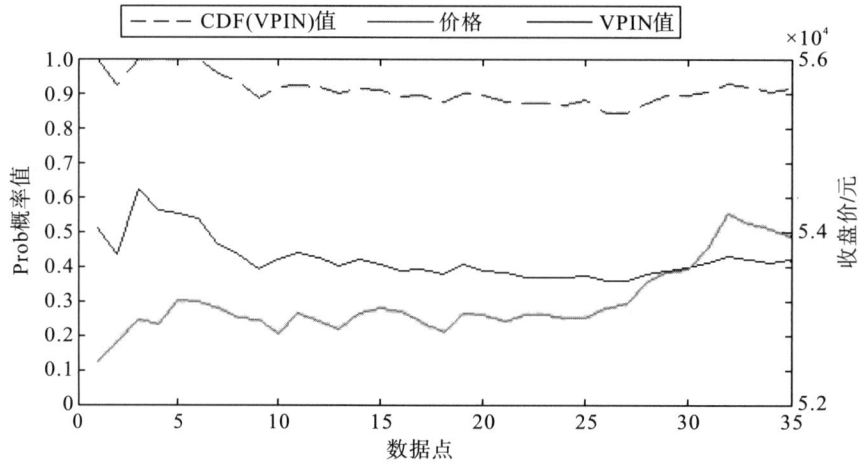

图 6.18　9 月 30 日铜期货 VPIN 表现

6.7.2　测量螺纹钢期货市场的指令流毒性

螺纹钢期货是上海交易所交易的钢材期货。本书选取 2011 年 3 月 29 日～2011 年 12 月 15 日螺纹钢期货主力合约实时交易数据。数据来自证券交易自动报价系统。用 Matlab 编程求出了平均每天约 81 个 VPIN 值，其描述性统计分析的结果如表 6.8 所示。

表 6.8　螺纹钢期货 VPIN 的描述性统计

统计特征 序列	均值	方差	偏度	峰度	观测值
VPIN	0.2337	0.0172	2.1071	8.526	8618
lnVPIN	−1.5572	0.0139	−0.5857	3.4039	8618

从图 6.19 中可以看出螺纹钢期货 VPIN 经验分布基本上和铜期货的 VPIN 的经验分布相同。图 6.20 给出了螺纹钢期货在样本区间内估计的所有 VPIN 值。

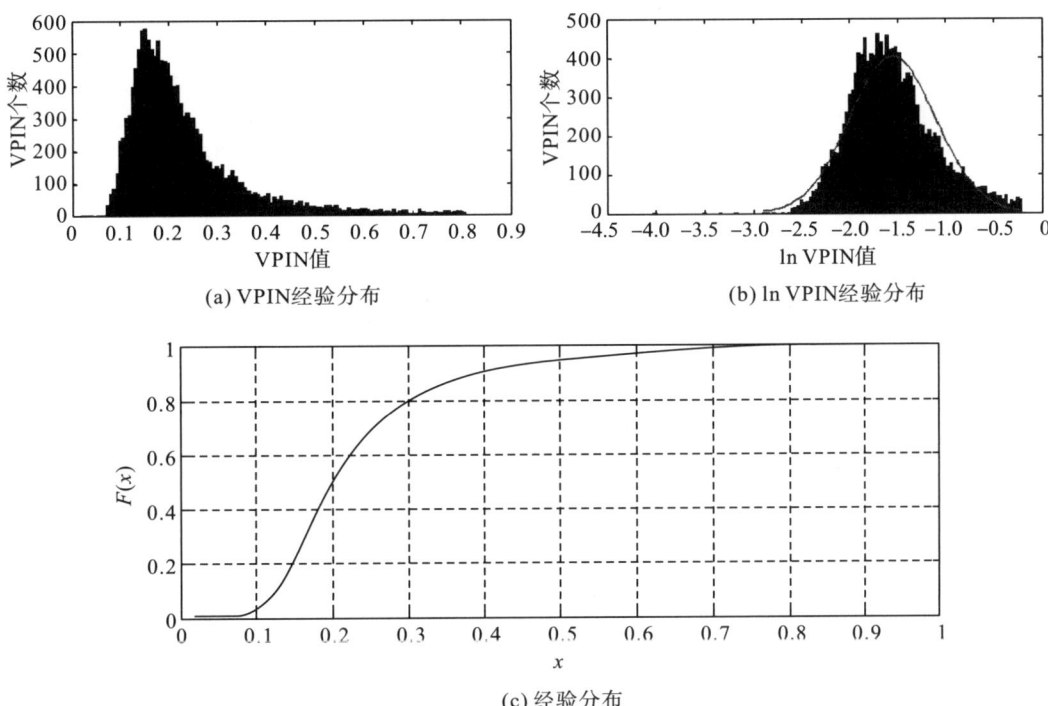

图 6.19　螺纹钢期货 VPIN 频率和经验分布

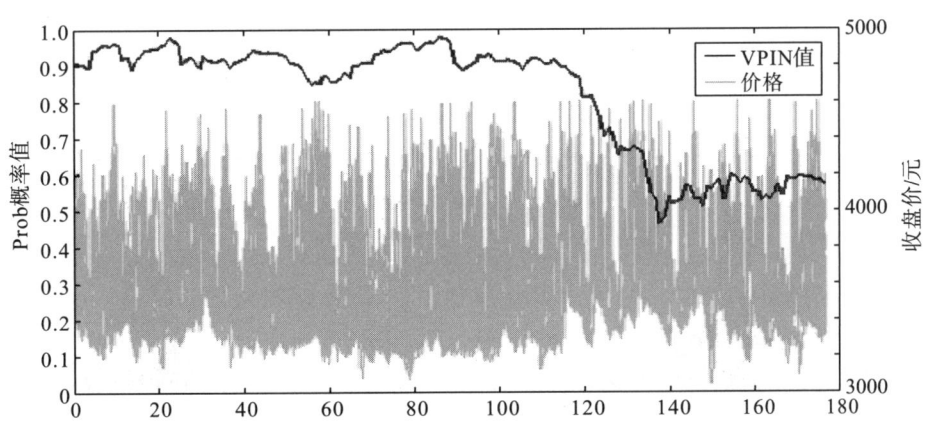

图 6.20　螺纹钢期货 VPIN 值变化情况

接下来分析 9 月 26 日螺纹钢期货的 VPIN 表现情况。从图 6.21 可以看出，9 月 26 日这一天，螺纹钢期货开盘价格为 4500，收盘价格为 4398，跌幅为 2.27%。

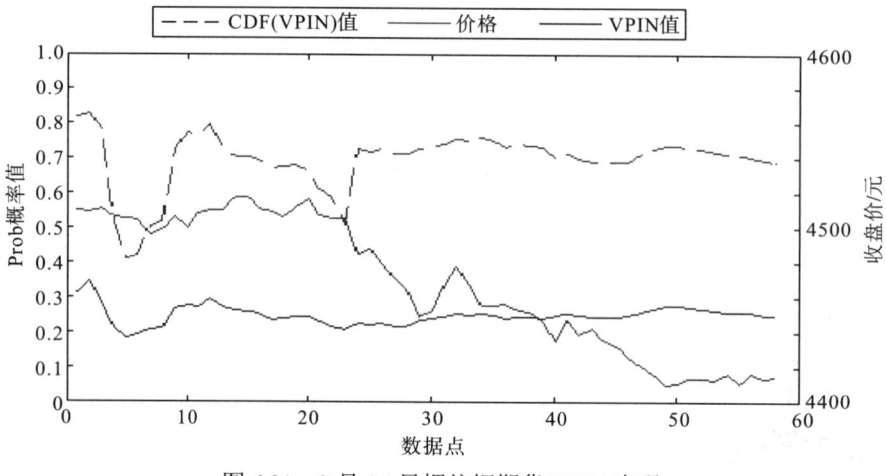

图 6.21　9 月 26 日螺纹钢期货 VPIN 表现

6.7.3　测量豆油期货市场的指令流毒性

豆油期货是在大连商品交易所交易的商品期货。本部分选取 2011 年 3 月 29 日～2011 年 12 月 15 日豆油期货主力合约实时交易数据。数据来自证券交易自动报价系统。其描述性统计分析的结果如表 6.9 所示。

表 6.9　豆油期货 VPIN 描述性统计

统计特征 序列	均值	方差	偏度	峰度	观测值
VPIN	0.2133	0.0155	2.3282	10.1303	5391
lnVPIN	−1.6702	0.0284	0.5054	4.0324	5391

图 6.22 为豆油期货在样本时间内所估计的 VPIN 的频率和经验分布，可以看出豆油期货的 VPIN 也基本上呈对数正态分布。图 6.23 为样本区间估计的所有 VPIN 值和豆油期货的价格走势。

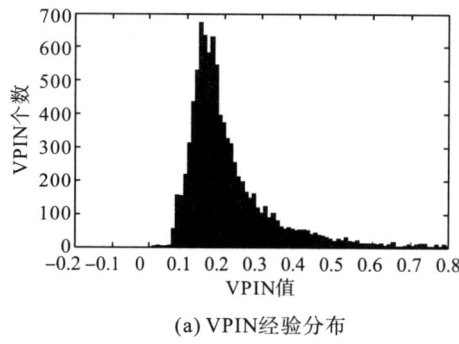

(a) VPIN 经验分布

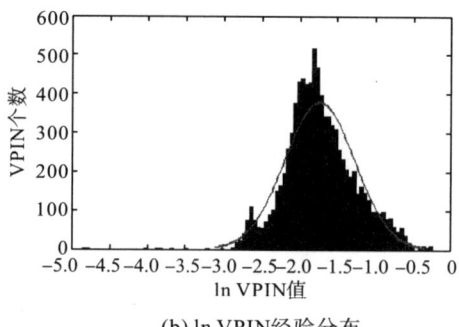

(b) ln VPIN 经验分布

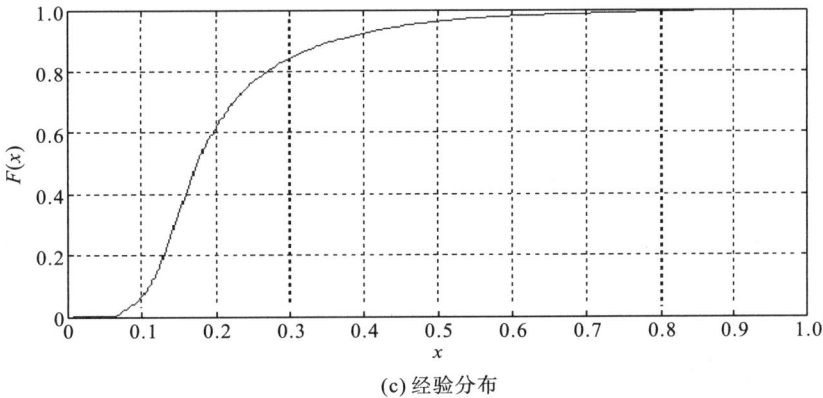

(c) 经验分布

图 6.22 豆油期货 VPIN 频率和经验分布

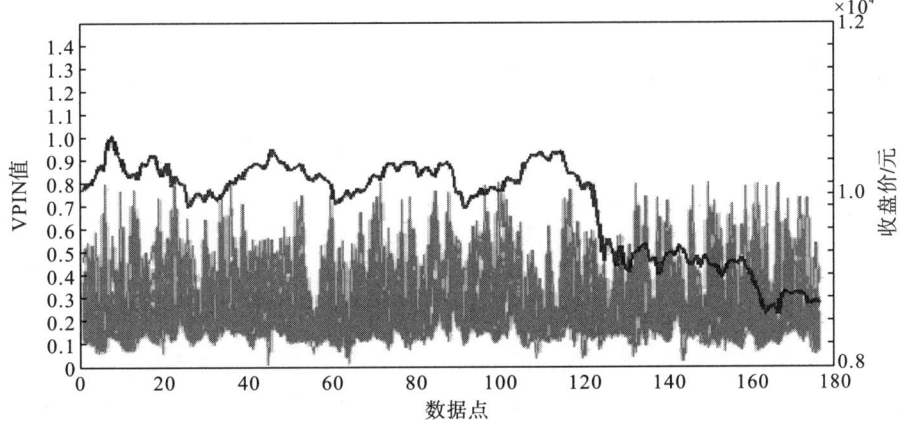

图 6.23 豆油期货 VPIN 值变化情况

分析豆油期货在 9 月 26 日的 VPIN 表现,这一天的开盘价格为 9544 元,收盘价格为 9224 元,下跌了 3.4%。图 6.24 展示了 9 月 26 日这一天的 VPIN 和价格表现。可以看出 VPIN 平均值为 0.31,CDF 也在 70% 以上。

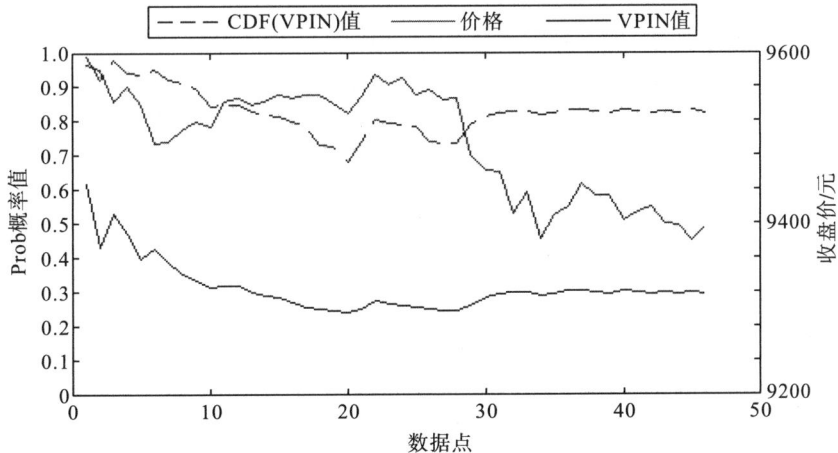

图 6.24 9 月 26 日豆油期货 VPIN 表现

6.8 VPIN 稳定性、精确性与波动之间的关系

6.8.1 商品期货市场 VPIN 的稳定性与精确性

VPIN 估计涉及许多参数的设定问题，这部分讨论估计 VPIN 时涉及的最重要的两个参数：一是交易量的划分；二是交易记录变化。

不同交易篮子划分对 VPIN 的稳定性影响是十分重要的，本书计算了 10 秒、30 秒、40 秒和 60 秒时间限制的 VPIN 值，得到的结果基本相同。但是 500 微秒的数据结果与前几种划分产生的结果差距较大，Easley 和 O'Hara(2011a)把这种现象归结为错误地对交易量进行划分造成的。

交易记录的变化对于 VPIN 的影响并不十分显著。丢失的数据不会持续地影响 VPIN 的值，因此也不会持续产生较高的 CDF(VPIN)，因此交易记录的变化并不会对 VPIN 的稳定性造成较大的影响。

本书使用蒙特卡洛方法模拟委托订单流得知，在计算 VPIN 时需要设定三个参数，根据本书的方法，每个篮子的交易量 $\frac{1}{n}\sum_{\tau=1}^{n}(V_\tau^B+V_\tau^S)=V$ 是常数，订单买卖到达率 $\varepsilon=\frac{V-\alpha\mu}{2}$，因此只需要通过蒙特卡洛方法模拟两个参数，即 α,μ，其中 $\alpha\in[0,1]$ 且 $\mu\in[0,V]$，$V=1000$，$n=50$。计算 VPIN 的方法是将每个节点上的交易量分为买量和卖量，因此在模拟时取十个节点，对每个节点上的数据进行 5000 次模拟，蒙特卡洛方法模拟的总交易量为 $11^2\times5000$ 次。表 6.10 为根据式(6.12)计算的 VPIN 真实值。通过图 6.25 可以看出蒙特卡洛方法模拟估计的 VPIN 偏差较小，蒙特卡洛方法模拟的均值与实际值的误差最大为 4×10^{-3}。

表 6.10 根据 α 和 μ 计算的 VPIN 真实值

α \ μ	0	100	200	300	400	500	600	700	800	900	1000
0.00	0.00	0.00	0.00	0.00	0.00	0.00	0.00	0.00	0.00	0.00	0.00
0.10	0.00	0.01	0.02	0.03	0.04	0.05	0.06	0.07	0.08	0.09	0.1
0.20	0.00	0.02	0.04	0.06	0.08	0.10	0.12	0.14	0.16	0.18	0.2
0.30	0.00	0.03	0.06	0.09	0.12	0.15	0.18	0.21	0.24	0.27	0.3
0.40	0.00	0.04	0.08	0.12	0.16	0.20	0.24	0.28	0.32	0.36	0.4
0.50	0.00	0.05	0.10	0.15	0.20	0.25	0.30	0.35	0.40	0.45	0.5
0.60	0.00	0.06	0.12	0.18	0.24	0.30	0.36	0.42	0.48	0.54	0.6
0.70	0.00	0.07	0.14	0.21	0.28	0.35	0.42	0.49	0.56	0.63	0.7
0.80	0.00	0.08	0.16	0.24	0.32	0.40	0.48	0.56	0.64	0.72	0.8
0.90	0.00	0.09	0.18	0.27	0.36	0.45	0.54	0.63	0.72	0.81	0.9
1.00	0.00	0.10	0.20	0.30	0.40	0.50	0.60	0.70	0.80	0.90	1

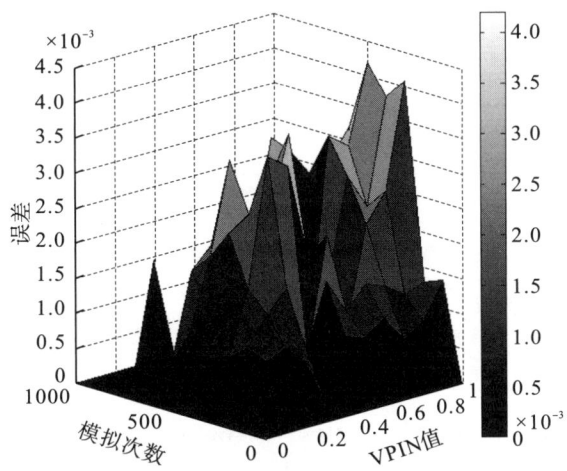

图 6.25　蒙特卡洛均值估计误差

6.8.2　VPIN 预测性

首先采用 Granger 因果检验来验证 VPIN 与波动性之间是否存在引导关系[①]，即 VPIN 是否能够预测大的波动。通过表 6.11 可以看出 VPIN 在铜期货、螺纹钢期货与豆油期货市场中比较显著地引导波动，对波动具有一定的预测作用。

表 6.11　Granger 因果检验

原假设	铜期货	螺纹钢期货	豆油期货
$\ln(\mathrm{VPIN}_{t-1})$ 不是 $\left(\dfrac{P_t}{P_{t-1}}-1\right)$ 的 Granger 成因	3.2791 (0.0803)	2.2621 (0.1012)	2.2982 (0.1184)
$\left(\dfrac{P_t}{P_{t-1}}-1\right)$ 不是 $\ln(\mathrm{VPIN}_{t-1})$ 的 Granger 成因	1.0412 (0.1893)	1.0821 (0.2019)	1.0901 (0.2201)

进一步分析 VPIN 与未来波动性的关系，本书将 VPIN 按照升序排列等分为 10 组，分析每组市场的超短期跳跃与 VPIN 之间的关系。若未来 T 个篮子里出现至少一个篮子的收益率在[篮子收益率均值$-3\times$篮子收益率标准差，篮子收益率均值$+3\times$篮子收益率标准差]区间之外，则认为市场发生超短期跳跃。当跳跃大于收益率均值$+3\times$篮子收益率标准差，记为向上跳跃(Up)，反之记为向下跳跃(Down)。分别取 T 为 50、100、150，在不同的 VPIN 区间内，统计出现向上或向下跳跃的比例。

[①] 在进行 Granger 因果检验之前，对序列 $\ln(\mathrm{VPIN})$ 与序列 $\left(\dfrac{P_t}{P_{t-1}}-1\right)$ 进行了平稳性检验，两个序列均为平稳序列，Granger 因果检验的滞后阶数为 1。

表 6.12　未来 T 个篮子市场出现超短期跳跃概率

VPIN	T=50			T=100			T=150		
	Up	Down	Up or Down	Up	Down	Up or Down	Up	Down	Up or Down
0~0.1	7%	6%	12%	23%	21%	38%	33%	35%	46%
0.1~0.2	11%	12%	17%	26%	26%	37%	44%	38%	53%
0.2~0.3	16%	14%	26%	31%	30%	40%	49%	36%	56%
0.3~0.4	17%	19%	28%	33%	34%	45%	54%	40%	61%
0.4~0.5	22%	24%	33%	36%	36%	48%	54%	44%	64%
0.5~0.6	28%	26%	36%	40%	41%	50%	51%	42%	62%
0.6~0.7	31%	29%	40%	42%	43%	53%	57%	46%	66%
0.7~0.8	33%	32%	44%	43%	45%	56%	55%	41%	61%
0.8~0.9	42%	40%	46%	45%	47%	58%	59%	49%	67%
0.9~1.0	45%	44%	50%	52%	50%	60%	58%	45%	66%

分析表 6.12 可知，随着 VPIN 的逐渐增大，无论 $T=50$、$T=100$ 还是 $T=150$，未来出现向上或向下大幅波动的概率均逐渐增大，且出现向上跳跃或向下跳跃的概率相当，并无明显的方向性。这进一步表明 VPIN 不仅能够很好地预测市场大跌的情形，同样也能够很好预测市场大涨的情形。

为了更好地分析 VPIN 对较大波动的预测性，本书计算 ln VPIN 与价格绝对回报的 Pearson's 相关系数 $\rho\left(\ln(\text{VPIN}_{t-1}), \left(\frac{P_t}{P_{t-1}}-1\right)\right)$。首先将数据划分为一系列子集，子集一对应的 VPIN 的范围为 $(0,0.1)$，子集二对应的 VPIN 的范围为 $(0,0.2)$，以此类推，分别计算每个子集的 Pearson's 相关系数，如图 6.26 所示，从图中可以看出三个期货市场的波动加大时 VPIN 明显上升，当市场中的指令流毒性上升时，VPIN 与波动的相关性显著增强。

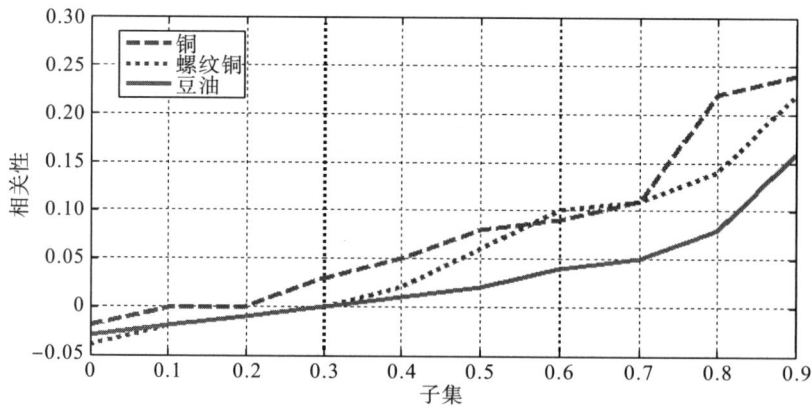

图 6.26　数据集的门限相关性

6.9 DPIN 动态知情交易概率

6.9.1 DPIN 动态知情交易概率的提出

Chang 等(2014)研究发现,PIN 模型最显著的局限是必须聚合非常小的内部数据,不能有效地捕捉到短时间内的信息。Andersen 和 Bondarenko(2014a,2014b)提出,当控制其他变量时,VPIN 与交易量和同时期的波动性存在相关性,与随后的波动性不存在显著相关性。因此,Andersen 和 Bondarenko(2015)提出 VPIN 模型并不适合用于知情交易活动的度量中,因为会被其他与交易相关的因素所影响从而混淆。Chang 等(2014)提出了一个用于知情交易更具直观性、更容易计算的度量模型。他们延续了 Campbell 等(1992,1993)的研究思路,拓展了 Avramov 等(2006)的模型,构建了一个新的代理方法——动态知情交易概率(Dynamic Probability of Informed Trading,DPIN)。Campbell 等(1993)认为股价的变化除了影响公司估值的信息和流动性以外,还与受外生因素影响的非知情交易者有关。Avramov 等(2006)把在非预期正收益的情况下的日交易卖单定义为"逆势交易",把在非预期负收益的情况下的日交易卖单定义为"羊群行为"。这与先前的研究结果相同,即对于逆势交易者,非预期收益在个人股票收益的波动性上不存在相关性关系;然而,对于羊群交易者,非预期收益存在显著的负相关性。他们提出,逆势交易者与知情交易密切相关,羊群交易是非知情交易的良好代表,并将非预期收益为负时的买入量和非预期收益为正时的卖出量归类为知情交易。这使研究者们更加容易地估量市场交易频率更高情况下的知情交易概率。基于此,Chang 等(2014)以 15 分钟的时间段为划分依据,计算知情交易概率。Weng 等(2016)又继续研究 DPIN 模型,按交易时间段内非预期收益的正负进行计算,对中国台湾期货市场的内外机构投资者的交易进行了实证分析,验证了 DPIN 指标的有效性并以此证明了中国台湾市场外的机构投资者拥有更多的知情信息。

动态知情交易概率 DPIN 的优势是可以直接度量市场上各种类型的交易信息量。而且,与其他度量市场信息的方法相比较而言,动态知情交易概率 DPIN 方法在最近的研究文献中几乎未被提及,因此,这给现存的文献研究留下了一个显著的缺口。但同时给我们提供了极大的动机来检验 DPIN 方法在市场上的有效性,为学术研究做出贡献。

在市场中,波动性体现了整个市场的价格涨跌情况。French 和 Roll(1986)提出私有信息是引起价格波动的重要因素。Gropp 和 Kadareja(2012)构造了公开信息质量指标来分析公开信息对资产价格波动的影响,发现公开信息质量越佳,资产的波动性越小。Chang 等(2014)通过构造 DPIN 模型,研究发现市场知情交易者比例与下一期市场波动性水平呈显著的负相关性。

6.9.2 模型和方法

DPIN 方法由 Campbell、Grossman 和 Wang 等学者在各自的理论与实证研究中提出,随后 Chang、Wang 等学者又继续在先前研究成果的基础上展开额外研究。Campbell 等

(1993)指出非知情交易应该与收益率存在序列相关性,而知情交易与收益率并不存在这种关系。基于直观的解释,Avramov 等(2006)设计了一个经验框架,将非预期收益为正时出现的卖单行为定义为逆势交易,将非预期收益为负时出现的卖单行为定义为羊群交易。与 Campbell 等(1993)的研究结果一致,Avramov 等发现对于采用逆势交易策略的投资者而言,非预期收益与其个人的股票收益的波动性没有序列相关的影响,然而,对于羊群交易的投资者而言,非预期收益与个人收益波动性显示出了显著的负相关性。

Chang 等(2014)拓展了 Avramov 等(2006)的研究思路,计算了在盘中交易期间的知情交易概率。基于 Chang 等(2014)的方法,本书构建了一个独立的方法来测量日内动态知情交易概率 DPIN,方法如下

$$\text{DPIN}_t^{\text{Base}} = \frac{NB_t}{NT_t}(\varepsilon_t < 0) + \frac{NS_t}{NT_t}(\varepsilon_t > 0) \quad (6.18)$$

式中,$\text{DPIN}_t^{\text{Base}}$ 是在日内交易时间段 t 内的知情交易概率;NB_t、NS_t 和 NT_t 分别是日内交易时间段 t 内的买入量、卖出量和总的交易量;残差 ε_t 代表了日内交易时间段 t 内的非预期收益。

为了估计上式中的残差 ε_t,我们按照 Chang 等(2014)的方法来提取出收益的非预期部分,这与之前相关研究中所使用的方法是类似的。将沪深 300 股指期货的日内收益与其自身的滞后 10 阶、星期效应和日内效应的虚拟变量进行回归,可提取出残差作为非预期收益,具体模型如下:

$$R_t = \delta_0 + \sum_{k=1}^{4} \delta_{1,k} D_{kt}^{\text{day}} + \sum_{k=1}^{17} \delta_{2,k} D_{kt}^{\text{Interval}} + \sum_{k=1}^{10} \delta_{3,k} R_{t-k} + \varepsilon_t \quad (6.19)$$

式中,R_t 是交易时间段 t 内的股指期货的收益率,D_{kt}^{day} 指星期效应的虚拟变量,D_{kt}^{Interval} 指的是对应 15 分钟交易时间段的虚拟变量。因此,残差 ε_t 捕捉了在考虑到星期效应、日内效应和先前的收益效应之后留下的收益率的变化。

6.9.3 沪深 300 股指期货市场的动态知情交易概率

本部分选取的研究样本为 2010 年 4 月 16 日～2017 年 12 月 29 日中国金融期货交易所的沪深 300 股指期货当月合约(即主力合约)的分钟数据,数据来源为 Wind 数据库。主力合约是市场上持仓量和交易量最大、最活跃、最容易交易的合约。因此,选择主力合约进行实证分析更具有意义。对于沪深 300 股指期货当月合约(主力合约),2010～2015 年的交易时间为 9:15～11:30 和 13:00～15:15。2016～2017 年的交易时间为 9:30～11:30 和 13:00～15:00。

这部分的主要研究目的是检验动态知情交易概率 DPIN 的有效性并与等交易量知情交易概率 VPIN 指标进行比较,验证前者的稳健性,我们关注这些指标和价格收益率、波动性水平之间的相关性。通过 R 语言编程,利用上述各个计算公式,计算出 $\text{DPIN}^{\text{Base}}$、$\text{DPIN}^{\text{Base,Buy}}$、$\text{DPIN}^{\text{Base,Sell}}$、VPIN 四个代理指标。表 6.13 为四个指标的描述性统计。

表 6.13 日内交易的描述性统计

变量	DPIN^{Base}	DPIN^{Base,Buy}	DPIN^{Base,Sell}	VPIN
均值	0.4223	0.2112	0.2111	0.2062
标准差	0.0907	0.2198	0.2216	0.0745
偏度	−0.1103	0.2323	02445	1.5311
峰值	3.2910	1.3361	1.3323	11.2152
Jarque-Bera	182.1658	4077.688	4126.886	105025.2
观测值	32792	32792	32792	32792

由于 2010～2015 年的交易时间为 9:15～11:30 和 13:00～15:15，2010～2015 年每个交易日可分为 18 个交易时间段，即每个交易日可计算出 18 个动态知情交易概率 DPIN^{Base}、动态买入知情交易概率 DPIN^{Base,Buy} 和动态卖出知情交易概率 DPIN^{Base,Sell}，等交易量知情交易概率 VPIN 的交易篮子 n 设定为 18，可计算出 18 个等交易量知情交易概率 VPIN。2016～2017 年的交易时间为 9:30～11:30 和 13:00～15:00，因此，2016～2017 年每个交易日可分为 16 个交易时间段，即每个交易日可计算出 16 个动态知情交易概率 DPIN^{Base}、动态买入知情交易概率 DPIN^{Base,Buy} 和动态卖出知情交易概率 DPIN^{Base,Sell}，等交易量知情交易概率 VPIN 的交易篮子 n 设定为 16，可计算出 16 个等交易量知情交易概率 VPIN。因此，每个指标的观察值为 32792 个。

表 6.14 日内交易各指标的相关性

变量	DPIN^{Base}	DPIN^{Base,Buy}	DPIN^{Base,Sell}	VPIN
DPIN^{Base}	1.0000			
DPIN^{Base,Buy}	0.1872	1.0000		
DPIN^{Base,Sell}	0.2235	−0.9156	1.0000	
VPIN	−0.1109	−0.0256	−0.0200	1.0000

从表 6.14 中的相关性来看，DPIN^{Base}、DPIN^{Base,Buy} 和 DPIN^{Base,Sell} 三者与 VPIN 的相关性很弱，接近于 0，且均为负相关。这些结果清楚地表明，主要变量间没有严重的多重线性问题。

1. 收益率与知情交易活动的关系

为了研究市场知情交易对收益率的预测能力，对先前的文献进行补充，本研究采用下述方法计算收益率

$$R_t = 100 \times (\ln P_t - \ln P_{t-1}) \tag{6.20}$$

其中，P_t 为沪深 300 股指期货主力合约 t 时刻的价格；R_t 指的是 t 时刻的沪深 300 股指期货主力合约的收益率。

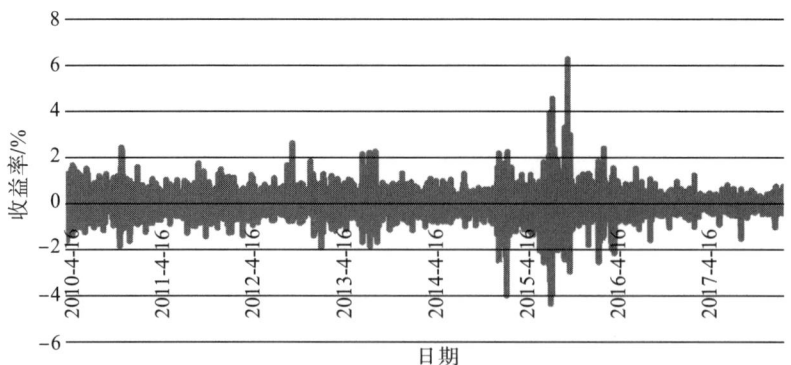

图 6.27 日内价格收益率折线图

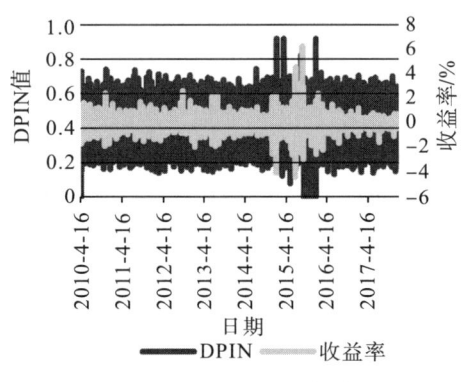

图 6.28 动态知情交易概率 DPIN 与收益率折线图

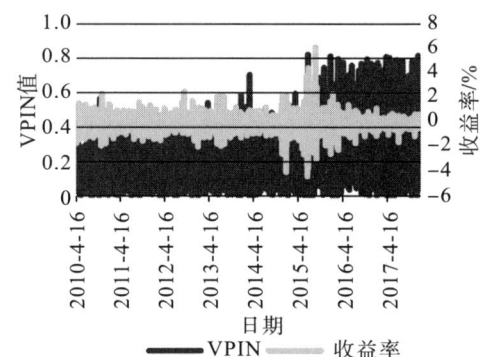

图 6.29 等交易量知情交易概率 VPIN 与收益率折线图

图 6.27 展示了研究时期内沪深 300 股指期货主力合约的价格收益率的变化情况。可以看出，2015～2016 年收益率变化极大，而这段时期也恰好是在"股灾"前后。图 6.28 与图 6.29 中也可看出 DPIN、VPIN 在"股灾"前后达到了极值，因此，由图示可以初步认为 DPIN、VPIN 与市场收益率有一定关系，对市场风险存在预警性。

本书此处分析的第一部分包括作为知情交易活动的代理指标的 $\text{DPIN}^{\text{Base}}$（$\text{DPIN}^{\text{Base,Buy}}$、$\text{DPIN}^{\text{Base,Sell}}$）和 VPIN 对市场价格收益率的关系的检验。因为 DPIN 由两部分组成（知情买入的交易和知情卖出的交易），为了捕捉到可能存在的任何非对称效应，将 $\text{DPIN}^{\text{Base}}$ 分成 $\text{DPIN}^{\text{Base,Buy}}$ 和 $\text{DPIN}^{\text{Base,Sell}}$，然后利用下述两个回归方程进行验证。

$$R_t = \alpha_0 + \delta_1 \text{DPIN}_{t-1}^{\text{Base,Buy}} + \eta_1 \text{DPIN}_{t-1}^{\text{Base,Sell}} + \sum_{k=1}^{6} \beta_k R_{t-k} + \varepsilon_t \tag{6.21}$$

$$R_t = \alpha_0 + \delta_1 \text{DPIN}_{t-1}^{\text{Base,Buy}} + \eta_1 \text{DPIN}_{t-1}^{\text{Base,Sell}} + \psi_1 \text{VPIN}_{t-1} + \sum_{k=1}^{6} \beta_k R_{t-k} + \varepsilon_t \tag{6.22}$$

式中，R_t 指的是在交易时间段 t 内的指数期货收益率，$\text{DPIN}_{t-1}^{\text{Base,Buy}}$ 是交易时间段 t 内的买进 DPIN 值 $\left(\dfrac{NB_t}{NT_t}(\varepsilon_t < 0)\right)$，$\text{DPIN}_{t-1}^{\text{Base,Sell}}$ 是交易时间段 t 内的卖出 DPIN 值 $\left(\dfrac{NS_t}{NT_t}(\varepsilon_t > 0)\right)$。

表 6.15　$DPIN^{Base,Buy}$、$DPIN^{Base,Sell}$、VPIN 日内交易对收益率的影响

截距值	$DPIN_{t-1}^{Base,Buy}$	$DPIN_{t-1}^{Base,Sell}$	$VPIN_{t-1}$	R^2 /%	样本总量/个
-0.0098 (0.2578)	0.0314 (0.1305)	0.0072 (0.7242)		0.1813	32785
-0.0169 (0.1121)	0.0340 (0.1039)	0.0099 (0.6344)	0.0288 (0.2488)	0.1853	32785

表 6.15 的结果表明，在式(6.21)中，尽管买卖双方的动态知情交易概率 DPIN 值对收益率的预测能力都不是极其显著，但相对而言，买方的 $DPIN^{Base,Buy}$ 对收益率的预测能力更好。在式(6.22)中，日内等交易量知情交易概率 VPIN 与收益率没有任何显著的相关性，而买方的 $DPIN^{Base,Buy}$ 的 P 值仅在 10%附近，因此相比较而言，买方的 $DPIN^{Base,Buy}$ 对市场收益率的预测能力更好。

Dodd 和 Griffith-Jones(2007)的研究表明，指数期货作为投资者进行对冲的工具，是新兴市场上交易量增加的主要因素。Miller 和 Liu(2006)也采用了相似的观点来讨论中国台湾期货市场的 VAR 风险价值模型。通过上述实证研究发现，卖方的 $DPIN^{Base,Sell}$ 不如买方的 $DPIN^{Base,Buy}$ 对市场收益率的预测能力显著，这表明卖方在进行交易时掌握的市场信息是很少的。这可能是由于投资者为了对冲其投资组合的风险，在市场交易中担任了空头方，从而导致市场作为卖方的交易者具有较低的知情交易概率，他们对市场收益率的预测能力非常不好。

2. 波动率与知情交易活动的关系

为了研究各项指标对沪深 300 股指期货价格波动的影响，本书使用 GARCH(1,1)模型来获得波动率。

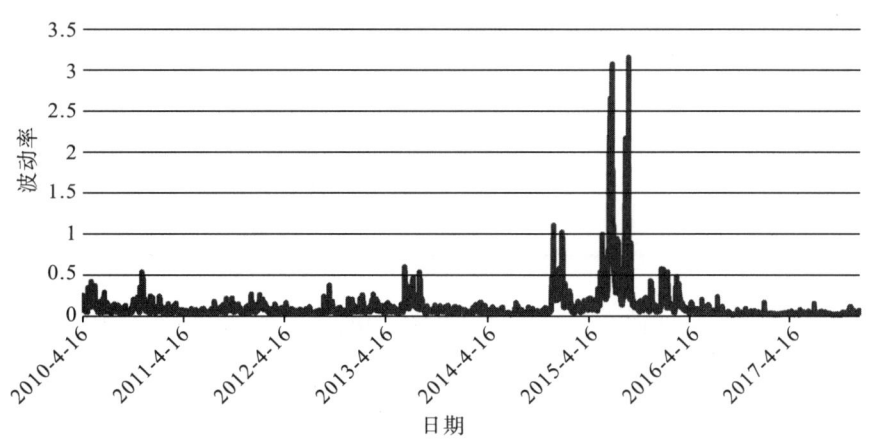

图 6.30　日内价格波动率折线图

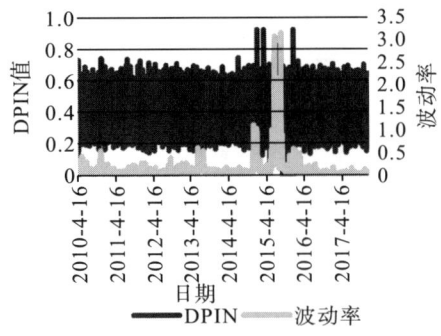

图 6.31　动态知情交易概率 DPIN 与波动率折线图

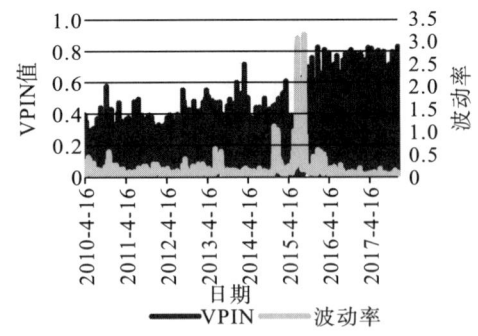

图 6.32　等交易量知情交易概率 VPIN 与波动率折线图

图 6.30 展示出了研究时期内沪深 300 股指期货主力合约的价格波动率的变化情况。可以看出，2015～2016 年波动率出现了异常，在股灾时期出现了峰值，市场震荡剧烈。图 6.31、图 6.32 中也可看出 DPIN、VPIN 出现极值的时间点与波动率出现极值的时间点相当接近，也预示了市场的异象。

我们分析的第二部分将 DPIN 和 VPIN 作为知情交易活动的代理变量，并检查其与波动率的关系。然后，提出以下 2 个回归方程模型

$$\text{Vol}_t = \alpha_0 + \theta_1 \text{DPIN}_{t-1}^{\text{Base}} + \sum_{k=1}^{3} \lambda_k \text{Vol}_{t-k} + \varepsilon_t \tag{6.23}$$

$$\text{Vol}_t = \alpha_0 + \theta_1 \text{DPIN}_{t-1}^{\text{Base}} + \kappa_1 \text{VPIN}_{t-1} + \sum_{k=1}^{3} \lambda_k \text{Vol}_{t-k} + \varepsilon_t \tag{6.24}$$

式中，Vol_t 是指数期货在交易时间段 t 内的波动率，DPIN 和 VPIN 分别由式(6.18)、式(6.12)定义。

表 6.16　$\text{DPIN}^{\text{Base}}$、VPIN 日内交易对波动率的影响

截距值	$\text{DPIN}_{t-1}^{\text{Base}}$	VPIN_{t-1}	R^2/%	样本总量/个
0.1184***	−0.0212***		98.8367	32788
(0.0000)	(0.0000)			
0.1159***	−0.0209***	0.0114***	98.8377	32788
(0.0000)	(0.0000)	(0.0000)		

接下来关注研究市场知情交易对波动率的预测能力，表 6.16 显示出了 $\text{DPIN}^{\text{Base}}$ 对指数期货的波动率有显著的预测能力，两者为显著的负相关关系。在加入 VPIN 指标后，$\text{DPIN}^{\text{Base}}$ 的显著性仍然存在。这与 Avramov 等(2006)的研究结果一致，知情交易活动通常会削减市场上逆势交易引起的价格波动性。进一步分析结果，等交易量知情交易概率 VPIN 指标同样与指数期货收益率的波动性存在显著关系，但相关性为正。Easley 等(2011a)的研究中表明 VPIN 指标与 VIX（Volatility Index）指数呈同方向趋势变化。其中，VIX 是芝加哥期权交易所的波动率指数，用以反映标准普尔指数期货的波动率情况。并

且,从VPIN指标的计算方法中也可验证其与波动率理论上确实应该呈正相关关系。

因此,由动态知情交易概率DPIN的分析结果看出,沪深300股指期货市场上的知情交易者越少,则噪声交易者相对越多,指数期货的价格将会受到扰动,波动起伏更大。

3. 进一步实证:修正DPIN

尽管前文已经对DPIN进行了实证研究,验证了对于市场收益率而言,买方的DPIN$^{\text{Base,Buy}}$相比卖方的DPIN$^{\text{Base,Sell}}$对市场价格收益率的影响更显著,具有正向的预测能力,而等交易量知情交易概率VPIN对市场的收益率不具有预测能力;对于市场波动率而言,DPIN^{Base}不论是在单独分析中,还是在等交易量知情交易概率VPIN的模型中,都和随后的市场价格波动水平呈显著的负相关性。

既然DPIN指标是从逆向交易的角度对市场知情交易概率进行度量,且其对于市场质量的影响能力也已在上文中得到了验证。接下来就需要探讨在沪深300指数期货市场上,逆势交易对于投资者而言是否为最佳的方法。为了进一步分析,需要过滤掉趋势追逐效应和处置效应对动态知情交易概率DPIN的影响,因此要重新定义DPIN指标,重新利用修正好的DPIN指标继续验证市场知情交易对沪深300指数期货的价格收益率和波动率的影响作用。

Chang等(2014)认为,那些把正的累积价格运动看作正信号,并继续买入额外份额的交易者很可能是非知情交易者;同理,那些把负的累积价格运动看作负信号,并继续卖出的交易者也很可能是非知情交易者。基于同样的推理,当非预期收益为负且历史累积价格变动同样为负时的买入投资者,很明显是采取了与趋势追赶策略相反的行为,更可能是知情交易者;当非预期收益为正且历史累积价格变动同样为正时的卖出投资者,也更可能是知情交易者。

因此,本书根据上述理论,进一步修正DPIN,同时控制趋势追逐效应和处置效应。趋势追逐和处置效应都是行为金融中市场上关于非知情交易者(噪声交易者)的交易理论。趋势追逐,即人们仅仅通过少量数据便轻易判断一个系统性趋势的形成。处置效应指的是知情交易者更有可能在获得正的累积收益率后卖出股票,而在面对负的累积收益时不愿卖出股票。当非预期收益为负且先前的累积收益率为正时发生的卖单反映了处置效应。相反,当非预期收益为正($\varepsilon_t > 0$)且先前的累计收益率为负($R_{t-1} < 0$,$R_{t-10} < 0$)时发生的卖单更有可能是由于知情交易者引起的知情交易活动,为了清楚地与上文的DPIN^{Base}区分,我们将过滤了处置效应和趋势追赶效应的DPIN指标定义为DPIN$^{\text{Trend\&Disp}}$,描述市场知情交易概率为

$$\text{DPIN}_t^{\text{Trend\&Disp}} = \left[\frac{NB_t}{NT_t}(\varepsilon_t < 0)(R_{t-10} < 0, R_{t-1} < 0) + \frac{NS_t}{NT_t}(\varepsilon_t > 0) \right] \quad (6.25)$$

$R_{t-10} < 0$和$R_{t-1} < 0$ ($R_{t-10} > 0$, $R_{t-1} > 0$)是一个用来控制价格历史趋势的指示变量。如果累积的过去10个交易时间段的收益率为正(负)且前一个交易时间段内的收益率也为正(负)时,指示变量的值取为1,否则取值为0。与前面的方法一样,按照式(6.21)、式(6.22)对收益率进行验证,结果如表6.17;按照式(6.23)、式(6.24)对波动性进行验证,结果如表6.18。

表 6.17　$\text{DPIN}^{\text{Trend\&Disp,Buy}}$、$\text{DPIN}^{\text{Trend\&Disp,Sell}}$、VPIN 日内交易对收益率的影响

截距值	$\text{DPIN}_{t-1}^{\text{Trend\&Disp,Buy}}$	$\text{DPIN}_{t-1}^{\text{Trend\&Disp,Sell}}$	VPIN_{t-1}	R^2/%	样本总量/个
−0.0021 (0.5857)	0.0224*** (0.0693)	−0.0103 (0.3580)		0.1846	32788
−0.0078 (0.2323)	0.0231*** (0.0615)	−0.0097 (0.3900)	0.0269 (0.2814)	0.1881	32788

表 6.18　$\text{DPIN}^{\text{Trend\&Disp}}$、VPIN 日内交易对波动率的影响

截距值	$\text{DPIN}_{t-1}^{\text{Trend\&Disp}}$	VPIN_{t-1}	R^2/%	样本总量/个
0.1105*** (0.0000)	−0.0033*** (0.0002)		98.8188	32788
0.1074*** (0.0000)	−0.0032*** (0.0000)	0.0150*** (0.0000)	98.8205	32788

过滤了市场趋势追逐效应和处置效应之后，买方的动态知情交易概率 $\text{DPIN}^{\text{Trend\&Disp,Buy}}$ 相比较于之前的 $\text{DPIN}^{\text{Base,Buy}}$，对收益率的预测能力明显增强。而等交易量知情交易概率 VPIN 对收益率仍然不存在预测性。对于波动性水平也同前述结论一致，两个指标都具有很好的预测能力，且 $\text{DPIN}^{\text{Trend\&Disp}}$ 的相关性为负，VPIN 的相关性为正。动态知情交易概率越大，市场上过滤受趋势追逐和处置效应影响的知情交易者越多，则可认为剩余的知情交易者大多都是基于所掌握的信息而进行理性投资交易的人，进而导致市场上的价格波动程度变小，减少了市场的动态震荡。

4. 剧烈交易区间的知情交易概率

传统金融市场微观结构理论的核心是交易的发生和价格的形成，因为投资者们有不同的投资计划且他们各自所拥有的市场信息不同。Easley 和 O'Hara(1992b)也强调了价格信息中的交易量所扮演的角色，交易的产生和消失为市场参与者提供有价值的信息。特别地，交易量越大，新信息已经被获得的可能性就越大。为了扩展我们先前的分析，现在加入虚拟变量，即结合交易时间段的交易量，继续验证交易日内发生大交易量的时间段的 DPIN 指标对市场的影响作用

$$R_t = \alpha_0 + \delta_1 \text{DPIN}_{t-1}^{i,\text{Buy}}(LT_t^{i,\text{Buy}}) + \eta_1 \text{DPIN}_{t-1}^{i,\text{Sell}}(LT_t^{i,\text{Buy}}) + \sum_{k=1}^{6} \beta_k R_{t-k} + \varepsilon_t \quad (6.26)$$

$$\text{Vol}_t = \alpha_0 + \theta_1 \text{DPIN}_{t-1}^{i}(LT_t^{i}) + \sum_{k=1}^{3} \lambda_k \text{Vol}_{t-k} + \varepsilon_t \quad (6.27)$$

其中，LT_t^i（$LT_t^{i,\text{Buy}}$、$LT_t^{i,\text{Sell}}$）是一个剧烈交易的指标，当对一天的每个交易时间段(trading period)的总交易量(买入的交易量+卖出的交易量)进行排序时，排在前两位的交易时间段所对应的 LT_t^i（$LT_t^{i,\text{Buy}}$、$LT_t^{i,\text{Sell}}$）等于 1，否则等于 0。上标 i 指代了 DPIN 的不同类型，分别指 $\text{DPIN}^{\text{Base}}$、$\text{DPIN}^{\text{Trend}}$ 和 $\text{DPIN}^{\text{Trend\&Disp}}$。

表 6.19　剧烈交易区间动态知情交易概率对收益率的影响

截距值	$\text{DPIN}_{t-1}^{\text{Base,Buy}}$	$\text{DPIN}_{t-1}^{\text{Base,Sell}}$	$\text{DPIN}_{t-1}^{\text{Trend\&Disp,Buy}}$	$\text{DPIN}_{t-1}^{\text{Trend\&Disp,Sell}}$	$R^2/\%$	样本总量/个
−0.0013 (0.5335)	0.6700*** (0.0000)	−0.6077*** (0.0000)			7.3763	32785
0.0045*** (0.0330)			0.6544*** (0.0000)	−0.6252*** (0.0000)	5.8937	32785

表 6.20　剧烈交易区间动态知情交易概率对波动率的影响

截距值	$\text{DPIN}_{t-1}^{\text{Base}}$	$\text{DPIN}_{t-1}^{\text{Trend\&Disp}}$	$R^2/\%$	样本总量/个
0.1100*** (0.0000)	−0.0119*** (0.0000)		98.8294	32785
0.1098*** (0.0000)		−0.0107*** (0.0000)	98.8254	32785

表 6.19 和表 6.20 分别是只考虑交易量极大时交易区间内的动态知情交易概率对收益率和波动率的预测分析结果。对收益率来说，不论是买方还是卖方的动态知情交易概率，也不管是否同时考虑了趋势追逐和处置效应的动态知情交易概率，都对市场价格的收益率具有显著的预测能力。且不管哪个类型的买方交易者，拥有的市场交易信息越多，投资者们的投资行为就越容易产生套利，市场价格为其带来的收益率越高，投资者们便会获得越多收益。而对于卖方交易者来说，先前的实证分析结果都不具有显著的预测能力，而在交易量极大的交易区间内，其预测能力凸显了出来，动态知情概率与收益率水平存在显著的负相关性。即在交易时间段内，交易量越大时，知情交易卖方在市场交易中的占比越大，市场的卖单就越大，说明知情者们了解到未来价格将会回落，便选择卖出手中的指数期货。

对波动率来说，不管是否同时考虑了趋势追逐和处置效应的动态知情交易概率，都与随后的市场价格的波动水平有显著的负相关性。这与之前所得到的研究分析结果是一致的。

6.10　本章小结

本章采用了一个全新的方法——VPIN 来估计我国沪深 300 指数期货市场和三个商品期货市场的指令流毒性。VPIN 测量指令流毒性及其相应程序的一个重要的优势就是在估计 VPIN 时是把交易量引入模型中的，并利用 VPIN 的更新来模拟信息到达的速度。交易量对波动有着重要的影响，进而波动影响价格，因此，VPIN 方法是通过非平衡交易量判断知情交易者的概率，并测量市场中的指令流毒性。

实证结果表明 VPIN 在我国的期货市场中具有显著的预警作用，在期货合约价格大跌的前一天，VPIN 和 CDF(VPIN) 就已经表现得比较异常，同样的预警功能在期货合约价格大涨的时候也展示出来了。VPIN 可以预测短期指令流毒性诱导的波动，尤其是在它涉及大的价格波动时。

在估计 VPIN 的同时，本章也采用了 Andersen 和 Bondarenko(2014a) 的文章中的观点，即可以通过测量带正、负号的不平衡订单来判断交易的方向，并表明在股指期货市场中这个方法确实可以观察到交易的方向，其在指数大跌和大涨的时候也有较好的预警作用。

指令流毒性估计有许多应用。首先，对于流动性的提供者来说，可以用 VPIN 值作为实时的风险控制工具。Easley 等(2011a)提供的证据表明在美国"5·16"那一天，大闪大跌之前 VPIN 值已经变得很高，很多的指令流毒性导致流动性提供者离开市场。其次，监管者可以监控市场流动性的"质量"，可以提前限制交易或者加强市场控制，在高频交易的领域中，有效的监管必须在问题发生之前采取措施。最后，交易者也可以用 VPIN 来设计算法以控制订单的执行风险。

因此，总体而言，在存在高频交易的市场当中，无论是对投资者还是监管部门，VPIN 都可以作为一个比较有效的风险管理工具。

另外，本章还选取了 DPIN 动态知情交易概率，在日内更高频交易数据的条件下对沪深 300 指数期货市场进行研究分析。发现 DPIN 比 VPIN 对日内高频市场的流动性、波动率水平的预测能力更好。且买方的动态知情交易概率与随后的收益率水平存在显著的正相关关系，即买方的动态知情交易概率越高，下一期的收益率越可能增加；动态知情交易概率与随后的波动率水平存在显著的负相关关系，即动态知情交易概率越高，下一期的市场价格波动将会越大。

第7章　投资者情绪与股指期货价格发现功能的实证研究

价格是金融市场中最重要的信息要素,是反映供求关系最直接的经济变量,价格发现是股指期货最显著的功能,可以说是期货市场持续发展的基石。当同质或紧密联系的证券在多个市场中交易时,确定哪个市场首先对新信息做出反应以及价格发现发生在哪个市场,往往是有意义的。在无摩擦及理性的金融市场中,期货和现货市场对新信息的反应速度应该是相同的。然而,由于市场摩擦的存在,不同市场上的价格在短期内会偏离其有效价格。在两个或者两个以上相关联的金融市场中,如果其中一个市场的价格对新信息的反应速度经常快于其他市场,就会出现领先-滞后关系(Chan,1992)。

行为金融学已有研究表明,由于噪声交易者的自我归因偏差及太过自信,他们对信息的反应能力较弱。Stambaugh 等(2012)研究发现投资者情绪与金融市场异常现象呈正相关,较高的投资者情绪吸引更多的噪声交易者进入市场,噪声交易者不可预测的行为加大了市场交易的风险,降低了市场有效性,导致价格长期偏离基础价值,此时套利行为有限,套利交易者将会从市场退出,富有经验的交易者也会降低其持有头寸。当投资者情绪高涨的时候,机构交易者将逐渐退出,期货市场由于缺乏机构交易者参与,交易量和流动性显著下降,期货价格对信息的反应变慢(Corredor et al.,2015),同时高涨的投资者情绪导致期货市场波动性加大,期货价格发现功能减弱(Chou et al.,2015)。

相对于发达国家,我国金融市场的完善程度及投资者的理性程度较为落后,即投资者情绪在中国股市的决策和定价中起着更重要的作用。一方面,我国股票市场投资者的典型特征是个人投资者为主,机构投资者为辅,机构投资者队伍虽然在不断地发展壮大,但是其所占的比例依然较小,中小投资者在金融市场中相对而言依旧占有较大的交易份额,而投资者情绪主要出现在中小投资者中,所以,于我国金融市场而言,投资者情绪发达应该更加明显。另一方面,当前中国股市的体系并不完善,存在卖空限制等问题,这使得许多风险不能及时被分散消除,从而使得无法被利用的套利机会增多,这在一定程度上更助长了噪声交易者的生存能力。因此,相对于发达国家股市,在我国更有可能检验投资者情绪的影响和作用。所以本章将投资者情绪引入到实证模型中,对投资者情绪与股指期货价格发现的关系进行研究。

7.1　研究假设

在投资者情绪高涨时期,市场中会有大批噪声交易者进入,使得交易量增加,而过高的交易量加大了市场的波动性,从而使知情交易者由于不想承担下单买卖的风险,而使买卖价差增大，进而影响其交易成本，为此本书做出如下假设。

假设 1：投资者情绪高涨时期，股指期货市场买卖价差增加，交易成本增加。

由于高投资者情绪会增加交易风险，从而引起期货市场上的价格波动和买卖价差增大，根据限制套利理论和交易成本假设，本书推断知情交易者不愿意在高情绪时期进行杠杆交易，与低情绪时期相比，期货市场在高情绪期间对新信息反应速度相对较慢。现货和期货市场之间的不对称领先-滞后关系随着投资者情绪的变化而变化。

假设 2：在投资者情绪高涨时期，期货市场的主导作用将会减弱。

在投资者情绪高涨时期，信息交易者交易活动的减少不仅会使期现货市场之间的领先-滞后关系发生变化，而且会使各个市场对价格发现的贡献度发生变化。期货和现货市场对新信息反应的领先-滞后关系，通常是在新信息到达几分钟之内显现出来的，从而说明哪个市场可以在相对较短的时间范围内更快地反映新信息。但是，知情交易者也会影响期货价格对新信息反应的速度，进而影响均衡价格发现贡献度。由于知情交易者在高情绪期间不愿意在期货市场上利用其信息优势，本书预期此时期货价格对新信息反应的速度降低，从而导致均衡价格发现贡献减少。

假设 3：在投资者情绪高涨时期，期货市场的价格发现贡献度将会降低。

7.2 情绪指标构建和实证模型

7.2.1 投资者情绪指标的选取

1. BW 指标

Baker 和 Wurgler(2006)提出采用第一主成分分析法，选取封闭式基金折现率、换手率、IPO 数量、首日收益率、新股发行占比和分红这 6 个代理指标的数据，建立了相对完善的投资者情绪度量指数，得到了学术界广泛的认可。因此，本书选取 BW 指标作为投资者情绪指标之一。

2. 沪深 300 指数期货投资者情绪指标

本书从市场微观结构的角度出发，参照 BW 指标构建方法，构建沪深 300 股指期货投资情绪指标，选取成交量(volume)、持仓量(positions)、换手率(turnover rate)、波动率(volatility)和排行前五的净头寸(Top five long net positions)这 5 个投资者情绪代理指标，并采用第一主成分和第二主成分的分析方法，利用月数据构建出月度投资者情绪指标，用 S^{IF} 表示。

在选取的构建投资者情绪的指标中，成交量是沪深 300 股指期货合约中 4 种类型合约的总和，在一定程度上可以反映市场的流动性；换手率直接反映了投资者的情绪和期货市场的活动，当换手率上升时，投资者的情绪就会上升，反之下降，本书构建的投资者情绪指标 S^{IF} 中换手率的计算方法为沪深 300 每只成分股成交量之和除以这 300 只股票的发行总股数；波动率的计算在本书中使用 Garman 和 Klass(1980)模型来实现，

Garman-Klass 波动性估计方法是帕金森波动的延伸，包括开盘价和收盘价。Garman-Klass 波动性的计算方法如下：

$$\sigma_{\text{GK}}^2 = 0.511(u-d)^2 - 0.019\left[c(u+d)-2ud\right] - 0.383c^2 \tag{7.1}$$

其中 $u=H-O$，$d=L-O$，$c=C-O$，H，L，C 和 O 分别表示沪深 300 指数公开的买卖高价、买卖低价、开盘价和收盘价。

如上所述，本书初选成交量、持仓量、换手率、波动率和排行前五的净头寸以沪深 300 指数期货的月度数据为例构建月度投资者情绪指标 S^{IF}。首先对这五大指标进行描述性统计。

表 7.1　5 种情绪代理指标的描述性统计

	样本量	最小值	最大值	均值	标准差	偏度	峰度
成交量	80	10895	44604227	10952081	10678856	1.3177	4.1652
持仓量	80	80439	7257130	2601309	1810159	1.0185	3.0311
波动率	80	72.6000	1579	342.4800	273.5037	2.5028	9.9034
换手率	80	0.3677	41.7541	11.0001	8.8424	2.1015	6.7101
排行前五的净头寸	80	13668	1129865	316781.40000	210595.40000	1.3542	4.9430

表 7.1 为选取的 5 种情绪指标的描述性统计，沪深 300 股指期货的成交量均值约为 1095 万份，月成交量最高达 4460 万份。持仓量的平均水平为 260 万，月最高为 726 万。在每月交易数据中，沪深 300 指数期货的平均换手率为 11%，最高达到了 41.75%。在 5 个情绪指标的代理中，偏度和峰度最大的是波动率，偏度和峰度最小的是持仓量。

由于不同的代理指标对投资者情绪的反映可能在时间上存在滞后性。因此，本书首先对这 5 个代理指标与其各自滞后项(滞后 1 阶)共 10 个变量进行第一级主成分分析，综合构建初级投资者情绪指数。然后分别将这 10 个变量与构建的初级投资者情绪指数进行相关性分析，将这 5 个代理指标与其滞后项进行对比，剔除与初级投资者情绪指数相关性小的变量，保留相关性大的变量。对以上选取的 5 个构建投资者情绪的最终指标进行第二级主成分分析，并对指标进行降维优化处理，计算并构建的模型如下：

$$S_t^{\text{IF}} = 0.3703\text{Volatility}_t + 0.4510\text{Turnover}_t + 0.4688\text{Volume}_{t-1} \\ + 0.4613\text{Position}_{t-1} + 0.4763\text{Top5buy}_{t-1} \tag{7.2}$$

其中，S_t^{IF} 为 t 期所构建的沪深 300 股指期货的投资者情绪指数，Volatility_t 为沪深 300 股指期货 t 期的波动率，Turnover_t 为沪深 300 股指期货 t 期的换手率，Volume_{t-1} 为沪深 300 股指期货 $t-1$ 期的成交量，Position_{t-1} 为沪深 300 股指期货 $t-1$ 期持仓量，Top5buy_{t-1} 为沪深 300 股指期货 $t-1$ 期的排行前五的净头寸。

本章以 2010 年 4 月～2016 年 12 月的月度数据作为样本，分别构建了 80 个月情绪指数以及 81 个 BW 情绪指数[①]。表 7.2 为投资者情绪指数描述性统计，以及股指期货和现货的收益率序列的描述性统计分析。由表 7.2 可以看出，投资者情绪指数最大值与均值差别

---

① 以上数据来源于 Wind 数据库和国泰安 CSMAR 数据库。

较大，这说明在构建情绪的指数中存在着过高情绪的现象，这可能与我国特殊的市场环境有关。

表 7.2　情绪指数与收益序列的描述性统计

项目	均值	最大值	最小值	标准差	偏度	峰度	JB(P 值)
股指期货投资者情绪	0.5912	2.0917	0.1850	0.4170	1.7579	5.4541	61.2788(0.0000)
BW 情绪	0.4062	0.9983	0.0000	0.2390	0.1747	2.29149	2.0800(0.3535)

Yu 和 Yuan(2011)将 Baker 和 Wurgler 的投资者情绪指数高于(低于)均值的情况定义为高(低)情绪期。为了测试本书结果的稳健性，本书将投资者情绪指数高于(低于)80%分位数的月份定义为高(低)情绪时期。

7.2.2　模型和实证方法

1. 投资者情绪、买卖价差与波动率

本部分使用如下两个模型方程来估计投资者情绪变化对价格波动[①]和买卖差价[②]与其他控制变量的潜在影响，为了研究投资者情绪对价格波动的影响，本书使用每分钟数据对每个交易日内股指期货的已实现波动率进行估计，其估计过程如下：

$$\mathrm{RV}_t = \sqrt{\sum_{i=1}^{m}(r_i)^2} \times 10000 \tag{7.3}$$

其中，m 为第 t 个交易日内的分钟数，r_i 是交易日内第 i 分钟的收益率，r_i 是用每分钟取对数的收盘价差分而得到的。在估计已实现波动率的基础上，基于 Newey 和 West(1987)方法，对如下流动性指标进行简单回归

$$\mathrm{RV}_t = \alpha_0' + \beta_0 D_t^{\text{high-sent}} + \sum_{i=1}^{3} r_{0i}\mathrm{RV}_{t-i} + \sum_{j=1}^{3} \theta_{0j}\mathrm{TV}_{t-j} + \sum_{k=1}^{3} \delta_{0k}\mathrm{BAS}_{t-k} + \varepsilon_t \tag{7.4}$$

其中，RV_t 为 t 时期的期货已实现波动率，$D_t^{\text{high-sent}}$ 为高情绪时期的虚拟变量，当情绪指数大于 80%分位数时，虚拟变量为 1，否则为 0，RV_{t-i} 为 $t-i$ 时期的已实现波动率，TV 为期货日交易量，TV_{t-j} 为滞后 $t-j$ 期的交易量，ε_t 为误差扰动项，BAS 为期货买卖价差，BAS_{t-k} 为滞后 $t-k$ 期的买卖价差。

在由投资者买卖委托单驱动的市场中，买卖价差可通过最低卖出价和最高买入价进行计算，考虑到高频数据买卖价差的不可得性，本书将使用每分钟的最高价和最低价来进行估计买卖价差，设在某一时刻的最高价为 p_a，最低价为 p_b，那么此时绝对买卖价差和相对买卖价差分别可以表示为

$$\mathrm{Spread} = p_a - p_b \tag{7.5}$$

[①] 参考 Chou 等(2015), Investor sentiment and price discovery: Evidence from the pricing dynamics between the futures and spot markets.
[②] 参考张烨(2012)，股指期货市场买卖价差及其成分的分析。

$$\text{Spread} = \frac{p_a - p_b}{(p_a + p_b)/2} \tag{7.6}$$

使用每分钟估计的买卖价差求均值得出每个交易日的买卖价差,并进行如下简单回归

$$\text{BAS}_t = \alpha_1' + \beta_1 D_t^{\text{high-sent}} + \sum_{i=1}^{3} r_{1i} \text{RV}_{t-i} + \sum_{j=1}^{3} \theta_{1j} \text{TV}_{t-j} + \sum_{k=1}^{3} \delta_{1k} \text{BAS}_{t-k} + \varepsilon_t \tag{7.7}$$

若验证本部分假设1——价格波动和买卖价差与投资者情绪呈正相关,显著的正向 β_0 和 β_1 将支持本书的假设,在投资者情绪高涨时期将会吸引更多的噪声交易者进入市场,从而增加买卖价差和市场的波动性。

2. 期货和现货市场之间领先-滞后关系的度量模型

本部分使用向量误差修正模型(VECM)来研究现货和期货市场在投资者情绪影响下的领先-滞后关系。在建立 VECM 模型前,要对数据的平稳性及是否存在协整关系进行判断,假设两个股指期货对数价格 f_t 和沪深300现货对数价格 S_t 具有协整关系,其协整关系式表示如下

$$f_t = \alpha_0 + \alpha_1 s_t + ec_t \tag{7.8}$$

则双变量的 f_t、S_t 的 VECM 的模型可以表示如下

$$\Delta Y_t = \gamma ec_{t-1} + \sum_{j=1}^{p} \beta_j \Delta Y_{t-j} + \varepsilon_t \tag{7.9}$$

其中,$Y_t = (f_t, S_t)'$ 和 ΔY_t 表示对变量 Y_t 的一阶差分。进一步可以表示为

$$\Delta f_t = \beta_{f,0} + \gamma_f ec_{t-1} + \sum_{j=1}^{p} \beta_{fs,j} \Delta s_{t-j} + \sum_{j=1}^{q} \beta_{ff,j} \Delta f_{t-j} + \varepsilon_{f,t} \tag{7.10}$$

$$\Delta S_t = \beta_{s,0} + \gamma_s ec_{t-1} + \sum_{j=1}^{p} \beta_{ss,j} \Delta s_{t-j} + \sum_{j=1}^{q} \beta_{sf,j} \Delta f_{t-j} + \varepsilon_{s,t} \tag{7.11}$$

其中,ec_{t-1} 为误差修正项,即式(7.8)中 t 期的 f_t 对 S_t 进行回归后的残差项。$\beta_{f,0}$、$\beta_{s,0}$ 为截距项。γ_f、γ_s 为误差修正项的调整系数,反映了对偏离长期均衡的调整力度,即当变量 f_t 和 S_t 之间的长期均衡关系出现偏差时,令其回到均衡状态的调整速度和方向,且这两个系数至少有一个要通过下一阶段的调整,重新回到均衡状态。如果期货价格高于均衡价格,那么现货价格会产生正的变化或者负的变化以纠正错误定价,因此一般情况下期望 γ_f <0 和 γ_s >0。$\beta_{sf,j}$、$\beta_{fs,j}$、$\beta_{ss,j}$、$\beta_{ff,j}$ 为短期调整系数,反映了短期内变量之间的领先-滞后关系。p 和 q 为滞后阶数,若式(7.11)中 Δf_{t-j} 的系数 $\beta_{sf,j}$ 显著不为零,则说明期货引导现货,同样,若式(7.10)中 ΔS_{t-j} 的系数 $\beta_{fs,j}$ 显著不为零,则现货引导期货。变量($\beta_{ss,j}$、$\beta_{ff,j}$)表示两个时间序列向均值回归的程度。$\varepsilon_{s,t}$、$\varepsilon_{f,t}$ 为白噪声。系数 β 用来检验假设2,β 系数会随着时间的推移和投资者情绪的变化而变化,更具体地说,在市场情绪高涨时期,知情交易者会因噪声交易者的增加而面临更大的交易风险,从而不愿意在期货市场进行杠杆交易,这就会使得期货收益对现货收益的影响变得更小、更不显著,从而验证了假设2,即在投资者情绪高涨时期,期货市场的主导作用被削弱了。

3. 信息份额模型和永久-短暂模型

本部分将采用信息份额模型和永久短暂模型来比较研究投资者情绪对现货市场和期货市场之间价格发现过程的影响,以上两个模型均是建立在具有协整约束的向量误差修正模型基础上。

1) 信息份额模型

Hasbrouck(1995)提出用新信息对公共因子的冲击方差来反应价格发现程度,并把向量误差修正模型修改为向量移动平均模型 VMA(Vector Moving Average)

$$Y_t = \psi(l) \tag{7.12}$$

将式(7.12)转化为如下形式

$$Y_t = \psi(l)\varepsilon_t \tag{7.13}$$

及其积分形式

$$Y_t = \psi(l)\sum_{j=1}^{t}\varepsilon_t + \psi^*(L)\varepsilon_t + Y_0 \tag{7.14}$$

其中 $\psi(l)$ 表示移动平均系数之和,为影响矩阵;$\psi(L)$ 表示的是滞后算子 L 的矩阵多项式;$\varepsilon_t = (ec_{s,t}, ec_{f,t})$ 为其残差项。

从而可将公共因子表示为

$$Y_t = c_t + G_t \tag{7.15}$$

其中,c_t 表示的是永久或长期冲击部分,即公共因子部分,而 G_t 表示的是短期趋势,即暂时部分,在式(7.14)中为 $\psi^*(L)\varepsilon_t$。式(7.14)中 $\psi(l)\varepsilon_t$ 为长期趋势项,其方差表示为

$$\text{Var}(\psi\varepsilon_t) = \Psi\Omega\Psi^T \tag{7.16}$$

其中 Ω 是 $\varepsilon_t = (ec_{s,t}, ec_{f,t})$ 的矩阵形式,即

$$\Omega = \begin{pmatrix} \sigma_1^2 & \rho\sigma_1\sigma_2 \\ \rho\sigma_1\sigma_2 & \sigma_2^2 \end{pmatrix} \tag{7.17}$$

当 VECM 模型中的误差扰动项 $ec_{s,t}, ec_{f,t}$ 之间不存在相关性时,式(7.17)中的 $\rho = 0$,此时,Ω 为对角矩阵,那么第 i 个市场的价格发现信息份额可表示为

$$S_t = \frac{\psi_i^2 \sigma_i^2}{\Psi\Omega\Psi^T} \tag{7.18}$$

当 VECM 模型中的误差扰动项 $ec_{s,t}, ec_{f,t}$ 之间存在相关性时,即 $\rho \neq 0$,将方差-协方差矩阵 Cholesky 分解,从而消除序列间的相关性,即 $\Omega = MM^T$。

$$M = \begin{bmatrix} m_{11} & 0 \\ m_{12} & m_{22} \end{bmatrix} = \begin{bmatrix} \sigma_1 & 0 \\ \rho\sigma_2 & \sigma_2(1-\rho^2)^{1/2} \end{bmatrix} \tag{7.19}$$

此时,第 i 个市场的信息份额可表示为

$$S_t = \frac{([\Psi M])^2}{\Psi\Omega\Psi^T} \tag{7.20}$$

本部分所要研究的期现货误差扰动项序列之间是存在相关关系的,即 $\rho \neq 0$,故而根据式(7.20)来求出市场的信息份额。由于 Cholesky 分解的结果对变量的顺序有严格的依

赖，可以通过调整变量顺序求出每个市场信息份额的上下限。基于此，Baillie 等(2002)推导出了期货和现货市场对价格发现的贡献表达式，其中，期货市场贡献度的上下限分别为

$$\text{IS}_f^{\text{upper}} = \frac{(\gamma_s\sigma_1 - \gamma_f\rho\sigma_2)^2}{\gamma_f^2\sigma_2^2 - 2\gamma_f\gamma_s\rho\sigma_1\sigma_2 + \gamma_s^2\sigma_1^2} \tag{7.21}$$

$$\text{IS}_f^{\text{upper}} = \frac{\gamma_s^2\sigma_1^2(1-\rho^2)}{\gamma_f^2\sigma_2^2 - 2\gamma_f\gamma_s\rho\sigma_1\sigma_2 + \gamma_s^2\sigma_1^2} \tag{7.22}$$

本部分用式(7.21)与式(7.22)上下限的均值对市场信息份额进行估计，此均值越大，意味着该市场对价格发现的贡献度越大。一般来讲，市场占有的信息份额越多，价格发现功能越强，在长期均衡价格发现的过程中会有更大的贡献，如果 IS_f 与投资者情绪呈负相关，则支持假设 3，这表明在投资者情绪高涨时期期货市场的信息份额占有量会减少，从而期货市场价格发现的作用会减弱(Eun and Sabherwal，2003)。

Ates 和 Wang(2005)的研究表明信息份额与市场流动性和波动性有关，故本书在此基础上对 IS_f 进行如下回归分析

$$\text{IS}_{f,t} = \alpha_2' + \beta_2 D_t^{\text{high-sent}} + \delta_2 \text{Liquidity}_t + \theta_2 \text{Volatility}_t + \varepsilon_t \tag{7.23}$$

$IS_{f,t}$ 为 t 交易日内期货市场的信息份额；$D_t^{\text{high-sent}}$ 为高情绪时期的虚拟变量，当情绪指数大于 80%分位数时，虚拟变量为 1，否则为 0；Liquidity_t 是 t 交易日内的流动性，本书用市场份额(MS)、买卖价差比率(SR)和日交易量(TV)三个指标来表示，其中 MS 是期货的市场份额，定义为期货交易额与期货交易额和现货交易额之和的比值，即 $\text{MS}_t = \frac{期货交易额}{期货交易额+现货交易额}$；$\text{Volatility}_t$ 为 t 交易日内期货市场的波动性，用前文所提到的 RV_t 来表示。有研究表明流动性与价格发现的贡献正相关(Eun and Sabherwal，2003；Ates and Wang，2005)。而且，期望 β_2 显著为负，这将支持假设 3 即在投资者情绪高涨时期，期货市场的价格发现将减弱，期货市场的信息份额减少。

2) 永久-短暂模型(P-T 模型)

Stock 和 Watson(1988)提出了公共因子模型，Gonzalo 和 Granger(1995)在公共因子模型的基础上，提出了 P-T 模型，该模型用价格 S_t 和 f_t 的线性组合来表示公共因子 C_t，表达式为

$$C_t = \gamma_1 S_t + \gamma_2 f_t \tag{7.24}$$

其中公共因子系数向量同上文提到的误差修正模型式中的调整参数矩阵是正交的，即 $\Psi^T = \gamma^T$，且有 $\gamma_1 + \gamma_2 = 1$，基于此，利用公共因子权重来度量价格发现贡献度，用 γ_i 表示，Gonzalo 和 Granger 得出

$$\gamma_1 = \frac{|\gamma_s|}{|\gamma_s| + |\gamma_f|} \tag{7.25}$$

$$\gamma_2 = \frac{|\gamma_f|}{|\gamma_s| + |\gamma_f|} \tag{7.26}$$

同样，本书以基于此种方法计算出来的价格贡献度，再次按照 Ates 和 Wang(2005)的观点，即信息份额与市场流动性和波动性有关，进行如下回归分析：

$$\gamma_{1,t} = \alpha_3' + \beta_3 D_t^{\text{high-sent}} + \delta_3 \text{liquidity}_t + \theta_3 \text{volatility}_t + \varepsilon_t \tag{7.27}$$

我们期望投资者情绪对期货市场的 GG 因素权重有负面影响，从而进一步证明假设 3。

7.3 数据说明与实证检验结果

7.3.1 数据说明

本章在研究投资者情绪对股指期货价格发现和收益波动性影响时，采用的是沪深 300 股指期货和沪深 300 指数 1 分钟数据，其中沪深 300 股指期货 1 分钟数据选择的是当月连续合约数据。数据进行了同步匹配处理，经过处理后股指期货和指数价格序列的样本数据为 390480 个，比较充足[①]。

7.3.2 实证结果

本节将通过实证分析来探讨投资者情绪对价格波动、买卖差价和现货与期货市场之间领先-滞后关系的影响。

1. 投资者情绪和已实现波动率

表 7.3 给出了投资者情绪与已实现波动率之间关系的回归结果，即模型(7.4)的回归结果。本书用每分钟的已实现波动率作为价格波动的指标，然后用高情绪虚拟变量和其他控制变量对其进行回归分析，当投资者情绪指数高于样本期 80%分位数时，高情绪虚拟变量等于 1，否则为 0。通过控制已实现波动率、交易量和买卖价差的不同滞后阶数，我们发现高情绪虚拟变量对现货和期货收益率的波动具有显著的正向影响，并且在不同滞后阶数的控制变量中，其结果仍是稳健的。

表 7.3 投资者情绪和已实现波动率

控制变量 \ 高情绪虚拟变量	RV_t	RV_t	RV_t
α_0'	19.0649 (0.0000) ***	14.3027 (0.0000) ***	10.2518 (0.0005) ***
$D_t^{\text{high-sent}}$	13.8101 (0.0015) ***	10.3636 (0.0090) ***	9.7348 (0.0114) **
RV_{t-1}	0.0911 (0.5845)	0.3267 (0.1064)	0.2172 (0.2691)

---

① 以上数据来源于 Wind 数据库和国泰安 CSMAR 数据库，采用 R 语言编程。

续表

控制变量	高情绪虚拟变量	RV_t	RV_t	RV_t
RV_{t-2}			−0.1634 (0.2452)	0.1108 (0.5021)
RV_{t-3}				−0.3467 (0.0002) ***
TV_{t-1}		-5.50×10^{-6} (0.2387)	-1.04×10^{-5} (0.1885)	-1.15×10^{-5} (0.1607)
TV_{t-2}			7.52×10^{-6} (0.4504)	1.23×10^{-5} (0.3929)
TV_{t-3}				-5.40×10^{-6} (0.5724)
BAS_{t-1}		−83733.5100 (0.0000) ***	33051.1900 (0.2317)	40918.8500 (0.1492)
BAS_{t-2}			46411.9000 (0.0300) **	−6222.7000 (0.8375)
BAS_{t-3}				69419.2500 (0.0000) ***
校正决定系数		0.6742	0.6917	0.7075

注：括号内为概率 P 值，***、** 和 * 分别代表在 P 为1%、5%和10%的显著性水平。

由表7.3可以看出，当所有控制变量滞后1阶时，高情绪虚拟变量的系数为13.8101，在 $P=1\%$ 的水平上是显著的，这表明投资者情绪显著增加了期货价格的已实现波动率，当控制变量滞后2阶和3阶时，情绪虚拟变量的系数依然显著为正[①]。此结果表明投资者情绪对期货价格波动具有正面的影响，这与 Barberis 等(1998)、Brown(1999)、Yu 和 Yuan(2011)、Stambaugh 等(2012)的结论是一致的，在投资者情绪高涨时期，吸引了更多的噪声交易者进入市场，噪声交易者的增加又反过来使市场变得更加嘈杂，增加了市场交易风险。

2. 投资者情绪和买卖价差

表7.4给出了绝对买卖价差和相对买卖差价对高情绪虚拟变量和其他控制变量的回归结果，即模型(7.7)的回归结果，表明投资者情绪对绝对买卖差价和相对买卖价差具有显著的正向影响。当因变量是相对买卖价差时，高情绪虚拟变量的系数在 $P=1\%$ 的水平上是显著的，相对于绝对买卖价差具有更显著的影响，而且高情绪虚拟变量对买卖差价的影响均是正向的。

---

① 我们实施了由 Hill 等(2008)提出的回归规范误差测试，发现表5.2中的经验模型不会因模型规范问题而受到遗漏变量的影响。

表 7.4 投资者情绪和买卖价差

买卖价差 控制变量	绝对买卖价差			相对买卖价差		
	BAS_t	BAS_t	BAS_t	BAS_t	BAS_t	BAS_t
α_1'	0.5924 (0.0000) ***	0.5096 (0.0000) ***	0.4508 (0.0000) ***	0.0002 (0.0000) ***	0.0001 (0.0000) ***	9.80×10^{-5} (0.0013) ***
$D_t^{high\text{-}sent}$	0.2599 (0.0417) **	0.1870 (0.1117)	0.1025 (0.3545)	0.0001 (0.0023) ***	7.66×10^{-5} (0.0139) **	7.30×10^{-5} (0.0171) **
RV_{t-1}	−0.0075 (0.0008) ***	−0.0036 (0.3129)	−0.0039 (0.3201)	-8.36×10^{-7} (0.5281)	7.67×10^{-7} (0.6433)	-1.35×10^{-7} (0.9377)
RV_{t-2}		−0.0033 (0.2247)	0.0058 (0.0987) *		-8.25×10^{-7} (0.4608)	1.42×10^{-6} (0.3046)
RV_{t-3}			−0.0092 (0.0008) ***			-2.56×10^{-6} (0.0011) ***
TV_{t-1}	-1.27×10^{-9} (0.9916)	-1.29×10^{-7} (0.6527)	-1.22×10^{-7} (0.6876)	1.31×10^{-11} (0.7297)	-2.53×10^{-11} (0.7202)	-3.57×10^{-11} (0.6231)
TV_{t-2}		1.94×10^{-7} (0.5680)	4.14×10^{-7} (0.4020)		5.97×10^{-11} (0.4836)	1.16×10^{-10} (0.3463)
TV_{t-3}			-1.83×10^{-7} (0.5401)			-6.18×10^{-11} (0.4541)
BAS_{t-1}	1.0849 (0.0000) ***	0.8215 (0.0000) ***	0.7805 (0.0001) ***	0.9225 (0.0000) ***	0.5725 (0.0122) **	0.6369 (0.0097) ***
BAS_{t-2}		0.2611 (0.0869) *	−0.2678 (0.3015)		0.2885 (0.1051)	−0.1529 (0.5664)
BAS_{t-3}			0.6041 (0.0003) ***			0.5495 (0.0002) ***
校正决定系数	0.8252	0.8305	0.8464	0.7314	0.7429	0.7577

买卖价差通常被认为是衡量交易成本的重要指标,买卖价差越大意味着交易成本越高,从而使得知情交易者越不愿意利用他们的信息优势进行杠杆交易。总之,表 7.3 和表 7.4 中的结果表明,投资者情绪高涨时期会增加期货市场上的套利风险和交易成本,从而使得知情交易者减少其套利交易行为。

3. 投资者情绪和期货现货市场的领先-滞后关系

本节将通过 VECM 模型来测试投资者情绪对现货和期货之间领先-滞后关系的影响,从而分析知情交易者在高情绪期间如何应对风险与成本更高的交易环境。在进行 VECM 分析之前,需要对样本中的数据进行相关检验。

1) 单位根检验

本部分进行的平稳性检验采用的是 Dickey-Fuller 单位根检验法(ADF),表 7.5 给出了平稳性检验结果。从表 7.5 可知,在 $P=1\%$ 的显著性水平下,其 f_t 和 S_t 临界值都小于其 ADF 值,所以接受原假设,即 f_t 和 S_t 都是非平稳的时间序列。而两个对数价格序列一阶差分后的收益率序列 Δf_t 和 ΔS_t,在 $P=1\%$ 显著水平上的临界值大于其 ADF 统计值,即可认为股指期货和股票指数收益率序列是平稳序列,从而得出:期货和现货的价格序列都是一阶单整的。

表 7.5 对数价格序列和收益率序列平稳性检验结果

变量	ADF 值	P=1%临界值	结论
f_t	−1.7513	−3.4302	不平稳
S_t	−1.5833	−3.4302	不平稳
Δf_t	−169.5104	−3.4302	平稳
ΔS_t	−281.8784	−3.4302	平稳

2) 协整检验

接下来本书采用 Engle 和 Granger(1987)提出的方法对 f_t 和 S_t 进行 Johansen 协整检验，从而确定沪深 300 指数和其相对应的股指期货之间是否存在长期稳定的均衡关系。首先对 f_t 和 S_t 进行回归分析，再对回归方程的残差进行单位根检验，表 7.6 给出了协整方程的回归结果和残差的单位根检验结果，协整方程中的残差序列的统计值小于 $P=1\%$ 时的临界值水平，这表明残差序列为平稳序列，因此，f_t 和 S_t 之间存在协整关系，且其协整方程为：$f_t = 0.0714 + 0.9909 S_t + ec_t$。

表 7.6 协整方程回归结果

参数	估计结果	T 统计量	ADF 值
α_0	0.0714	108.4379	
α_1	0.9909	11978.2300	
ec_t			−11.1996***

注：*** 代表在 $P=1\%$ 水平上显著。

为了分析投资者情绪对期现货市场领先-滞后关系的影响，在向量误差修整模型(7.9)中分别增加了几个代表不同投资者情绪水平的虚拟变量。首先，在 VECM 中添加一个低情绪虚拟变量，当投资者情绪指数低于样本区间 25%分位数时，低情绪虚拟变量等于 1，否则为 0。从表 7.7 可以看出，当以沪深 300 指数收益率为因变量，在滞后阶数 3 时，其与期货收益之间相互作用带有虚拟变量的系数分别为 0.013219, 0.046804 和 0.038218，并且在 $P=1\%$ 的水平上显著，这一结果表明，期货市场在投资者情绪低落期间倾向于更大幅度地引导现货市场，当低情绪虚拟变量为情绪指数小于样本区间 50%分位数时，也会产生相似的结果。

另一方面，当定义高情绪时期为大于样本期间 80%分位数时，高情绪虚拟变量为 1，否则为 0。从表 7.7 可以看出，当以沪深 300 指数收益率为因变量，在滞后阶数为前 3 分钟时，与期货收益之间相互作用带有虚拟变量的系数分别为 −0.017083，−0.025723 和 −0.014366，并且在 $P=1\%$ 的水平上显著，这一结果表明，在高情绪时期，期货信息的主导作用显著减弱，当高情绪虚拟变量定义为情绪指数大于样本区间 50%分位数时，也会产生相似的结果。这些结果与假设 1 是相同的，即在投资者情绪高涨时期，知情交易者会面临更高的交易成本和更大的交易风险，从而减少了交易，削弱了期货市场的信息主导作用。

由表 7.7 可以看出，投资者情绪对现货和期货市场定价动态的影响不仅在统计意义上显著，而且在经济意义上也是显著的。例如，对于情绪指数大于 80%分位数时的高情绪时期，以沪深 300 指数为因变量，期货收益率滞后 1 阶的系数为 0.202831，而期货收益率与高情绪虚拟变量之间的交互项系数为-0.017083，这个系数表明，当投资者情绪较高时，滞后 1 阶的期货收益率系数下降了 8.4%，这在经济意义上也是显著的，在滞后 2 到 3 阶时，期货收益率和高情绪虚拟变量之间的交互项系数在符号和幅度上显示出相似的模式（大于 50%分位数滞后 1 阶例外）。

由以上分析可知，投资者情绪对现货和期货市场之间的领先-滞后关系具有重大影响，在投资者情绪高涨时期，期货市场的主导作用明显减弱，这些结果意味着知情交易者在噪声交易者增加的市场，将面临更大的交易风险和交易成本，从而不愿意利用在期货市场上的信息优势进行杠杆交易。

表 7.7 投资者情绪和 VECM

因变量 控制变量	未加入情绪指数		情绪指数<20%分位数		情绪指数<50%分位数		情绪指数>50%分位数		情绪指数>80%分位数	
	Hs300	IF00	Hs300	IF00	Hs300	IF00	Hs300	IF00	Hs300	IF00
CointEq1	0.001249 (0.00012) [10.5799]	-0.000729 (0.00017) [-4.32238]	0.001245 (0.00012) [10.5566]	-0.000729 (0.00017) [-4.32277]	0.001249 (0.00012) [10.5830]	-0.000729 (0.00017) [-4.32310]	0.001249 (0.00012) [10.5830]	-0.000729 (0.00017) [-4.32310]	0.001256 (0.00012) [10.6458]	-0.000730 (0.00017) [-4.32434]
ΔS_{t-1}	0.071388 (0.00207) [34.4119]	0.040904 (0.00297) [13.7899]	0.093338 (0.00234) [39.8450]	0.049692 (0.00335) [14.8256]	0.083875 (0.00277) [30.3270]	0.029712 (0.00396) [7.51207]	0.056543 (0.00314) [18.0180]	0.056568 (0.00449) [12.6047]	0.043943 (0.00270) [16.2459]	0.057756 (0.00387) [14.9271]
ΔS_{t-2}	-0.047501 (0.00205) [-23.1676]	-0.029641 (0.00293) [-10.1109]	-0.044407 (0.00232) [-19.1355]	-0.033083 (0.00332) [-9.96354]	-0.042749 (0.00274) [-15.6076]	-0.029865 (0.00392) [-7.62433]	-0.054535 (0.00310) [-17.6133]	-0.029512 (0.00443) [-6.66506]	-0.046651 (0.00266) [-17.5106]	-0.030578 (0.00381) [-8.02367]
ΔS_{t-3}	-0.089478 (0.00189) [-47.3378]	-0.028330 (0.00270) [-10.4822]	-0.090245 (0.00212) [-42.5165]	-0.029716 (0.00304) [-9.78439]	-0.085225 (0.00250) [-34.1502]	-0.022469 (0.00357) [-6.29569]	-0.096463 (0.00290) [-33.2945]	-0.036800 (0.00414) [-8.88155]	-0.079532 (0.00247) [-32.1897]	-0.033820 (0.00353) [-9.56907]
Δf_{t-1}	0.195710 (0.00146) [134.006]	-0.016595 (0.00209) [-7.94699]	0.192584 (0.00159) [121.009]	-0.017966 (0.00228) [-7.88989]	0.001249 (0.00012) [10.5830]	-0.005005 (0.00269) [-1.86039]	0.187779 (0.00232) [81.0103]	-0.034265 (0.00331) [-10.3365]	0.202831 (0.00195) [103.878]	-0.031787 (0.00279) [-11.3807]
Δf_{t-2}	0.122656 (0.00151) [81.3585]	0.009764 (0.00216) [4.52964]	0.113825 (0.00165) [69.1319]	0.006803 (0.00236) [2.88782]	0.111746 (0.00195) [57.4042]	0.005621 (0.00278) [2.01894]	0.138396 (0.00239) [57.9864]	0.017061 (0.00341) [4.99858]	0.133718 (0.0202) [66.1740]	0.011761 (0.00289) [4.06870]
Δf_{t-3}	0.091724 (0.00146) [62.7263]	0.012955 (0.00209) [6.19635]	0.085314 (0.00159) [53.5350]	0.012115 (0.00228) [5.31325]	0.084066 (0.00188) [44.7733]	0.008644 (0.00269) [3.21906]	0.103716 (0.00233) [44.4944]	0.020171 (0.00333) [6.05075]	0.098214 (0.00196) [50.0812]	0.017555 (0.00281) [6.25781]
C	0.0000	0.0000	0.0000	0.0000	0.0000	0.0000	0.0000	0.0000	0.0000	0.0000
$\Delta S_{t-1} * d$			-0.094796 (0.00511) [-18.5508]	-0.036181 (0.00731) [-4.94836]	-0.027332 (0.00418) [-6.53511]	0.026857 (0.00598) [4.49024]	0.027332 (0.00418) [6.53511]	-0.026857 (0.00598) [-4.49024]	0.067295 (0.00422) [15.9528]	-0.039669 (0.00603) [-6.57418]
$\Delta S_{t-2} * d$			-0.023764 (0.00503) [-4.72008]	0.010873 (0.00720) [1.50943]	-0.011786 (0.00413) [-2.85134]	0.000352 (0.00591) [0.05962]	0.011786 (0.00413) [2.85134]	-0.000352 (0.00591) [-0.05962]	-0.004213 (0.00418) [-1.00783]	0.003351 (0.00598) [0.56043]
$\Delta S_{t-3} * d$			-0.003124 (0.00473) [-0.66105]	0.006287 (0.00676) [0.92997]	-0.011238 (0.00382) [-2.93909]	-0.014331 (0.00547) [-2.62072]	0.011238 (0.00382) [2.93909]	0.014331 (0.00547) [2.62072]	-0.024079 (0.00384) [-6.27042]	0.011808 (0.00549) [2.14958]
$\Delta f_{t-1} * d$			0.013219 (0.00399) [3.30948]	0.005262 (0.00572) [0.92070]	-0.012020 (0.00298) [-4.02929]	-0.029260 (0.00427) [-6.85872]	0.012020 (0.00298) [4.02929]	0.029260 (0.00427) [6.85872]	-0.017083 (0.00294) [-5.81513]	0.034602 (0.00420) [8.23446]
$\Delta f_{t-2} * d$			0.046804 (0.00410) [11.4174]	0.015937 (0.00587) [2.71701]	0.026650 (0.00308) [8.65654]	0.011441 (0.00440) [2.59853]	-0.026650 (0.00308) [-8.65654]	-0.011441 (0.00440) [-2.59853]	-0.025723 (0.00303) [-8.48278]	-0.004678 (0.00434) [-1.07836]

续表

因变量 控制变量	未加入情绪指数		情绪指数<20%分位数		情绪指数<50%分位数		情绪指数>50%分位数		情绪指数>80%分位数	
	Hs300	IF00	Hs300	IF00	Hs300	IF00	Hs300	IF00	Hs300	IF00
$\Delta f_{t-3} *d$			0.038218 (0.00400) [9.55231]	0.005771 (0.00572) [1.00803]	0.019650 (0.00299) [6.56647]	0.011527 (0.00428) [2.69350]	-0.019650 (0.00299) [-6.56647]	-0.011527 (0.00428) [-2.69350]	-0.014366 (0.00294) [-4.88616]	-0.010012 (0.00421) [-2.38052]
校正决定系数	0.131648	0.001141	0.132959	0.001258	0.132157	0.001351	0.132157	0.001351		0.001372
样本方差	0.224539	0.459053	0.224196	0.458992	0.224404	0.458950	0.224404	0.458950		0.458940
AIC	-11.53092	-10.81580	-11.53241	-10.81590	-11.53149	-10.81599	-11.53149	-10.81599		-10.81601

4. 投资者情绪和价格发现过程

在前面的部分，VECM 估计结果显示，现货和期货市场之间的临时领先-滞后关系受到投资者情绪的影响。接下来本书将介绍投资者情绪对信息份额和 GG 因子权重的影响，以分析投资者情绪是否影响现货和期货的均衡价格。我们使用每交易日内的 1 分钟数据来计算现货和期货的每日信息份额和 GG 因子权重，如图 7.1 所示，正如本书研究方法理论部分所指出的那样，期货价格发现贡献份额的结论严格依赖于期货价格变量在模型中的排序，为此，本书采用上下限的均值对市场信息的份额进行估计，此均值越大，意味着该市场对价格发现的贡献度越大，价格发现功能越强。

1) 信息份额与公共因子权重

本书使用每交易日内的 1 分钟数据来计算现货及其相应期货每日信息份额的上下限，然后对其求平均值，并采用永久-短暂模型计算出其每日的公共因子权重以衡量其价格发现度，如图 7.1 所示。由图上可知，信息份额模型和公共因子模型计算出来的价格贡献度具有一致性。

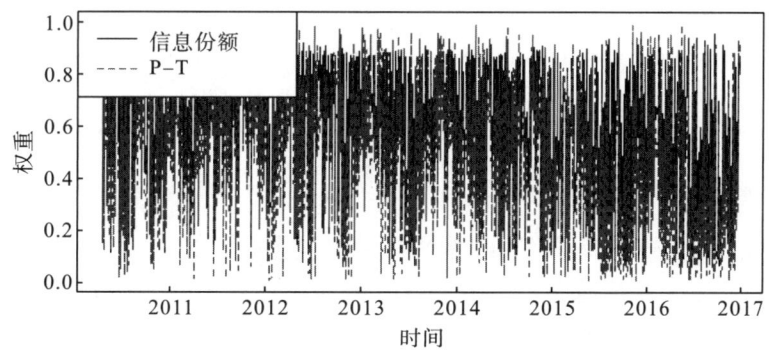

图 7.1 信息份额和公共因子权重走势图

2) 投资者情绪对信息份额的回归分析

接下来进行多变量回归分析，研究投资者情绪与期货信息份额之间的关系，包括已实现波动率和流动性等控制变量。表 7.8 显示投资者情绪再次对期货信息份额造成负面影响，不管是构建的情绪指数还是以 BW 作为情绪指数，结论一致。从表 7.8 可以看出，在构建的情绪指数回归分析中,对不同的流动性指标进行回归,模型(7.23)-1,模型(7.23)-2 和模型(7.23)-3 中高情绪虚拟变量的系数分别为-4.321×10^{-2}、-5.218×10^{-2}、-1.238×10^{-2},其中有两项在 $P=1\%$ 的水平上是显著的,而以 BW 情绪指标进行回归分析,其中也有两项在 $P=10\%$ 的水平上是显著的,两者具有相似的回归结果,但相比较而言,本书构建的情绪指数效果更好。

表 7.8 的结果表明,当投资者情绪高涨时,期货价格对价格发现的贡献度相对减少,表 7.8 和表 7.7 中数据的结果与 Shleifer 和 Vishny(1997)与 Barberis 等(1998)的论述是一致的,即在投资者情绪高涨时期,知情交易者不愿意令自己暴露在极端的投资风险之中,从而不愿意在期货市场上利用其信息优势进行杠杆交易,进而使期货价格在此期间的信息相对较少。

表 7.8 投资者情绪与信息份额回归系数

控制变量	因变量	高情绪虚拟变量为构建的信息份额回归结果			高情绪虚拟变量为 BW 的信息份额回归结果		
		模型(7.23)-1	模型(7.23)-2	模型(7.23)-3	模型(7.23)-4	模型(7.23)-5	模型(7.23)-6
	α_2'	5.907×10^{-1} (0.0000)***	6.864×10^{-1} (0.0000)***	3.965×10^{-1} (0.0000)***	1.0342 (0.0000)***	9.754×10^{-1} (0.0000)***	4.095×10^{-1} (0.0000)***
	$D_t^{high-sent}$	-4.321×10^{-2} (0.0046)***	-5.218×10^{-2} (0.0066)***	-1.238×10^{-2} (0.3981)	-0.1147 (0.0796)*	-1.254×10^{-1} (0.0513)*	-2.010×10^{-2} (0.1396)
	MS	1.598×10^{-1} (0.0000)***			-0.2383 (0.0973)*		
	TV		6.295×10^{-8} (0.0005)***			-6.009×10^{-7} (0.0130)**	
	SR			5.215×10^{-1} (0.0000)***			5.046×10^{-1} (0.0000)***
	RV	-5.768×10^{-4} (0.0000)***	-7.495×10^{-4} (0.0000)***	-2.590×10^{-4} (0.0023)***	-0.0014 (0.0162)**	-1.121×10^{-3} (0.0392)**	-2.830×10^{-4} (0.0005)***
校正决定系数		0.0831	0.0497	0.0915	0.0864	0.1269	0.0923

3) 投资者情绪对 P-T 的回归分析

最后本书以 GG 因子权重来作为信息份额的度量指标,GG 因子权重越大,说明期货市场对价格发现过程的贡献度越大。表 7.9 列出了投资者情绪与期货 GG 因素权重之间关系的回归结果,高情绪虚拟变量在各种模型中的估计结果都是负的,其中大部分具有统计上的显著性。例如,在构建的情绪指数回归中对不同的流动性指标进行回归分析,模型(7.27)-1,模型(7.27)-2 和模型(7.27)-3 中高情绪虚拟变量的系数分别为-3.784×10^{-2}、-5.332×10^{-2} 和 -2.890×10^{-3},其中有两项在 $P=5\%$ 的水平上是显著的,其结果与 BW 指标具有同向性,但其显著性比 BW 好,这也意味着当投资者情绪高涨时,期货价格对价格发现过程的贡献度减小。

表 7.9 投资者情绪与 P-T 回归系数

控制变量 \ 因变量	高情绪虚拟变量为构建的 P-T 回归结果			高情绪虚拟变量为 BW 的 P-T 回归结果		
	模型(7.27)-1	模型(7.27)-2	模型(7.27)-3	模型(7.27)-4	模型(7.27)-5	模型(7.27)-6
α_2'	4.749×10^{-1} (0.0000)***	5.825×10^{-1} (0.0000)***	2.751×10^{-1} (0.0000)***	0.7836 (0.0000)***	7.077×10^{-1} (0.0000)***	2.957×10^{-1} (0.0000)***
$D_t^{high-sent}$	-3.784×10^{-2} (0.0325)**	-5.332×10^{-2} (0.0167)**	-2.890×10^{-3} (0.8655)	-0.0762 (0.2590)	-8.434×10^{-2} (0.2087)	-3.287×10^{-2} (0.0380)**
MS	1.804×10^{-1} (0.0013)***			-0.2283 (0.1250)		
TV		7.906×10^{-8} (0.0001)***			-4.886×10^{-7} (0.0526)*	
SR			5.540×10^{-1} (0.0000)***			5.276×10^{-1} (0.0000)***
RV	-6.814×10^{-4} (0.0000)***	-8.929×10^{-4} (0.0000)***	-3.466×10^{-4} (0.0005)***	-0.0009 (0.1060)	-7.193×10^{-4} (0.2040)	-3.561×10^{-4} (0.0002)***
校正决定系数	0.0799	0.0498	0.0825	0.0300	0.0479	0.0849

7.4 本章小结

大量文献表明，相比于现货市场，期货市场能够对新信息做出更快的反应，因为相对于现货市场，期货市场具有较低的交易成本，从而吸引了大量的知情交易者利用他们的信息优势进行杠杆交易，因此，在现货市场和期货市场之间出现了不对称的领先-滞后关系。然而，一些研究表明，如果交易风险和交易成本随着时间的推移而发生变化，那么期货和现货之间的领先-滞后关系可能会随着时间的变化而变化。本章以沪深 300 指数价格和股指期货价格为研究对象，探讨投资者情绪对现货市场和期货市场之间的领先-滞后关系和价格发现过程的影响，研究表明投资者情绪对价格波动和买卖差价都有正面的影响，这意味着知情交易者在投资者情绪高涨时期，承担的交易风险和成本较高，基于套利理论和交易成本假说，我们可知知情交易者在高情绪时期不愿意在期货市场上利用其信息优势进行杠杆交易。

通过对现货和期货市场之间的领先-滞后关系和价格发现过程的实证分析，得出了与先前文献和理论假设一致的结果。①在投资者情绪高涨时期，期货市场的主导作用显著减弱，这表明随着噪声交易者加入，投资风险和交易成本增大，使得知情交易者减少其在期货市场上的交易；②投资者情绪对期货市场的信息份额和 GG 因子权重均产生负面影响表明在高情绪时期，期货价格的信息份额会相对减少；③非知情交易者往往在高情绪时期持有较多的多头头寸，这表明投资者情绪确实对噪声交易者风险行为产生了积极的影响。

本章的实证研究结果提供了对有限套利理论的支持，即在投资者情绪高涨时期，噪声交易者增加，使得交易风险和成本也相应增加，阻碍了知情交易者利用其在期货市场上的信息优势进行套利交易。研究结果表明投资者情绪不仅对资产价格和波动性产生影响，而且对相关市场上的价格发现过程也有重要影响，这为研究投资者情绪对期货市场价格发现的影响提供了进一步的理论支持。

第8章　投资者情绪与沪深300股指期货和现货市场的动态波动关系研究

行为金融学观点已经表明，当投资者情绪高涨时，理性交易者考虑到噪声交易者交易行为的不可预测会产生的风险，他们会放缓手中的套利活动，在这一时期，理性投资者将远离市场(Shleifer and Vishny, 2003)，因为理性交易者意识到，在市场情绪高涨时，定价过高也可能会大幅缩小他们在这时候的风险敞口，从而使得噪声交易者的行为对价格的影响增加。这种交易行为的差异可能会影响到这两个市场的交易量、投资者组合和有效交易成本等。

在现货市场或期货市场中，由投资者情绪引起的流动性以及交易成本的变化，可能会影响市场中投资者组合的变化，进而影响期现货市场之间的动态波动变化。中国证券市场的发展在一定程度上要落后于发达国家，但沪深300股指期货的推出使得我国金融期货市场乃至资本市场得到了进一步的完善。股指期货的引入使市场的信息传导机制有了显著的改善，可以使价格以更快的速度对信息进行调整，在一定程度上提高了市场信息传递效率；股指期货以其独特的优势为证券市场注入新鲜的血液并与股票市场紧密相连，可以提高股票市场的稳定性，并有助于发挥市场的功能。因此，深入地研究我国股指期货现货市场之间动态变化的影响因素，可以更好地发挥股指期货市场的作用。

因此，本章以2010年4月19日~2016年12月28日沪深300股指期现货市场的日交易数据为样本，对投资者情绪与沪深300股指期货和现货市场的动态波动关系进行研究。

8.1　研究假设

Chang等(2012)将投资者情绪定义为投资者对未来现金流和投资风险的预期，认为投资者对未来现金流和投资风险的预期将会影响投资者的交易决策进而导致资产定价错误，最终影响资产定价模型。识别市场中的噪声交易者并掌握噪声交易者对投资者情绪的反应，可以使经典的资产定价理论更加完整。

市场相关性的程度主要取决于市场效率。如果市场是有效的，现货和期货市场应该是完全相关的。由于期货和现货市场投资者组合或无套利波段宽度的变化，市场效率被认为不可能是稳定的。因此，在期现货市场中，投资者情绪将会发挥重要的作用。中国的期货与现货市场噪声交易者和易受情绪支配的投资者占多数，投资者组合的变化将会使噪声交易者的数量出现更大幅度的增长，而知情或者经验丰富的理性交易者，在投资者情绪高涨的时候，将减少他们的套利活动，缩小在期现货市场的风险敞口。噪声交易者的大量增加使得部分理性投资者减少在期现货市场的交易，这会引起交易量净效应的变化，同时市场风险和成本的增加扩大了期货和现货市场的无套利区间,在这一区间内,高投资者情绪会降低期现市场的价格相关性,由此引出了我们的假设 1、2。

假设 1:投资者情绪高涨时,期货和现货市场的异常交易量会显著增加。

假设 2:投资者情绪高涨时,期货和现货市场价格的相关性会降低。

Jones 和 Seguin(1997)认为,由于噪声交易不是基于潜在价值信息的交易,这些交易会使价格偏离其内在价值,降低价格信息,同时增加价格波动。Yang 和 Cai(2014)认为,高投资者情绪会使得部分理性投资者暂时退出市场,增大噪声交易者的市场参与度。在这种情况下,一方面,市场缺乏理性交易者将价格拉回均值水平,另一方面,噪声交易者的增多使资产价格更加偏离基础价值,这时,期货和现货市场的投资者以噪声交易者为主,噪声交易者的过度自信和自我归因偏差等因素导致他们在期现货市场上过度投资,噪声交易者越多,资产的价格变动越大,市场的交易风险、成本等变化也会随之加深,这些变化使得市场的信息变得更加嘈杂从而增加市场内以及市场间的波动性。当市场投资者情绪高涨时,噪声交易者的过度自信和自我认知偏差等因素使其面对市场的坏消息时产生过度反应,从而增加对他们资产价格的影响力度,这意味着高涨的投资者情绪会增加负面信息对市场波动性的影响。因此引出了假设 3、4。

假设 3:投资者情绪高涨时,现货(股指期货)市场自身市场信息对波动性的影响将会增强且更加具有非对称性。

假设 4:投资者情绪高涨时,现货(股指期货)市场之外的市场信息对波动性的影响将会增强且更加具有非对称性。

8.2 实 证 模 型

在探究投资者情绪对异常交易量的影响时,我们用 AR(5)-GARCH(1,1)模型 1 来验证假设 1,模型 1 如下

$$AV_t^m = \log V_t^m - \sum_{k=1}^{200} \log V_{t-k}^m / 200 \tag{8.1}$$

$$AV_t^m = \alpha_m + \beta_m \text{SENT}_t + \gamma_{1,m} D_M + \gamma_{2,m} D_T + \gamma_{3,m} D_T$$
$$+ \gamma_{4,m} D_F + \sum_{j=1}^{5} \gamma_{4+j,m} AV_{t-j}^m + e_{t,m} \tag{8.2}$$

$$\sigma_{t,m}^2 = \alpha_{0,m} + \alpha_{1,m} e_{t-1,m}^2 + \alpha_{2,m} \sigma_{t-1,m}^2 \tag{8.3}$$

式中,AV_t^m 是市场 m(沪深 300 指数期货和现货)的日异常成交量,A_t^m 是期现货市场的日成交量,日异常成交量是根据式(8.1)计算得出,系数 β_m 表示投资者情绪对期现货市场异常交易量的影响。在模型中我们将投资者情绪指数(当情绪指数分别大于 50%、65%、80%、90%分位数时虚拟变量为 1,否则为 0)和星期效应(当日期分别为星期一、星期二、星期四、星期五时虚拟变量为 1,否则为 0)变换为虚拟变量加入均值方程。

为了验证假设 2,本书用加入非均衡项的 VECM-CCC-GARCH 模型 2 以模拟投资者情绪与股指期现货市场相关性和与两个市场的第二时刻之间的联系,并将投资者情绪指数

这一虚拟变量引入模型中，使股指期现货市场相关性随投资者情绪的变化而变化。系数 γ_1 表示投资者情绪对期货和现货市场之间相关性的影响。模型 2 如下

$$\log s_t = c_0 + c_1 \log f_t + ec_t \tag{8.4}$$

$$R_{s,t} = A_0 + A_1 R_{s,t-1} + A_2 R_{f,t-1} + A_3 ec_{t-1} + e_{s,t} \tag{8.5}$$

$$R_{f,t} = B_0 + B_1 R_{f,t-1} + B_2 R_{s,t-1} + B_3 ec_{t-1} + e_{f,t} \tag{8.6}$$

$$\sigma_{s,t}^2 = \alpha_0 + \alpha_1 e_{s,t-1}^2 + \alpha_2 \sigma_{s,t-1}^2 + \alpha_3 D_{s,t-1} e_{s,t-1}^2 + \alpha_4 e_{f,t-1}^2 + \alpha_5 D_{f,t-1} e_{f,t-1}^2 \tag{8.7}$$

$$\sigma_{f,t}^2 = \beta_0 + \beta_1 e_{f,t-1}^2 + \beta_2 \sigma_{f,t-1}^2 + \beta_3 D_{f,t-1} e_{f,t-1}^2 + \beta_4 e_{s,t-1}^2 + \beta_5 D_{s,t-1} e_{s,t-1}^2 \tag{8.8}$$

$$\sigma_{sf,t} = (\gamma_0 + \gamma_1 \mathrm{SENT}_t) \sigma_{s,t} \sigma_{f,t} \tag{8.9}$$

式 (8.4) 中，f_t 和 s_t 为股指期货和现货的价格，$\log f_t$ 和 $\log s_t$ 为股指期货和现货的对数价格，ec_t 为 $\log s_t$ 与 $\log f_t$ 两个序列回归的残差。在 GARCH 模型的均值方程中，$R_{f,t}$ 和 $R_{s,t}$ 为股指期货和现货的收益率（$R_{f,t} = \log f_t - \log f_{t-1}$，$R_{s,t} = \log s_t - \log s_{t-1}$），系数 A_3 和 B_3 为误差修正项的调整系数，A_0 和 B_0 为均值方程的常数项，$e_{s,t}$ 为现货市场的随机扰动项，$e_{f,t}$ 为股指期货市场的随机扰动项。在 GARCH 模型的方差方程中，$\sigma_{s,t}^2 = Var(e_{s,t} / \pi_{t-1})$ 为现货市场的条件方差，$\sigma_{f,t}^2 = Var(e_{f,t} / \pi_{t-1})$ 为期货市场的条件方差，π_t 为 t 时期可获得的信息集。方差方程中加入了期现货市场的交互扰动项来探究两个市场之间的波动溢出情况。$\alpha_3 D_{s,t-1} e_{s,t-1}^2$ 和 $\beta_3 D_{f,t-1} e_{f,t-1}^2$ 为非对称效应，也称杠杆效应，即好消息与坏消息对条件方差有不同的影响，当坏消息发生时 $e_{s,t} < 0$（$e_{f,t} < 0$），则虚拟变量 $D_{s,t} = 1$（$D_{f,t} = 1$），当好消息发生时 $e_{s,t} > 0$（$e_{f,t} > 0$），则虚拟变量 $D_{s,t} = 0$（$D_{f,t} = 0$）。α_1 和 β_1 表示自身市场信息对波动性的影响系数，α_2 和 β_2 为持久性系数，α_3 和 β_3 表示自身市场信息对波动影响的非对称系数，α_4 和 β_4 表示其他市场信息对波动性的影响（即期货和现货市场波动溢出效应）系数，α_5 和 β_5 表示其他市场信息对波动影响的非对称系数，γ_0 为期现货市场之间的条件相关系数。

为了检验假设 3，本部分对模型 2 进行了调整，将情绪指数这一虚拟变量与来自自身市场的信息（模型 3）和来自自身市场的负面信息（模型 4）联系在一起。在验证假设 4 时，还将情绪指数的虚拟变量引入交互项中，探究在投资者情绪的影响下，其他市场信息对市场波动性的影响（模型 5）以及这种影响的非对称性变化（模型 6）。我们对模型施加不同的限制以创建上述模型的其余部分如下

$$\log s_t = c_0 + c_1 \log f_t + ec_t \tag{8.4}$$

$$R_{s,t} = A_0 + A_1 R_{s,t-1} + A_2 R_{f,t-1} + A_3 ec_{t-1} + e_{s,t} \tag{8.5}$$

$$R_{f,t} = B_0 + B_1 R_{f,t-1} + B_2 R_{s,t-1} + B_3 ec_{t-1} + e_{f,t} \tag{8.6}$$

$$\begin{aligned}\sigma_{s,t}^2 &= \alpha_0 + \alpha_1 e_{s,t-1}^2 + \alpha_2 \sigma_{s,t-1}^2 + \alpha_3 D_{s,t-1} e_{s,t-1}^2 + \alpha_4 e_{f,t-1}^2 + \alpha_5 D_{f,t-1} e_{f,t-1}^2 + \alpha_6 \mathrm{SENT}_t e_{s,t-1}^2 \\ &\quad + \alpha_7 \mathrm{SENT}_t e_{f,t-1}^2 + \alpha_8 D_{s,t-1} \mathrm{SENT}_t e_{s,t-1}^2 + \alpha_9 D_{f,t-1} \mathrm{SENT}_t e_{f,t-1}^2 \end{aligned} \tag{8.10}$$

$$\begin{aligned}\sigma_{f,t}^2 &= \beta_0 + \beta_1 e_{f,t-1}^2 + \beta_2 \sigma_{f,t-1}^2 + \beta_3 D_{f,t-1} e_{f,t-1}^2 + \beta_4 e_{s,t-1}^2 + \beta_5 D_{s,t-1} e_{s,t-1}^2 + \beta_6 \mathrm{SENT}_t e_{f,t-1}^2 \\ &\quad + \beta_7 \mathrm{SENT}_t e_{s,t-1}^2 + \beta_8 D_{f,t-1} \mathrm{SENT}_t e_{f,t-1}^2 + \beta_9 D_{s,t-1} \mathrm{SENT}_t e_{s,t-1}^2 \end{aligned} \tag{8.11}$$

并对模型 3、4、5、6 实施以下限制

模型 3：$\alpha_7=\alpha_8=\alpha_9=0$，$\beta_7=\beta_8=\beta_9=0$；
模型 4：$\alpha_6=\alpha_7=\alpha_9=0$，$\beta_6=\beta_7=\beta_9=0$；
模型 5：$\alpha_6=\alpha_8=\alpha_9=0$，$\beta_6=\beta_8=\beta_9=0$；
模型 6：$\alpha_6=\alpha_7=\alpha_8=0$，$\beta_6=\beta_7=\beta_8=0$。

8.3 数据说明与实证检验结果

8.3.1 数据说明

本部分采用沪深 300 指数期货当月连续合约与沪深 300 指数的日收盘价和日交易量数据，样本数据期为 2010 年 4 月 19 日～2016 年 12 月 28 日，样本量为 1629，数据较为充足。表 8.1 为期货和现货的对数价格序列和收益率序列的描述性统计分析。从表 8.1 看出，股指期现货的收益率序列都不服从标准正态分布，具有厚尾性、右偏的特征。从收益率序列的标准差可以看出，期货市场的波动性大于现货市场的波动性。

表 8.1 股指期货和现货对数价格序列和收益率序列的描述性统计

变量	$\log s_t$	$\log f_t$	$R_{s,t}$	$R_{f,t}$
均值	3.453579	3.452713	1.03E-05	6.92E-06
中值	3.442746	3.443529	9.18E-05	-0.000103
最大值	3.728658	3.729294	0.028224	0.042288
最小值	3.319516	3.314457	-0.039756	-0.065896
标准差	0.085303	0.084497	0.006922	0.007728
偏度	0.614576	0.625161	-0.706002	-0.557855
峰度	3.019695	3.133784	7.459592	11.63602
JB 值	102.5100	107.2582	1484.310	5143.507
P 值	0.000000	0.000000	0.000000	0.000000

在探究投资者情绪与期现货之间动态波动溢出的关系时，根据实证分析的需要，本书对数据进行了单位根检验和协整检验，表 8.2 为期货和现货对数价格以及收益率序列的平稳性检验结果，检验方法为 ADF 单位根检验法，从检验结果中可以看出序列 $\log s_t$ 和 $\log f_t$ 在 $P=1\%$ 的临界值水平上不平稳，收益率序列（$\log s_t$ 和 $\log f_t$ 的一阶差分）在 $P=1\%$ 的临界值水平上为平稳序列。

表 8.2 期现货对数价格序列和收益率序列平稳性检验

变量	ADF 值	1%临界值	结论
$\log s_t$	-1.927710	-3.963690	不平稳
$\log f_t$	-2.112726	-3.963690	不平稳
$R_{s,t}$	-38.97630	-3.434164	平稳
$R_{f,t}$	-39.63434	-3.434164	平稳

接下来对期货现货对数价格序列进行协整检验。本书采用 Engle 和 Granger 提出的方法对 $\log s_t$ 与 $\log f_t$ 进行协整检验。从表 8.3 可以看出回归方程中的残差序列在 $P=1\%$ 的临界值水平上为平稳序列，从而可以得知序列 $\log s_t$ 与 $\log f_t$ 之间存在协整关系。

表 8.3 协整方程回归结果

参数	估计结果	t 统计量	ADF 值
C_0	-0.026423	-5.407915	
C_1	1.007903	712.4582	
ec_t			-5.256031***

8.3.2 投资者情绪指标 S^{IF} 的选取及构建

1. BW 指标

投资者情绪是金融学和心理学的交叉，而心理学概念比较复杂，难以直接观察和测量，不少学者对此进行了不懈的探索，并取得了较好的结果。目前，学术领域中主要采用直接指标、间接指标和综合指标来表示市场中的投资者情绪。在这些指标中，最为著名的就是 Baker 和 Wurgler(2006)构建的 BW 指标。

BW 指标采用 6 个间接指标来构建股票市场投资者情绪，包括换手率、IPO 数量、IPO 首日收益率、封闭式基金折价率、股利收益率和股票发行占证券发行的份额，并通过主成分分析法对这 6 种指标进行加权得到。

2. 沪深 300 指数期货投资者情绪指标 S^{IF}

BW 指标的构建只是采用股票市场的月度数据，为了得到适应中国期货市场且更详尽、更全面的投资者情绪指标日度数据和月度数据，我们参考 Li 和 Liu(2017)构建的沪深 300 指数期货投资者情绪指标的方法，选取成交量、持仓量、换手率、波动率和排行前五的净头寸这 5 个初步的投资者情绪代理指标并采用主成分分析方法，分别利用市场交易的日数据和月数据构建出日度和月度的投资者情绪指标，用 S^{IF} 表示。

需要说明的是，本书中构建投资者情绪指标 S^{IF} 的换手率的计算方法为式(8.12)，S_n 为沪深 300 的成分股；波动率采用经典的 Garman-Klass Volatility 算法(Garman and Klass, 1980)，具体计算方法为式(8.13)，其中，u 为最高价与开盘价之差，d 为最低价与开盘价之差，c 为收盘价与开盘价之差。

$$\text{Turnover rate} = \frac{\sum_{n=1}^{300} 成交量 S_n}{\sum_{n=1}^{300} 发行总股数 S_n} \quad (8.12)$$

$$\sigma_{GK}^2 = 0.511(u-d)^2 - 0.019\left[c(u+d) - 2ud\right] - 0.383c^2 \quad (8.13)$$

如上所述，本章初选成交量、持仓量、换手率、波动率和排行前五的净头寸以 2010

年 4 月 16 日～2016 年 12 月 28 日沪深 300 指数期货的日数据①为例构建日度投资者情绪指标 S^{IF}。首先对这五大指标进行描述性统计。

表 8.4 5 种情绪代理指标的描述性统计

指标	样本量	最小值	最大值	均值	标准差	偏度	峰度
成交量	1630	5583	3185557	547566.8011	538622.3833	1.4662	2.1060
持仓量	1630	3590	259514	87607.2423	59967.5109	1.0415	0.1061
波动率	1630	28.1238	173422.3032	2823.4761	9155.3382	10.2025	136.6016
换手率	1630	0.1371	3.0936	0.5545	0.4591	2.3781	5.8756
排行前五的净头寸	1630	0	72768	16070.5243	12265.6311	1.3682	2.2155

表 8.4 为选取的 5 种情绪指标的描述性统计，沪深 300 指数期货成交量的均值约为 54.757 万份，日成交量最高达 318.56 万份。持仓量的平均水平为 8.76 万，日最高为 2.60 万，在 5 个情绪指标的代理中，偏度和峰度最大的是波动率，偏度和峰度最小的是持仓量。

由于这 5 个指标可能存在滞后效应，因此，本书首先对这 5 个代理指标与其各自滞后项（滞后 1 阶）这 10 个变量进行第一级主成分分析，综合构建得到"初级情绪指数"(First-Stage Sentiment Index)。然后分别将这 10 个变量与初级情绪指数进行相关性分析，将这 5 个指标与其滞后项进行对比，保留相关性大的变量。这 10 个变量的相关性检验分析结果如表 8.5 所示。

表 8.5 初级情绪指数与变量的皮尔逊相关性检验

	$Volume_t$	$Position_t$	$Volatility_t$	$Turnover\ rate_t$	$Top5buy_t$
初级情绪指数	0.872**	0.909**	0.386**	0.687**	0.874**
	$Volume_{t-1}$	$Position_{t-1}$	$Volatility_{t-1}$	$Turnover\ rate_{t-1}$	$Top5buy_{t-1}$
	0.873**	0.910**	0.382**	0.682**	0.877**

从表 8.5 中可以看出，交易量和持仓量这两个指标与初级情绪指数的相关性很强，都达到了 0.85% 以上，从市场的角度来看，这两个指标越大，市场投资者情绪相对越高。从上面的相关性检验结果来看，$Volume_{t-1}$、$Position_{t-1}$、$Volatility_t$、$Turnover\ rate_t$、$Top5buy_{t-1}$ 在对比中相关性更高，因此选取这 5 个变量作为构建沪深 300 指数期货情绪指数 S^{IF} 的最终指标。构建指标如下

$$S_t^{IF} = 0.3401 Volatility_t + 0.3468 Turnover\ rate_t + 0.3067 Volume_{t-1} \\ + 0.2207 Position_{t-1} + 0.2199 Top5buy_{t-1} \tag{8.14}$$

本章利用此模型构建出了书中所用的日度投资者情绪指数，并利用相同的方法构建出月度投资者情绪指数，将其与 BW 月度数据进行对比，如图 8.1～图 8.3 所示。

---

① 数据来源于 Wind 网站。

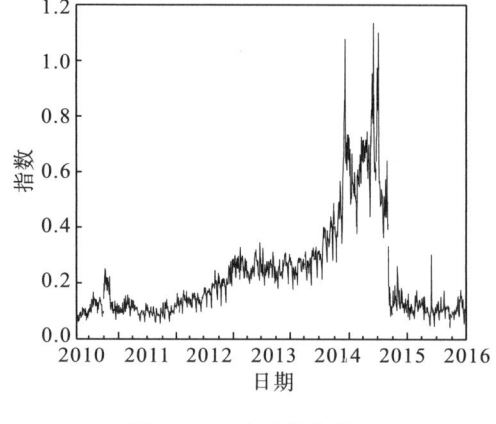

图 8.1 日度情绪指数

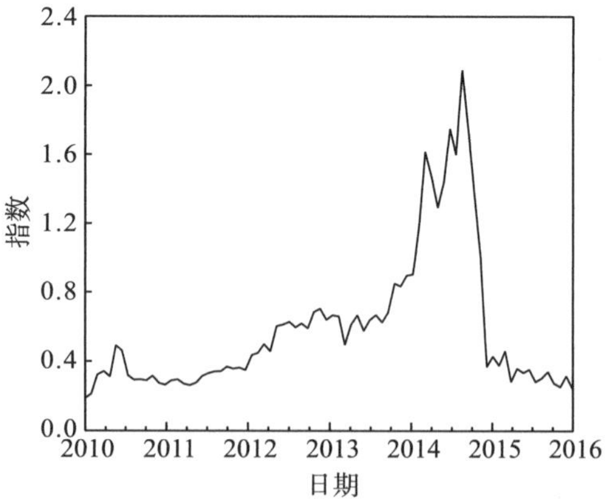

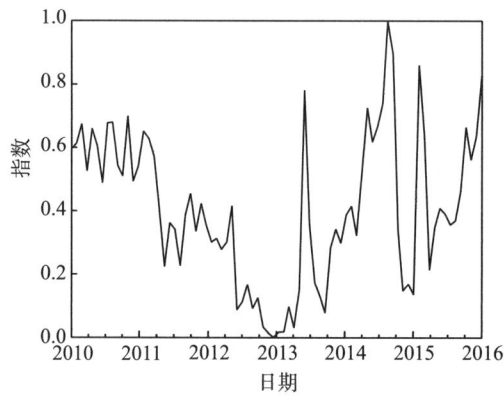

图 8.2 月度情绪指数

图 8.3 BW 月度情绪指数

8.3.3 实证结果

1. 情绪指数对期现货市场异常交易量的影响

从以往行为金融文献中可以推断出,投资者情绪水平对每个市场的总交易量有显著影响,但很少有研究从投资者情绪对期现货市场异常成交量影响这一角度进行实证研究。Corredor 等(2015)探究了美国和欧洲股指期现货市场投资者情绪对市场的异常交易量的影响,结果表明高投资者情绪会减少期货市场的异常成交量,而对现货市场没有显著性影响。而在中国的金融市场中,在期货和现货市场的交易者中,噪声交易者占多数,与国外期现货市场相比,投资者情绪对我国期现货市场异常交易量的影响可能会产生不一样的结果,针对这一问题,本节分析了投资者情绪对期现货市场异常成交量的影响,并构建模型 1 以验证假设 1。

模型 1 验证的结果如表 8.6、表 8.7、表 8.8 所示,在投资者情绪为构建的日度情绪指数时,投资者情绪水平大于 50%、65%、80% 和 90% 分位数时期货和现货市场系数 β 的估计结果均在 $P=1\%$ 的临界值水平上显著为正。投资者情绪为构建的月度情绪指数时,在上述 4 种投资者情绪水平下,现货市场的系数 β 均显著为正;而期货市场在投资者情绪水平大于50%和65%分位数时,系数β估计不显著,投资者情绪水平大于80%和90%分位数时,系数β估计结果在$P=10\%$的临界值水平上显著为正。投资者情绪的代理变量为BW时,在上述4种投资者情绪水平下,期现货市场的系数β估计结果均不显著。

总的来看,构建的投资者情绪S^{IF}的拟合效果要明显优于BW指标,从构建的投资者情绪S^{IF}的估计结果来看,投资者情绪高涨使得期现货市场异常交易量显著增加,这与前文的假设一致,投资者情绪高涨,会使部分理性投资者减少,噪声交易者增加,由此产生的净效应使得期现货市场的异常交易量增加,这较好地验证了假设1。

表8.6 AR(5)-GARCH(1,1)模型估计结果(构建日度情绪指数)

分类	情绪指数>50%分位数	情绪指数>65%分位数	情绪指数>80%分位数	情绪指数>90%分位数
		现货		
α	-0.018685***	-0.013650**	-0.008932	-0.004922
β	0.032086***	0.030710***	0.032821***	0.030299***
γ_1	0.015617**	0.016730**	0.016861**	0.016590**
γ_2	0.001759	0.002546	0.002559	0.002685
γ_3	0.001642	0.001626	0.001680	0.001643
γ_4	-0.004779	-0.004351	-0.004033	-0.004087
α_0	0.000193**	0.000169**	0.000161**	0.000167**
α_1	0.014314***	0.014731***	0.014723***	0.015413***
α_2	0.964179***	0.966608***	0.967592***	0.966339***
		期货		
α	0.032584***	0.039928***	0.041676***	0.044035***
β	0.023245***	0.015012***	0.016068***	0.024193***
γ_1	-0.065335***	-0.066386***	-0.065134***	-0.067960***
γ_2	-0.030576***	-0.032423***	-0.033166***	-0.033850***
γ_3	-0.031375***	-0.032474***	-0.032535***	-0.034146***
γ_4	-0.048053***	-0.049941***	-0.048636***	-0.051860***
α_0	0.008631***	0.008792***	0.008837***	0.008772***
α_1	1.376599***	1.347313***	1.339521***	1.334618***
α_2	-0.004310	-0.004015	-0.004699	-0.004902

注:表格中为模型部分参数估计结果,下同。

表 8.7　AR(5)-GARCH(1,1)模型 1 估计结果(构建月度情绪指数)

分类	情绪指数>50%分位数	情绪指数>65%分位数	情绪指数>80%分位数	情绪指数>90%分位数
现货				
α	-0.009450	-0.009666	-0.006843	-0.004188
β	0.015553***	0.021444***	0.024420***	0.025217**
γ_1	0.016049**	0.015701**	0.016099**	0.016249**
γ_2	0.002647	0.002520	0.002593	0.002656
γ_3	0.001416	0.001339	0.001385	0.001507
γ_4	-0.004764	-0.004889	-0.004680	-0.004495
α_0	0.000173**	0.000173**	0.000160**	0.000166**
α_1	0.016055***	0.014819***	0.014590***	0.015137***
α_2	0.965093***	0.966197***	0.967878***	0.966744***
期货				
α	0.043988***	0.045423***	0.044722***	0.045844***
β	0.007029	0.005518	0.012388*	0.017995*
γ_1	-0.068644***	-0.068208***	-0.068288***	-0.068646***
γ_2	-0.034556***	-0.035152***	-0.034726***	-0.034956***
γ_3	-0.034011***	-0.033813***	-0.033848***	-0.034260***
γ_4	-0.051442***	-0.051472***	-0.050795***	-0.050614***
α_0	0.008780***	0.008825***	0.008791***	0.008759***
α_1	1.349832***	1.341952***	1.342986***	1.344667***
α_2	-0.003623	-0.003664	-0.004477	-0.004805

表 8.8　AR(5)-GARCH(1,1)模型 1 估计结果(BW 情绪指数)

分类	情绪指数>50%分位数	情绪指数>65%分位数	情绪指数>80%分位数	情绪指数>90%分位数
现货				
α	-0.001365	-0.001990	-0.003212	-0.002659
β	0.000140	0.002211	0.009611	0.010322
γ_1	0.016088**	0.016119**	0.016404**	0.016259**
γ_2	0.002644	0.002635	0.002671	0.002597
γ_3	0.001417	0.001443	0.001524	0.001394
γ_4	-0.004663	-0.004608	-0.004414	-0.004573
α_0	0.000173**	0.000174**	0.000180**	0.000181**
α_1	0.015291***	0.015464***	0.016511***	0.015828***
α_2	0.965980***	0.965630***	0.963991***	0.964481***

续表

分类	情绪指数>50%分位数	情绪指数>65%分位数	情绪指数>80%分位数	情绪指数>90%分位数
		期货		
α	0.050055***	0.049531***	0.049219***	0.048131***
β	−0.005724	−0.004176	−0.004679	−0.001006
γ_1	−0.068220***	−0.069238***	−0.069230***	−0.068961***
γ_2	−0.035060***	−0.035613***	−0.035605***	−0.035265***
γ_3	−0.033266***	−0.034180***	−0.034145***	−0.034210***
γ_4	−0.051598***	−0.052649***	−0.052357***	−0.052078***
α_0	0.008839***	0.008834***	0.008839***	0.008817***
α_1	1.345697***	1.340726***	1.338676***	1.340654***
α_2	−0.003640	−0.003855	−0.003891	−0.003636

2. 投资者情绪对期货和现货市场相关性的影响

本节通过构建模型2来验证假设2,探究投资者情绪对期现货市场相关性的影响,参数估计结果如表8.9和表8.10所示,在均值方程中,现货市场的滞后回报率都有显著的负向迹象,而期货市场的滞后回报率都有显著的正向迹象。条件方差方程的参数数据表明,自身市场信息对波动性的影响系数 α_1 和 β_1,持久性系数 α_2 和 β_2 均显著为正。同时我们也发现,其他市场信息对波动性的影响系数 α_4 和 β_4 在 $P=1\%$ 的临界值水平上显著;其他市场信息对波动性影响的非对称性系数 α_5 和 β_5 分别在 $P=5\%$ 和 $P=1\%$ 的临界值水平上显著。

在检验假设2时,同验证假设1一样,我们选取本书构建的日度、月度投资者情绪指数和BW情绪指数者对比分析,用 γ_1 来表示与这种相关性变化相关的参数,表8.10显示,当情绪指数代理为BW指数和构建的日度、月度情绪指数时,在4种不同投资者情绪水平下,期货市场的相关性变化 γ_1 虽极大部分在 $P=1\%$ 的临界值水平上显著为正,但从数据大小来看,系数 γ_1 特别微小,在统计学上几乎为零,因此当投资者情绪高涨时,假设2并没有得到有力证实,因此关于投资者情绪对期现货市场相关性影响的研究在今后还需更深入的探讨。

表 8.9 VECM-CCC-GARCH 模型估计结果(模型2)

C_0	C_1	A_0	A_1	A_2	A_3	B_0	B_1
−0.026423 ***	1.007903 ***	−0.000119 **	−0.394586 ***	0.382165 ***	0.006809	−7.12×10⁻⁵ *	0.180148 ***
B_2	B_3	α_0	α_1	α_2	α_3	α_4	α_5
−0.199219 ***	0.180261 ***	2.81×10⁻⁷ ***	0.330106 ***	0.941090 ***	−0.218521	0.053267 ***	−0.039639 **
β_0	β_1	β_2	β_3	β_4	β_5	γ_0	γ_1
4.77×10⁻⁷ ***	0.778094 ***	0.937323 **	0.877222 ***	−0.060035 ***	0.088240 ***	0.951685 ***	见表8.10

表 8.10　VECM-CCC-GARCH 模型系数 γ_1 估计结果

分类	情绪指数>50%分位数	情绪指数>65%分位数	情绪指数>80%分位数	情绪指数>90%分位数
γ_1（构建日）	0.000000	0.000000	5.14×10^{-16}***	5.37×10^{-16}***
γ_1（构建月）	1.02×10^{-15}***	5.03×10^{-16}***	2.47×10^{-16}***	5.71×10^{-16}***
γ_1（BW 月）	3.65×10^{-16}***	4.06×10^{-16}***	1.30×10^{-16}***	3.65×10^{-16}***

3. 投资者情绪对（受自身市场信息影响的）波动性的影响

本节用构建的模型 3 和模型 4 来验证假设 3，模型 3 中系数 $\alpha_6(\beta_6)$ 表示在投资者情绪的影响下，现货（期货）市场自身信息对波动性的影响，模型 4 中，系数 $\alpha_8(\beta_8)$ 表示在投资者情绪的影响下，现货（期货）市场自身信息对波动性的非对称性影响。

从表 8.11～表 8.13 数据来看，在投资者情绪构建的日度和月度情绪指数中，在投资者情绪水平大于 50%、65%、80% 和 90% 分位数时系数 α_6、β_6 和 β_8 的系数估计结果均显著为正；现货市场的系数 α_8 在投资者情绪水平大于 50%、65%、80% 分位数时估计结果均显著为正。接下来用 BW 月度情绪指数与构建的月度情绪指数进行对比分析（如表 8.12 所示），在投资者情绪水平大于 80% 和 90% 分位数时，构建的月度情绪指数中显著系数的个数和显著性水平要略高于 BW 情绪指数，从而可以看出，构建的月度情绪指数能够较好地反映期现货市场的投资者情绪。

从总体上来看，上述结果较好地验证了假设 3，在投资者情绪高涨时，现货（股指期货）市场自身信息对波动性的影响显著增强，此影响的非对称性也显著增加。这也与前文的预测相一致，市场投资者情绪高涨时，期货和现货市场的噪声交易者和易受情绪支配的投资者会增多，他们在市场上进行非理性交易，引起市场股价、风险等一系列变化，这些噪声交易者的增加反过来使市场变得更加动荡，从而增加了市场自身信息对波动性的影响。

4. 投资者情绪对股指期现货市场波动溢出效应的影响

接下来用施加了限制后的模型 5 和模型 6 来验证假设 4。其中模型 5 中的系数 $\alpha_7(\beta_7)$ 表示在投资者情绪的影响下，现货（期货）市场其他市场信息对波动性的影响，模型 6 中的系数 $\alpha_9(\beta_9)$ 表示在投资者情绪的影响下，现货（期货）市场其他市场信息对波动性的非对称影响。

从表 8.11～表 8.13 的数据结果可以看出，在以投资者情绪为本书构建的日度和月度数据中，投资者情绪水平大于 50%、65%、80% 和 90% 分位数时 α_7、β_7 和 β_9 的系数估计结果均显著为正；而现货市场的系数 α_9 的估计结果大部分不显著。以上的结果只能部分地验证假设 4，投资者情绪高涨时，会使股指期货和现货市场的波动溢出效应增强；同时，在期货市场上，高投资者情绪水平会增强其他市场信息对波动性影响的非对称效应，而在现货市场上没有得出相对准确的结果，这可能是因为现货市场上噪声交易者占大多数，在投资者情绪极高时，噪声交易者对来自其他市场的坏消息已经不敏感了。这样的结果仍部分与噪声交易假说相一致，投资者情绪高涨，噪声交易者增多，理性投资者在短期内远离市场，噪声交易者对资产价格的影响能力增强，噪声交易者频繁交易，加剧了市场的动荡，从而增加了信息对波动性的影响。

表 8.11 模型 3～模型 6 的部分估计结果（构建日度情绪指数）

分类	情绪指数>50%分位数	情绪指数>65%分位数	情绪指数>80%分位数	情绪指数>90%分位数
		模型 3		
α_6	0.009081***	0.009211***	0.010551***	0.013331**
β_6	0.012844***	0.012495***	0.015911***	0.030726***
		模型 4		
α_8	0.014857***	0.015139***	0.016153**	0.005139
β_8	0.018659***	0.020095***	0.022468***	0.040486***
		模型 5		
α_7	0.008249***	0.007914***	0.006665**	0.010544***
β_7	0.013628***	0.013998***	0.021820***	0.041839***
		模型 6		
α_9	0.011824***	0.008004**	0.001429	0.006579
β_9	0.022264***	0.028544***	0.040140***	0.052456***

注：各模型分别为投资者情绪对现货（股指期货）市场波动性的影响（模型 3），对现货（股指期货）市场波动的非对称性的影响（模型 4），对现货（期货）市场波动溢出效应的影响（模型 5），对现货（股指期货）市场波动溢出的非对称性影响（模型 6），下同。

表 8.12 模型 3～模型 6 的部分估计结果（构建月度情绪指数）

分类	情绪指数>50%分位数	情绪指数>65%分位数	情绪指数>80%分位数	情绪指数>90%分位数
		模型 3		
α_6	0.009976***	0.008453***	0.012314***	0.022903***
β_6	0.014408***	0.011895***	0.021977***	0.037929***
		模型 4		
α_8	0.016450***	0.011704***	0.019244***	0.021575
β_8	0.022494***	0.019529***	0.033861***	0.074773***
		模型 5		
α_7	0.009210***	0.006780***	0.009913***	0.017432***
β_7	0.015489***	0.013799***	0.029771***	0.051200***
		模型 6		
α_9	0.013498***	0.005991	0.008198	0.013674
β_9	0.026776***	0.025860***	0.048417***	0.088228***

表 8.13　模型 3～模型 6 的部分估计结果（构建月度情绪指数与 BW 月度情绪指数对比）

分类	情绪指数>80%分位数		情绪指数>90%分位数	
	构建月	BW 月	构建月	BW 月
模型 3				
α_6	0.012314***	0.003875	0.022903***	0.019156**
β_6	0.021977***	0.008022	0.037929***	0.023468**
模型 4				
α_8	0.019244***	0.002047	0.021575	0.032288**
β_8	0.033861***	0.018953*	0.074773***	0.052748***
模型 5				
α_7	0.009913***	0.007827**	0.017432***	0.019102***
β_7	0.029771***	0.005831	0.051200***	0.026101**
模型 6				
α_9	0.008198	0.018277**	0.013674	0.040727***
β_9	0.048417***	0.009150	0.088228***	0.050563**

8.4　本章小结

本章以沪深 300 股指期货和现货市场为研究对象构建了一个动态的波动性模型来探究投资者情绪在股指期现货市场动态波动变化中，以及股指期现货之间波动溢出关系中的作用，本章在 BW 投资者情绪指标的构建方法上进行改进，构建出日度和月度的投资者情绪指标 S^{IF}，并将构建的投资者情绪指数和 BW 情绪指数分别加入模型，将投资者情绪划分为 4 个不同的层次，并构建多个虚拟变量回归模型，从计量经济学的角度对投资者情绪与股指期现货市场的关系进行多角度的考察和研究，期望通过多个视角的考察，得到具有说服性的结论。由于以往的文献关于投资者情绪如何影响资产定价、波动等因素主要集中在股票市场，而对投资者情绪如何影响股指期货与现货市场之间的动态信息传递机制鲜有涉足。因此本章将投资者情绪引入股指期现货市场的动态波动性模型中，使读者对中国股指期现货市场的关系认识更加清晰全面。

本章通过理论分析和实证分析得出以下结论：

首先，采用沪深 300 股指期货市场的成交量、持仓量、换手率、波动率和排行前五的净头寸这 5 个代理指标，充分考虑领先-滞后效应，运用主成分分析法来构建日度和月度的投资者情绪指标 S^{IF}，并将构建的情绪指数与 BW 情绪指数进行对比分析，通过分析发现构建的情绪指数相比 BW 情绪指数可以更好地描述投资者情绪。

其次，投资者情绪高涨时，期货和现货市场的异常交易量显著增加。

最后，通过对非对称项和滞后项的分析可以得出，投资者情绪高涨时，现货和股指期货市场自身信息对波动性的影响显著增强,且这种影响的非对称性也会显著增加,现货和股指期货市场处信息对波动性的影响(即波动溢出效应)显著增强,期货市场外信息对波动影响的非对称性显著增加;该结果与书中理论假设部分相一致,高投资者情绪对噪声交易者和理性交易者的双重影响,改变了市场的交易风险、成本等因素,使市场信息变得更加嘈杂,加剧了市场的动荡,从而影响了市场的波动性和市场间的波动溢出效应。

第9章 投资者情绪、收益率与知情交易概率

这一章主要介绍中国股指期货市场上投资者情绪与知情交易概率对市场质量的影响，市场质量主要包括了收益率、波动率和流动性水平。投资者情绪反映了市场参与者的投资意愿或者预期，反映了投资者对未来预期的系统性偏差。投资者情绪越高涨，市场参与率越高。知情交易概率是信息模型的核心，反映了不对称市场上出现掌握信息优势的知情交易者的概率，其对证券价格的认识更接近于真实价值。从一定程度上来说，知情交易概率代表了市场上理性投资者们的交易行为，投资者情绪部分反映了非知情交易者（即噪声交易者）的交易行为。那么，两者在中国股指期货市场上有着怎样的影响呢？这一章将主要讨论上述问题。

本章结合行为金融学及市场微观结构理论，系统分析两者对市场收益率、波动性及流动性的影响。首先，采用日数据构建符合股指期货市场投资者情绪指数。经典的 BW 指标是通过月度数据构造的，而股指期货主力合约的期限只有一个月，因此采用 BW 指标不能及时反映股指期货市场投资者情绪。其次，利用高频数据计算市场中指令流毒性的 VPIN 指标、基于逆向交易者和羊群交易者对于信息知情交易概率影响的 DPIN 指标，对沪深 300 股指期货的收益率、流动性以及波动率进行回归分析。最后，考察了在沪深 300 股指期货市场上，投资者综合情绪指数、机构投资者情绪指数、噪声交易者情绪指数对于收益率、流动性、波动率的预测作用，以及在中国市场上，上述哪种类型投资者情绪指数对市场的影响程度更大。

9.1 模型和方法

9.1.1 VPIN

Easley 等（2012b）在市场微观结构信息模型 PIN（Probability of Informed Trading）的基础上进行改进，提出了间接的测量指标模型——VPIN。理论上，VPIN 值可以近似代表市场上现有知情交易者的出现概率，或知情交易者对总交易者的占比。

VPIN 的构建方法主要由下述步骤组成：

（1）按时间刻度（Volume-Clock）方法将交易量进行分块。高频交易的重要特征之一就是交易并不是按照时间均匀分布的，而交易量的多少则反映出了新到来的信息重要程度。所以在相同交易时间内交易量是不同的，市场信息的重要性程度与相同交易时间内的交易量呈正相关性。因此，在构建 VPIN 的第一步中，本书需要将传统的时钟概念改进为时间刻度的概念，这能更好地模拟新信息到达的速率。即数据取样时，按等交易量划分交易序列，将每个等交易量的间隔看作"交易篮子"。将日交易量分为 n 个篮子，则每日每个篮子的交易量记做 V。当第 n 个交易篮子的最后一笔交易量比 V 大时，则将超过 V 的交易量

部分划分到下一个交易篮子中, 即第 $n+1$ 个交易篮子中。本书中将 n 取为 50, 则每天交易量为 volume_day 时, $V = \dfrac{\text{volume\_day}}{n}$。

(2) 对每个"交易篮子"划分买卖交易量。买卖方向可以用来甄别市场上的不对称信息。按照 Easley 等的 BVC(Bulk Volume Classification)方法, 对交易篮子的交易量 V 计算买卖方向各自的概率, 将交易量分为买和卖的数量。具体如下

$$V_t^B = \sum_{i=t(\tau-1)+1}^{t(\tau)} V_i \times Z\left(\dfrac{P_i - P_{i-1}}{\sigma_{\Delta p}}\right) \tag{9.1}$$

$$V_t^S = \sum_{i=t(\tau-1)+1}^{t(\tau)} V_i \times \left[1 - Z\left(\dfrac{P_i - P_{i-1}}{\sigma_{\Delta p}}\right)\right] \tag{9.2}$$

其中, $t(\tau)$ 是第 τ 个交易篮子的最后一分钟, $t(\tau-1)+1$ 是第 $\tau-1$ 个篮子的第一分钟。Z 为标准正态分布的累计分布函数。P_{i-1} 和 P_i 分别为每个交易篮子的起始价格和收盘价格, $\sigma_{\Delta P}$ 为两个价格的标准差。

当第 τ 个交易篮子最后一分钟交易量过大, 需要将超出部分划分到第 $\tau+1$ 个交易篮子时, 第 τ 个交易篮子的收盘价应按如下公式重新计算

$$P_{\text{close}} = P_{t-1} + \dfrac{(V - V_{t-1})(P_t - P_{t-1})}{V_t} \tag{9.3}$$

其中, P_{close} 为第 τ 个交易篮子的收盘价, P_{t-1} 为交易篮子结束的上一分钟的收盘价, V_t 为交易篮子最后一分钟的交易量。

(3) 估算 VPIN。

$$\text{VPIN}_i = \dfrac{\sum_{\tau=1}^{i} |V_\tau^B - V_\tau^S|}{i \times V} \quad (i = 1, 2, 3, \cdots, n) \tag{9.4}$$

式中, n 为所选择的每日的交易篮子数量, V 为每个交易篮子的固定交易量。根据 n 的数值, 每天即可算出多少个 VPIN 值。

9.1.2 DPIN

Chang 等(2014)认为 VPIN 的测算结果容易被其他与交易相关的因素所干扰, 因此提出了一个新的指标模型 DPIN, 即动态知情交易概率。他们认为, 逆向交易者与知情交易密切相关, 羊群交易者能很好地代表非知情交易行为。非预期收益为负时的买入量和非预期收益为正时的卖出量应该被分类为知情交易者的交易行为。因此, DPIN 的测算方法具体如下

$$\text{DPIN}_t^{\text{Base}} = \dfrac{NB_t}{NT_t}(\varepsilon_t < 0) + \dfrac{NS_t}{NT_t}(\varepsilon_t > 0) \tag{9.5}$$

将每个交易日的交易时间以每 15 分钟划分为 n 段。沪深 300 股指期货当月合约(主力合约), 2010~2015 年的交易时间为 9:15~11:30 和 13:00~15:15, 即每个交易日可分为 18 段。2016~2017 年的交易时间为 9:30~11:30 和 13:00~15:00, 即每个交易日可分为 16 段。$\text{DPIN}_t^{\text{Base}}$ 是每个交易日内第 t 个交易段的值。$(\varepsilon_t < 0)$ 和 $(\varepsilon_t > 0)$ 表示指示变量。当非预

期收益为负，即 $(\varepsilon_t < 0)$ 时，指示变量为 1，反之该指示变量为 0，$\text{DPIN}_t^{\text{Base}}$ 的值为 $\frac{NB_t}{NT_t}$。当非预期收益为正时，即 $(\varepsilon_t > 0)$ 时，指示变量为 1，反之该指示变量为 0，$\text{DPIN}_t^{\text{Base}}$ 的值为 $\frac{NS_t}{NT_t}$。NB_t 为第 t 个交易段交易量的买量，NS_t 为第 t 个交易段的交易量卖量。而 NB_t 和 NS_t 仍然使用 VPIN 模型中的 BVC 算法进行计算。

为了估计 ε_t，本书按照 Chang 等（2014）的方法利用下述模型提取非预期收益的残差：

$$R_t = \delta_0 + \sum_{k=1}^{4}\delta_{1,k}D_{kt}^{\text{day}} + \sum_{k=1}^{n-1}\delta_{2,k}D_{kt}^{\text{Interval}} + \sum_{k=1}^{10}\delta_{3,k}R_{t-k} + \varepsilon_t \tag{9.6}$$

R_t 为第 t 个交易段的收益率。计算方法如下

$$R_t = 100*(\ln S_t - \ln S_{t-1}) \tag{9.7}$$

D_{kt}^{day} 是虚拟变量星期效应，即把周二至周五的值设为 1，将周一的值设为 0。D_{kt}^{Interval} 是针对于每个时间段的虚拟变量，将每个交易日中间的那一段设为 0，其余设为 1，则需设置 $n-1$ 个虚拟变量。而 R_{t-k} 表示收益率滞后 k 阶。

9.1.3　投资者情绪综合指数 S^{IF}

Baker 和 Wurgler（2006）提出采用第一主成分分析法，选取封闭式基金折现率、换手率、IPO 数量、首日收益率、股票发行占证券发行的份额和股利收益率这 6 个代理指标的数据，构建了一个被学术界广泛认可的综合类的情绪指数 BW。

然而，BW 指标主要采用的是股票市场的月度数据。由于期货市场对新信息的反应速度明显优于现货市场。因此，基于中国的沪深 300 股指期货市场，本书改进了 BW 指标，采用第一主成分和第二主成分分析方法，构建了一个利用周数据或日数据计算出的更加全面的投资者情绪指数。具体采用了以下 5 个代理指标：一是被认为代表流动性的交易量指标，二是持仓量指标，三是可以直接反映出投资者情绪和市场活动的换手率指标，四是反映市场风险的波动率指标，五是排行前五的净头寸。

由于这 5 个代理指标有不同的滞后性，首先需要确定其准确的时滞效应。因此，对这 5 个代理指标 t 期（同阶）的值和 $t-1$ 期（滞后 1 阶）的值共 10 个变量，进行第一主成分和第二主成分分析，构建出一个情绪指数，将其称之为"初期情绪指数"。每个变量的权重即为这 10 个变量相应的方差值。之后，对计算出的"初期情绪指数"与这 10 个变量进行相关性检验分析，结果如表 9.1 所示。

表 9.1　初始情绪指数与变量的皮尔逊相关性检验

	Volume_t	Position_t	Volatility_t	Turnover rate_t	Top5buy_t
初期情绪指数	0.872**	0.909**	0.386**	0.687**	0.874**
	Volume_{t-1}	Position_{t-1}	Volatility_{t-1}	$\text{Turnover rate}_{t-1}$	Top5buy_{t-1}
	0.873**	0.910**	0.382**	0.682**	0.877**

以相关性的结果来确定代理变量的阶数。从表 9.1 中结果可看出，$Volume_t$、$Position_{t-1}$、$Volatility_t$、$Turnover\ rate_t$、$Top5buy_{t-1}$ 的相关性在比对中较高。进一步选择交易量、持仓量、排行前五净头寸这 3 个代理指标的 $t-1$ 期（即滞后 1 阶）进入情绪指数的计算中，这也说明了这三个代理指标对市场情绪有一定的引导作用。并且，从表中可以看出，交易量和持仓量这两个指标与情绪指数的相关性很强。那么，对于市场而言，这两个指标越大，市场情绪也会更高涨。

根据第一主成分和第二主成分的分析，本书确定了构建情绪指数的代理变量和其阶数，模型如下

$$S_t^{IF} = 0.3678 Volatility_t + 0.3725 Turnoverrate_t + 0.3045 Volume_{t-1} \\ + 0.2103 Positions_{t-1} + 0.2068 Top5buy_{t-1} \tag{9.8}$$

其中，S_t^{IF} 为构建的沪深 300 股指期货的投资者情绪指数，$Volatility_t$ 为同期的沪深 300 股指期货的波动率，$Turnover\ rate_t$ 为同期的沪深 300 股指期货的换手率，$Volume_{t-1}$ 为沪深 300 股指期货上一期的交易量，$Positions_{t-1}$ 为沪深 300 股指期货上一期持仓量，$Top5buy_{t-1}$ 为沪深 300 股指期货上一期的排行前五的净头寸。

需要再次说明的是，S_t^{IF} 中换手率 Turnover rate 为沪深 300 每只成分股的交易量之和与这 300 只股票的发行总股数之比，波动率 Volatility 采用经典的 Garman-Klass Volatility 算法进行计算。具体计算如下

$$\text{Turnover rate} = \frac{\sum_{i=1}^{300} 成交量_i}{\sum_{i=1}^{300} 发行总股数_i} \tag{9.9}$$

$$\sigma_{GK}^2 = 0.511(u-d)^2 - 0.019[c(u+d) - 2ud] - 0.383c^2 \tag{9.10}$$

其中，u 为最高价减去开盘价的值，d 为最低价减去开盘价的值，c 为收盘价减去开盘价的值。

9.2 沪深 300 股指期货市场的实证分析

9.2.1 数据说明

本部分选取的研究对象为 2010 年 4 月 16 日～2017 年 12 月 29 日中国金融期货交易所的沪深 300 股指期货当月合约（即主力合约）的 1 分钟数据[①]。主力合约是市场上持仓量和交易量最大、最活跃、最容易交易的合约。因此，选择主力合约进行实证分析更具有意义。

1. VPIN

通过 R 语言编程，计算出每天的 VPIN 值、DPIN 值（包括 $DPIN_{buy}$ 和 $DPIN_{sell}$）、S^{IF} 值以及每天以 15 分钟为交易时间段的 VPIN 值、DPIN 值（包括 $DPIN_{buy}$ 和 $DPIN_{sell}$）。设定

---
① 数据来源于 Wind 数据库。

每天的交易篮子数 n 为 50 个，V 为每日总交易量的 $\frac{1}{50}$。以一天为交易时间段，所得每天的值则为每天算出的最后一个 VPIN 值。若以 15 分钟的交易时间为节点，则设定 2010～2015 年每天交易篮子数 n 为 18，2016～2017 年每天交易篮子数 n 为 16。那么，一个交易日的 VPIN_{day} 值和 15 分钟段的 $\text{VPIN}_{\text{period}}$ 值的描述性统计如表 9.2 所示。

表 9.2　VPIN 的描述性统计

统计特征	均值	方差	偏度	峰度	JB 值	观测值
VPIN_{day}	0.3414	0.0015	1.4028	14.9182	11718.24	1876
$\text{VPIN}_{\text{period}}$	0.2062	0.0055	1.5311	11.2152	105025.20	32792

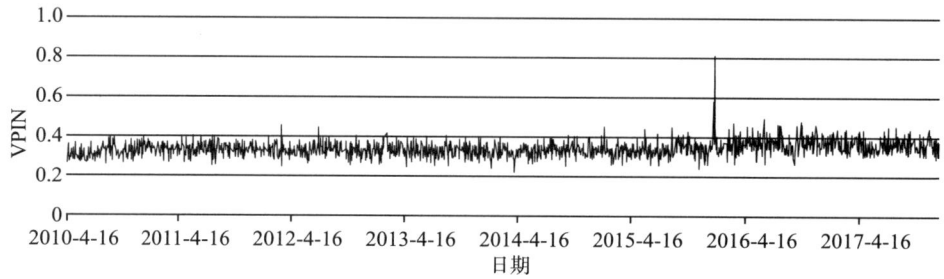

图 9.1　日间 VPIN 值

观察表 9.2 日间和日内的 VPIN 值可看出，VPIN 指标都不服从标准正态分布，具有厚尾性、右偏的特征。从折线图中也可看出，以一个交易日为节点的日间 VPIN 值，在 2016 年 1 月 7 日出现了极值，而现货市场上的沪深 300 股指，在这段时间出现了剧烈的下跌行情，指数跌了将近 1000 点。与刘文文和张合金（2013）研究中的结论一致，即 VPIN 指标对市场产生了预警性。

2. DPIN

本部分利用相同的源数据计算了每个交易日的 DPIN 值。首先按照方程模型计算残差 ε_t，根据残差 ε_t 的正负，当 $\varepsilon_t < 0$ 时，$\text{DPIN} = \text{DPIN}_{\text{buy}}$；当 $\varepsilon_t > 0$ 时，$\text{DPIN} = \text{DPIN}_{\text{sell}}$。按日交易时间的每 15 分钟为节点段，计算出一个 DPIN 值。2010 年 4 月 16 日～2015 年 12 月 31 日，交易时间为 9:15～11:30 和 13:00～15:15，每个交易日可分为 18 段。2016 年 1 月 1 日～2017 年 12 月 29 日，交易时间为 9:30～11:30 和 13:00～15:00，每个交易日可分为 16 段。于是，2010～2015 年每个交易日可计算出 18 个以 15 分钟为节点的 DPIN 值，2016～2017 年每个交易日可计算出 16 个以 15 分钟为节点的 DPIN 值。最后，取当日所有 DPIN 的均值作为当日的 DPIN 值，即可算出以一天为交易段的 DPIN 值。表 9.3 是两个不同时间段算出的 DPIN 的描述性统计。

表9.3 DPIN 的描述性统计

统计特征	均值	方差	偏度	峰度	JB 值	观测值
DPIN_{day}	0.4226	0.0007	−3.8103	57.6032	237594.2	1876
$\text{DPIN}_{\text{period}}$	0.4223	0.0082	−0.1103	3.2910	182.1658	32792

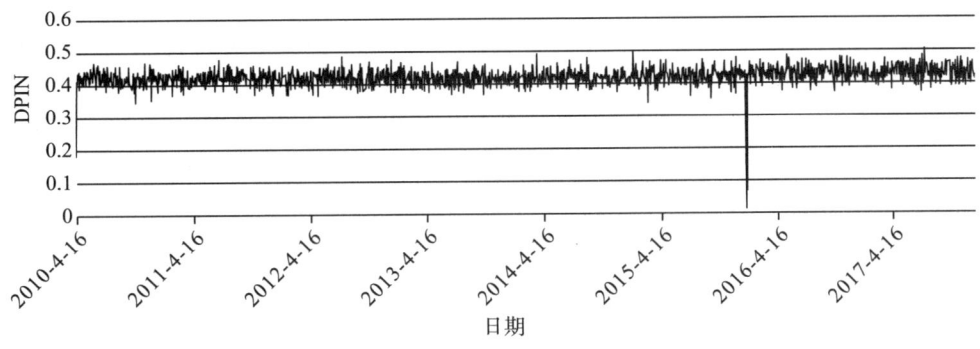

图 9.2 日间 DPIN 值

DPIN 指标在日间和日内频率下都具有左偏且厚尾性的特征，同样，也不服从标准正态分布。从图 9.2 日间频率的 DPIN 指标的折线图可看出，DPIN 在 2016 年 1 月 4 日达到了极值，同 VPIN 一样，透露出了之后市场大幅下跌的危险信号。

3. 投资者情绪指数

利用 2010 年 4 月 16 日～2017 年 12 月 29 日沪深 300 股指期货的分钟数据，先计算出构成投资者情绪指数的 5 个代理变量：交易量、持仓量、波动率、换手率与排行前五的净头寸的资金流。5 个代理变量的描述性统计如表 9.4 所示。

表9.4 5 个代理变量的描述性统计

统计特征	最小值	最大值	平均值	标准差	偏度	峰度	观测值
交易量	5583	3185557	477960.8	533078.9	1.5767	5.4641	1876
持仓量	3590	259514	81692	57951.43	1.2452	3.5856	1876
波动率	5.3032	416.4401	37.0125	34.1768	4.3316	31.3918	1876
换手率	0.1371	3.0936	0.5386	0.4316	2.5866	10.2225	1876
排行前五的净头寸	0	72768	15114.28	11766.09	1.5334	5.8544	1876

可以看出，在 1876 个交易日的数据中，交易量的离散程度最大，说明市场投资交易具有明显的差异性。波动率的偏度和峰度都是最大的，说明其非对称程度最大，厚尾性也最强。利用上述 5 个代理指标，根据投资者情绪指数 S_t^{IF} 的方程模型，计算出 2010 年 4 月 16 日～2017 年 12 月 29 日沪深 300 股指期货每个交易日共 1876 个指数。其描述性统计见表 9.5。

表 9.5 S_t^{IF} 的描述性统计

统计特征	均值	方差	偏度	峰度	JB 值	观测值
S_t^{IF}	0.2313	0.0312	2.1270	7.6310	3090.927	1876

2014 年沪深 300 指数从 2330 点上涨到 3533 点，到 2015 年上半年达到最高的 5380 点，涨幅超过了 100%。2014 年和 2015 年由于市场行情的极端火爆，投资者情绪异常高涨，对于市场来说已经形成了非理性泡沫。在这样的巨大泡沫背后投资者情绪指数又会是怎样的表现呢？进一步观察图 9.3 得到：2014 年和 2015 年的情绪指数随着行情的飞速上涨，也呈上升趋势，出现了波峰。这也从侧面反映出当市场极端异常时，市场投机成分极大，这会影响行情信号，造成投资者判断干扰，出现严重的泡沫危机。

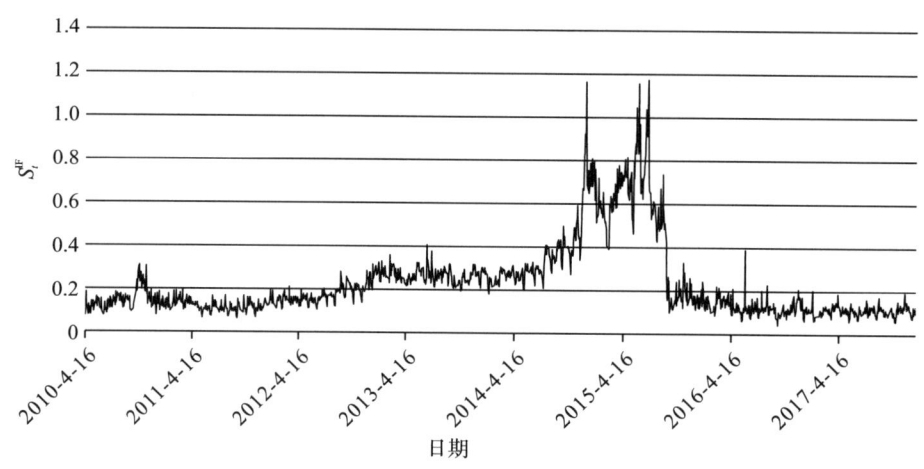

图 9.3 投资者情绪指数 S_t^{IF}

9.2.2 实证结果

1. 投资者情绪、知情交易概率与收益率

本研究中采用下述方法计算收益率

$$R_t = 100 \times (\ln P_t - \ln P_{t-1}) \tag{9.11}$$

其中，P_t 为沪深 300 股指期货主力合约 t 时刻的价格。ln 即自然对数。R_t 指的是 t 时刻的沪深 300 股指期货主力合约的收益率。

使用 1 分钟的高频交易数据，分别验证以一个交易日和 15 分钟交易时间为节点的 VPIN、DPIN 以及 S^{IF} 对沪深 300 股指期货收益率的预测效果和这三个指标联合的预测效果。

依次将三个指标作为解释变量，单独建立对收益率的线性回归方程模型，再将三者联合起来，考虑其对收益率的回归模型如表 9.6 所示。

表 9.6 收益率的回归模型

解释变量	回归方程
VPIN	$R_t = \alpha + a_1 \text{VPIN}_{t-1}$
DPIN_{buy}、$\text{DPIN}_{\text{sell}}$	$R_t = \alpha + a_1 \text{DPIN}_{t-1}^{\text{buy}} + a_2 \text{DPIN}_{t-1}^{\text{sell}}$
S^{IF}	$R_t = \alpha + a_1 S^{\text{IF}}_{t-1}$
VPIN、DPIN_{buy}、$\text{DPIN}_{\text{sell}}$、$S^{\text{IF}}$	$R_t = \alpha + a_1 \text{VPIN}_{t-1} + a_2 \text{DPIN}_{t-1}^{\text{buy}} + a_3 \text{DPIN}_{t-1}^{\text{sell}} + a_4 S^{\text{IF}}_{t-1}$

表 9.6 中 α 为常数项，a_1、a_2、a_3、a_4 为各解释变量的回归系数。VPIN_{t-1} 为 VPIN 滞后 1 阶的值，$\text{DPIN}_{t-1}^{\text{buy}}$ 为 DPIN_{buy} 滞后 1 阶的值，$\text{DPIN}_{t-1}^{\text{sell}}$ 为 $\text{DPIN}_{\text{sell}}$ 滞后 1 阶的值，S^{IF}_{t-1} 为 S^{IF} 滞后 1 阶的值。上述模型依次考量了 VPIN 值、DPIN_{buy} 值、$\text{DPIN}_{\text{sell}}$ 值、S^{IF} 值单独以及共同在低频和高频交易条件下对于收益率的预测能力的贡献值。得到的回归结果如表 9.7 所示。

表 9.7 收益率回归模型的结果

频率		解释变量			
		VPIN	DPIN_{buy}	$\text{DPIN}_{\text{sell}}$	S^{IF}
每日	单独	2.432848** (0.0150)	−0.056405 (0.9710)	0.011797 (0.9939)	0.272275 (0.2175)
		VPIN	DPIN_{buy}	$\text{DPIN}_{\text{sell}}$	S^{IF}
	共同	2.798230*** (0.0072)	1.174632 (0.4644)	1.303911 (0.4193)	0.346623 (0.1219)
15 分钟		VPIN	DPIN_{buy}	$\text{DPIN}_{\text{sell}}$	
	单独	0.026520 (0.2775)	0.012025 (0.1461)	−0.008870 (0.2800)	
		VPIN	DPIN_{buy}	$\text{DPIN}_{\text{sell}}$	
	共同	0.029434 (0.2310)	0.046268 (0.2011)	0.015375 (0.4542)	

注：表中***为系数在显著性水平 $P=1\%$ 的情况下显著，**为系数在显著性水平 $P=5\%$ 的情况下显著，*为系数在显著性水平 $P=10\%$ 的情况下显著，下同。

在以一个交易日作为节点的低频交易条件下，三个指标中等交易量知情交易概率 VPIN 的影响作用最为显著。其单独分析时的 P 值为 0.015，回归系数为 2.43；共同分析时的 P 值为 0.0072，回归系数为 2.8，皆与收益率呈正相关。当低频交易环境中，市场上知情交易者们的交易更频繁、交易量更大时，沪深 300 股指期货的收益率作为对信息的成本补偿，将会同样增加，市场因此出现套利机会。

而在以 15 分钟交易时间作为节点的高频条件下，三个指标的预测能力都不是非常显著，相比较而言，DPIN_{buy} 买方动态知情交易概率对下一期收益率的影响效果要好一些。

其单独分析时的 P 值为 0.15，回归系数为 0.012；共同分析时的 P 值为 0.20，回归系数为 0.046，皆与收益率呈正相关。在高频交易环境下，当市场上作为买方的知情交易者更多时，由于这些交易者掌握的信息有效性更强，下一期市场收益率也将随之而增加。

对比得到，在沪深 300 股指期货市场上，等交易量知情交易概率 VPIN 在低频环境下可以更好地预测市场收益率。而在高频环境下，DPIN_{buy} 买方动态知情交易概率更适合度量下一期的收益率水平。

2. 投资者情绪、知情交易概率及股指期货市场流动性

流动性具有稳定市场的作用，且来源于集中交易。但流动性是一个难以直接测量的指标。因此，本部分采用先前的研究中的非流动性指标来反向估测流动性水平。使用 Amihud 提出的计算方法

$$\text{IlIIQ}_t = \frac{1}{D_t} \sum_{i=1}^{D_t} \frac{|R_{i,t}|}{\text{Vol}_{i,t}} \tag{9.12}$$

其中，$R_{i,t}$ 为交易日 t 第 i-1 分钟的收益率。D_t 为交易日 t 的交易分钟数（2010～2015 年为 270 分钟，2016～2017 年为 240 分钟）。$\text{Vol}_{i,t}$ 为交易日 t 中 i-1 分钟到 i 分钟内以一亿人民币为单位的成交额。IlIIQ_t 衡量了沪深 300 股指期货主力合约每单位交易量的价格变动水平，即反映了指令流对价格的影响。

同样，分别验证以一个交易日和 15 分钟交易时间为节点的 VPIN、DPIN 以及 S^{IF} 对沪深 300 股指期货流动性的预测效果和这三个指标共同的预测效果。依次将三个指标作为解释变量，单独建立对市场流动性的回归模型，再将三者共同分析，考虑其对流动性的回归模型如表 9.8 所示。

表 9.8　流动性的回归模型

解释变量	回归方程
VPIN	$\text{IlIIQ}_t = \alpha + b_1 \text{VPIN}_{t-1}$
DPIN_{buy}、$\text{DPIN}_{\text{sell}}$	$\text{IlIIQ}_t = \alpha + b_1 \text{DPIN}^{\text{buy}}_{t-1} + b_2 \text{DPIN}^{\text{sell}}_{t-1}$
S^{IF}	$\text{IlIIQ}_t = \alpha + b_1 S^{\text{IF}}_{t-1}$
VPIN、DPIN_{buy}、$\text{DPIN}_{\text{sell}}$、$S^{\text{IF}}$	$\text{IlIIQ}_t = \alpha + b_1 \text{VPIN}_{t-1} + b_2 \text{DPIN}^{\text{buy}}_{t-1} + b_3 \text{DPIN}^{\text{sell}}_{t-1} + b_4 S^{\text{IF}}_{t-1}$

表中 α 为常数项，b_1、b_2、b_3、b_4 为各解释变量的回归系数。VPIN_{t-1} 为 VPIN 滞后 1 阶的值，$\text{DPIN}^{\text{buy}}_{t-1}$ 为 DPIN_{buy} 滞后 1 阶的值，$\text{DPIN}^{\text{sell}}_{t-1}$ 为 $\text{DPIN}_{\text{sell}}$ 滞后 1 阶的值，S^{IF}_{t-1} 为 S^{IF} 滞后 1 阶的值。上述模型依次考量了 VPIN 值、DPIN_{buy} 值、$\text{DPIN}_{\text{sell}}$ 值、S^{IF} 值单独以及共同在低频和高频交易条件下对于流动性的预测能力的贡献值。得到的回归结果如表 9.9 所示。

表 9.9 流动性回归模型的结果

频率		解释变量			
每日	单独	VPIN	$DPIN_{buy}$	$DPIN_{sell}$	S^{IF}
		0.004484***	0.001805***	0.001317***	-0.000947***
		(0.0000)	(0.0001)	(0.0051)	(0.0000)
	共同	VPIN	$DPIN_{buy}$	$DPIN_{sell}$	S^{IF}
		0.004563***	0.002685***	0.002695***	-0.000811***
		(0.0000)	(0.0000)	(0.0000)	(0.0000)
15 分钟	单独	VPIN	$DPIN_{buy}$	$DPIN_{sell}$	
		0.001339***	0.000269***	0.000238***	
		(0.0000)	(0.0000)	(0.0000)	
	共同	VPIN	$DPIN_{buy}$	$DPIN_{sell}$	
		0.001390***	0.000397***	0.000364***	
		(0.0000)	(0.0000)	(0.0000)	

在以一个交易日作为节点的低频条件下，三个指标不论是单独分析还是共同分析，都对沪深 300 股指期货流动性有着显著的影响能力。且不论是在单独分析的条件中，还是共同分析的条件中，除了投资者综合情绪指数与流动性呈正相关以外，其余两个指标都和流动性呈负相关。也就是说，当期等交易量知情交易概率 VPIN 和买卖方的动态知情交易概率 $DPIN_{buy}$、$DPIN_{sell}$ 增加时，下一期市场流动性将减小；当期投资者综合情绪指数 S^{IF} 增加时，下一期市场流动性也将随之增加。

而在以 15 分钟交易时间作为节点的高频条件下，VPIN、$DPIN_{buy}$ 和 $DPIN_{sell}$ 与下一期市场流动性都有着非常显著的负相关关系。在沪深 300 股指期货市场上，不论是日间低频还是日内每 15 分钟高频，基于信息进行交易的度量指标都对流动性有着显著的负向预测效果，而在日间低频市场投资者的综合情绪指数对流动性有着显著的正向预测效果。市场中的知情交易者们交易越频繁，市场流动性反而越差，换言之，非知情交易者（即噪声交易者）是市场中的流动性提供者。市场中的投资者情绪指数越高涨，非理性因素也将随之增加，则市场流动性将急剧上涨。

3. 投资者情绪、知情交易概率对股指期货市场波动率的影响

为了研究各项指标对沪深 300 股指期货价格波动的影响，本书选择已实现波动率建立方程模型，其中已实现波动率(Realized Volatility)的计算如下

$$RV_t = \sqrt{\sum_{i=1}^{m}(r_i)^2} \times 10000 \quad (9.13)$$

其中，m 为交易日内的交易分钟数。r_i 为每分钟股指期货的收益率，即股指期货价格第 i 分钟和第 i-1 分钟的对数差分结果。

同样，分别验证以一个交易日和 15 分钟交易时间为节点的 VPIN 等交易量知情交易概率、DPIN 动态知情交易概率以及 S^{IF} 投资者情绪指数对沪深 300 股指期货波动率的预

测能力和这三个指标共同的预测能力。依次将三个指标作为解释变量，单独建立对市场波动率的回归模型，再将三者共同分析，考虑其对波动率的回归模型，如表 9.10 所示。

表 9.10　波动率回归模型

解释变量	回归方程
VPIN	$\text{Vol}_t = \alpha + c_1 \text{VPIN}_{t-1}$
DPIN	$\text{Vol}_t = \alpha + c_1 \text{DPIN}_{t-1}$
S^{IF}	$\text{Vol}_t = \alpha + c_1 S^{\text{IF}}_{t-1}$
VPIN、DPIN、S^{IF}	$\text{Vol}_t = \alpha + c_1 \text{VPIN}_{t-1} + c_2 \text{DPIN}_{t-1} + c_3 S^{\text{IF}}_{t-1}$

表 9.10 中 α 为常数项，c_1、c_2、c_3 为各解释变量的回归系数。VPIN_{t-1} 为 VPIN 滞后 1 阶的值，DPIN_{t-1} 为 DPIN 滞后 1 阶的值，S^{IF}_{t-1} 为 S^{IF} 滞后 1 阶的值。上述模型依次考量了 VPIN 值、DPIN 值、S^{IF} 值单独以及共同在低频和高频交易条件下对于波动率的预测能力的贡献值。得到的回归结果如表 9.11 所示。

表 9.11　波动率回归模型的结果

频率		解释变量		
		VPIN	DPIN	S^{IF}
每日	单独	−76.12272*** (0.1049)	−407.5930*** (0.0000)	255.3352*** (0.0000)
		VPIN	DPIN	S^{IF}
	共同	−4.275153 (0.9148)	−238.8990*** (0.0001)	251.7855*** (0.0000)
		VPIN	DPIN	
15 分钟	单独	17.14009*** (0.0000)	−10.68488*** (0.0000)	
		VPIN	DPIN	
	共同	15.89261*** (0.0000)	−9.236461*** (0.0000)	

在以一个交易日作为节点的低频交易条件下，三个指标在单独分析的模型中，每个指标对沪深 300 股指期货波动率有着明显的预测性。而在进行共同分析时，VPIN 指标受其他变量的影响，失去了预测能力。且不论是在单独分析的情况下，还是共同分析的条件中，投资者综合情绪指数与波动率呈正相关，DPIN 指标与波动率呈负相关。也就是说，当期动态知情交易概率 DPIN 增加时，下一期市场波动率将减小；当期投资者综合情绪指数 S^{IF} 增加时，下一期市场波动率也将随之增加。

而当在以 15 分钟交易时间作为节点的高频交易条件下时，VPIN 和 DPIN 与下一期市场波动率分别存在着极显著的正相关和负相关关系。VPIN 等交易量知情交易概率在波动性的模型中容易受到频率条件和市场投资者情绪等因素影响，导致其预测能力产生偏差。由于 VPIN 指标易受影响，暂不对其进行分析，而将 DPIN 指标作为知情交易的度量指标。在沪深 300 股指期货市场上，日间低频和日内高频的知情交易者们的交易越频繁，市场的价格所反映出的信息量也就越大，市场价格反而趋于稳定，此时期货价格的波动率下降。而每个交易日的投资者综合情绪指数上涨，市场上的投资者们更容易受羊群效应影响，市场中非理性因素随之增加，随后的波动率也呈上升趋势。

4. 知情者交易概率、流动性与波动率之间的关系

前文依次考虑了收益率、流动性和波动率的预测模型。而收益率仅在日间低频交易条件下与 VPIN 等交易量知情交易概率存在显著关系。市场收益率对知情者交易和投资者情绪的影响并不是很大，这也反映出影响市场收益率的因素很多，指数期货市场上的套利机会并非可以仅凭知情交易概率和情绪指数而简单预测。

前文中的流动性和波动率预测模型在不同频率和不同程度上有一定的预测能力。进而，本书继续考虑两个模型之间的关系。在高频交易的市场中，与交易相关的变量通常都会具有一定的自相关性。当前的成交速度越快，意味着有更多的流动性提供者进入市场，从而大大提高市场流动性。本书在此参照周强龙等(2015)的模型，在其基础上进行一定的修正。交易量反映出一定频率下市场的交易速度，因此，引入交易量指标，并使用如下模型进一步考察在沪深 300 股指期货市场中，等交易量知情交易概率、流动性以及波动率之间的关系。

$$\text{IllIQ}_t = \alpha + d_1 \text{VPIN}_{t-1} + d_2 \text{Volume}_{t-1} + d_3 \text{IllIQ}_{t-1} + d_4 \text{Vol}_{t-1} \tag{9.14}$$

在上述的模型中，控制前一个交易区间的等交易量知情交易概率和交易量，依次加入前一个交易区间的流动性和波动率，作为下述模型 1、模型 2、模型 3。考察在沪深 300 股指期货市场上，知情者概率、交易量和波动率与流动性之间的关系，如表 9.12 所示。

表 9.12　流动性的回归模型

	IllIQ_t	模型 1	模型 2	模型 3
频率			每日	
解释变量	VPIN_{t-1}	0.003511*** (0.0000)	0.000516*** (0.0000)	0.000515*** (0.0000)
	Volume_{t-1}	-4.76×10^{-10} *** (0.0000)	-3.75×10^{-11} *** (0.0000)	-5.66×10^{-11} *** (0.0000)
	IllIQ_{t-1}		0.906513*** (0.0000)	0.898532*** (0.0000)
	Vol_{t-1}			-1.57×10^{-7} ** (0.0190)
决定系数	R^2	0.299295	0.878176	0.878534
频率			15 分钟	

续表

	$IllIQ_t$	模型 1	模型 2	模型 3
解释变量	$VPIN_{t-1}$	0.001208*** (0.0000)	0.000290*** (0.0000)	0.000274*** (0.0000)
	$Volume_{t-1}$	-8.55×10^{-9}*** (0.0000)	-1.05×10^{-9}*** (0.0000)	-1.50×10^{-9}*** (0.0000)
	$IllIQ_{t-1}$		0.873826*** (0.0000)	0.863437*** (0.0000)
	Vol_{t-1}			8.49×10^{-7}*** (0.0000)
决定系数	R^2	0.215898	0.818948	0.819551

从表 9.12 可以看出，在沪深 300 股指期货市场上，不论是日间低频还是日内高频交易环境中，流动性水平和先前的等交易量知情交易概率呈显著的负相关性，和先前的交易量呈显著的正相关性，和先前的流动性水平呈显著的负相关性，和先前的波动率呈显著的负相关性。

知情交易者的活动越频繁、在市场中的占比越大，市场价格中反映出的信息量也就越多，随后的市场流动性水平将降低。这与先前的文献研究结果一致，即非知情交易是市场流动性的提供者，而知情交易行为会把市场价格拉回到其基本价值，从而减少市场的流动性。交易量表现了供需关系，交易量增加，说明市场需求也增加。郦金梁等（2012）认为这一方面反映出市场情绪高涨，另一方面反映出市场流动性增强，而且下一期流动性水平会随之增强。本书将前一期流动性水平考虑进模型时，发现可决系数显著增加，说明流动性指标具有很强的自相关性，并且前一期流动性水平与当期流动性水平同向变化，反映出其长记忆性。最后，本书将波动率水平考虑进模型时，决定系数有略微增加。当期价格波动起伏越大，下一期市场流动性水平越低。

5. 投资者情绪综合指标、机构交易者情绪指数、噪声交易者情绪指数对市场的影响

在高频交易的市场中，投资者情绪指数 S^{IF} 刻画了投资者们如何应对市场上的变化。当市场上投资者们的情绪起伏较小时，市场上价格的波动也会较小，因而投资者情绪指数 S^{IF} 也相应较小，即温和的投资者情绪下市场也是相对稳定的；当市场上投资者们的情绪起伏较大时，市场上价格的波动也会大幅变化，投资者情绪指数 S^{IF} 将会随之增大，此时，多变起伏的投资者情绪下市场也会变得动荡，容易出现暴涨暴跌的情况。

在度量投资者情绪时，参与交易的投资者既包括了基于市场信息进行投资交易的信息交易者，也包括了提供市场流动性的非理性噪声交易者。那么，考虑将 S^{IF} 情绪指数分解为知情交易者和噪声交易者两个部分（即将投资者情绪综合指数分解为机构投资者情绪指数和噪声交易者情绪指数）。其中，$S^{Informed}$ 是基于等交易量知情交易概率 VPIN 计算得到的指标，在计算买卖量差时，将绝对值符号去掉，具体如下。

第9章 投资者情绪、收益率与知情交易概率

$$S_i^{\text{Informed}} = \frac{\sum_{\tau=1}^{i}(V_\tau^B - V_\tau^S)}{i \times V} \quad (i=1,2,3,\cdots,n) \tag{9.15}$$

与前文相同，n 为所选择样本区间的每天的交易篮子的个数，V 为每个交易篮子的固定交易量，表现出了市场中的主流交易方向，通过知情交易者实际的买卖量差来反映市场上扮演知情交易者角色的机构投资者的情绪指数

$$S_t^{\text{IF}} = \alpha + S_t^{\text{Informed}} + \text{resid}_t \tag{9.16}$$

该线性回归模型中 S_t^{Informed} 解释了知情交易者（机构投资者）对于市场行情的情绪指数，而 resid_t 作为回归方程的残差，解释了噪声交易者对于市场行情的情绪指数。将 resid_t 记作 S_t^{Noise}，同 S_t^{IF} 和 S_t^{Informed} 一起，对收益率、流动性和波动率分别建立回归方程模型，并进行进一步分析，研究在我国沪深 300 股指期货市场中，知情交易的投资者情绪和非知情交易的投资者情绪对市场的影响能力，回归模型如表 9.13 所示。

表 9.13　不同投资者情绪的收益率、流动性、波动率回归模型

被解释变量	回归方程
	$R_t = \alpha + e_1 S_{t-1}^{\text{IF}}$
R_t	$R_t = \alpha + e_1 S_{t-1}^{\text{Informed}}$
	$R_t = \alpha + e_1 S_{t-1}^{\text{Noise}}$
	$\text{IlliQ}_t = \alpha + e_1 S_{t-1}^{\text{IF}}$
IlliQ_t	$\text{IlliQ}_t = \alpha + e_1 S_{t-1}^{\text{Informed}}$
	$\text{IlliQ}_t = \alpha + e_1 S_{t-1}^{\text{Noise}}$
	$\text{Vol}_t = \alpha + e_1 S_{t-1}^{\text{IF}}$
Vol_t	$\text{Vol}_t = \alpha + e_1 S_{t-1}^{\text{Informed}}$
	$\text{Vol}_t = \alpha + e_1 S_{t-1}^{\text{Noise}}$

回归分析结果如表 9.14 所示。

表 9.14　不同投资者情绪的收益率、流动性、波动率回归结果

被解释变量	解释变量		
	S_{t-1}^{IF}	$S_{t-1}^{\text{Informed}}$	S_{t-1}^{Noise}
R_t	0.272275 (0.2175)	0.426181 (0.4212)	0.240892 (0.2968)
IlliQ_t	−0.000947*** (0.0000)	−0.002058*** (0.0000)	−0.000761*** (0.0000)
Vol_t	255.3352*** (0.0000)	90.89427*** (0.0003)	267.1284*** (0.0000)

从表 9.13 和 9.14 可以看出，在沪深 300 股指期货市场中，投资者情绪综合指数 S^{IF}、

机构投资者情绪指数 S^{Informed}、噪声交易者情绪指数 S^{Noise} 与收益率、流动性和波动率都呈正相关性。进一步分析发现，由于三个指标对下一期收益率的预测作用并不显著，沪深 300 股指期货市场的收益水平不容易受上一期情绪指数影响，即机构投资者基于信息进行交易投资和噪声交易者受羊群效应进行买卖，都不能较好地预测下一期收益率。

而三个指标对下一期的波动率和流动性的影响能力却非常明显。继续观察回归系数，将其作为主导市场的占比权重来分析，可看出在沪深 300 股指期货市场上，机构投资者情绪指数 S^{Informed} 对于影响下一期市场流动性而言更具有主导作用，即机构投资者的交易行为所反映出来的情绪指数，更能准确地解释市场流动性的强弱。而噪声交易者情绪指数 S^{Noise} 对于下一期市场波动率更具有主导性。也就是说，在市场信息非对称情况下，羊群效应驱使部分无法获得市场信息知情权的交易者基于市场噪声进行交易投资，使市场价值的判断无法达到均衡状态，故使价格波动起伏，对市场波动率影响颇大。噪声交易者受羊群效应的情绪指数越高涨，将预测到下一期波动率也越会上升，市场越震荡。

9.3 上证 50 股指期货市场的实证分析

9.3.1 数据说明

本部分选取的研究对象为 2015 年 4 月 16 日～2017 年 12 月 12 日中国金融期货交易所的上证 50 股指期货当月合约(即主力合约)的分钟数据[①]。主力合约是市场上持仓量和交易量最大、最活跃、最容易交易的合约。因此，选择主力合约进行实证分析更具有意义。

1. VPIN

通过 R 语言编程，计算出每天的 VPIN 值和 DPIN 值(包括 DPIN_{buy} 和 $\text{DPIN}_{\text{sell}}$)、$S^{\text{IF}}$ 值以及以每天 15 分钟为交易时间段的 VPIN 值和 DPIN 值(包括 DPIN_{buy} 和 $\text{DPIN}_{\text{sell}}$)。设定每天的交易篮子数 n 为 50 个，V 为每日总交易量的 $\frac{1}{50}$。以一天为交易时间段，所得到的每天的值则为每天算出的最后一个 VPIN 值。若以每 15 分钟的交易时间为节点，则设定 2015 年每天交易篮子数 n 为 18，2016～2017 年每天交易篮子数 n 为 16。那么，一个交易日的 VPIN_{day} 值和 15 分钟段的 $\text{VPIN}_{\text{period}}$ 值的描述性统计如表 9.15 所示。

表 9.15　VPIN 的描述性统计

统计特征	均值	方差	偏度	峰度	JB 值	观测值
VPIN_{day}	0.3638	0.0026	1.1430	11.3758	2047.831	652
$\text{VPIN}_{\text{period}}$	0.2278	0.0095	2.0119	10.3036	31249.58	10786

观察图 9.4 日间和日内的 VPIN 值，可看出 VPIN 指标都不服从标准正态分布，具有

---

① 数据来源于 Wind 数据库。

厚尾性、右偏的特征。从折线图中也可看出，以一个交易日为节点的日间 VPIN 值，在 2016 年 1 月 7 日出现了极值，而现货市场上的上证 50 股指在这段时间出现了剧烈的下跌行情，指数跌了将近 500 点。与刘文文和张合金(2013)在研究中的结论一致，VPIN 指标对市场产生了预警性。

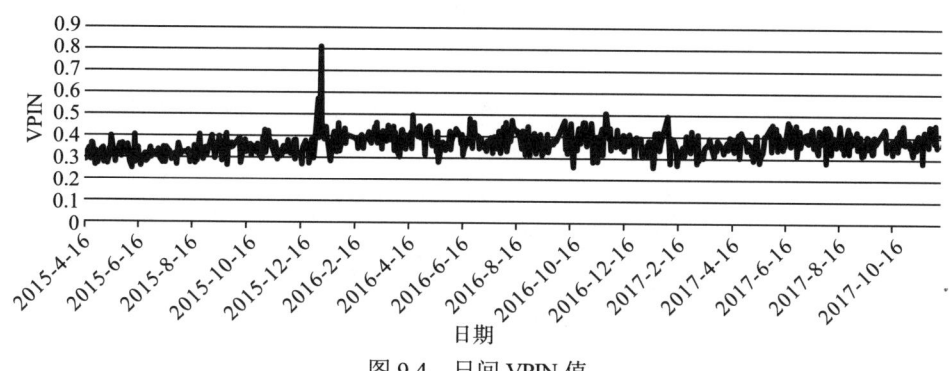

图 9.4　日间 VPIN 值

2. DPIN

本书利用相同的源数据计算了每个交易日的 DPIN 值。首先按照方程模型计算残差 ε_t，根据残差 ε_t 的正负，当 $\varepsilon_t < 0$ 时，DPIN = DPIN_{buy}；当 $\varepsilon_t > 0$ 时，DPIN = $\text{DPIN}_{\text{sell}}$。按日交易时间的 15 分钟为节点段，计算出一个 DPIN 值。2015 年 4 月 16 日～2015 年 12 月 31 日交易时间为 9:15～11:30 和 13:00～15:15，每个交易日可分为 18 段。2016 年 1 月 1 日～2017 年 12 月 12 日交易时间为 9:30～11:30 和 13:00～15:00，每个交易日可分为 16 段。于是，2010～2015 年每个交易日可计算出 18 个以 15 分钟为节点的 DPIN 值，2016～2017 年每个交易日可计算出 16 个以 15 分钟为节点的 DPIN 值。最后，取当日所有 DPIN 的均值作为当日的 DPIN 值，即可算出以一天为交易段的 DPIN 值。表 9.16 是两个不同时间段算出的 DPIN 的描述性统计。

表 9.16　DPIN 的描述性统计

统计特征	均值	方差	偏度	峰度	JB 值	观测值
DPIN_{day}	0.4305	0.0011	−6.1584	73.45985	138992.7	652
$\text{DPIN}_{\text{period}}$	0.4304	0.0093	−0.3480	4.0690	731.3359	10786

DPIN 指标在日间和日内频率下都具有左偏与厚尾性的特征，同样，也不服从标准正态分布。从图 9.5 可看出，DPIN 值在 2016 年 1 月 4 日达到了极值，同 VPIN 一样，对之后市场的大幅下跌透露出了危险信号。

3. 投资者情绪指数

利用 2015 年 4 月 16 日～2017 年 12 月 12 日上证 50 股指期货的分钟数据，先计算出构成投资者情绪指数的五大代理变量：交易量、持仓量、波动率、换手率、排行前五的净头寸。5 个代理变量的描述性统计如表 9.17 所示。

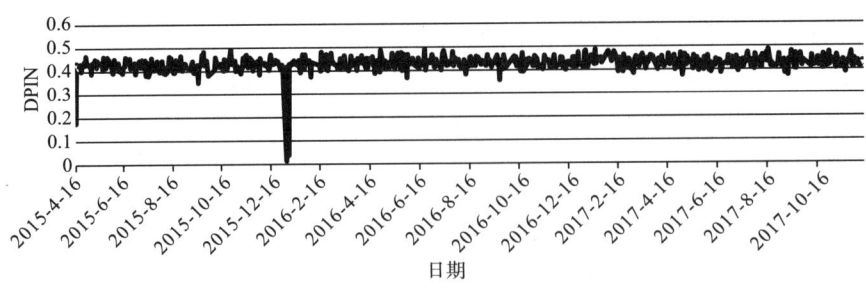

图 9.5 日间 DPIN 值

表 9.17 五大代理变量的描述性统计

统计特征	最小值	最大值	平均值	标准差	偏度	峰度	观测值
交易量	5583	3185557	477960.8	533078.9	1.5767	5.4641	1876
持仓量	3590	259514	81692	57951.43	1.2452	3.5856	1876
波动率	5.3032	416.4401	37.0125	34.1768	4.3316	31.3918	1876
换手率	0.1371	3.0936	0.5386	0.4316	2.5866	10.2225	1876
排行前五的净头寸	0	72768	15114.28	11766.09	1.5334	5.8544	1876

从表 9.17 可以看出，在 652 个交易日的数据中，交易量的离散程度最大，说明市场投资交易具有明显的差异性。波动率的偏度和峰度都是最大的，说明其非对称程度最大，厚尾性也最强。利用上述 5 个代理指标，根据投资者情绪指数 S_t^{IF} 的方程模型，计算出 2015 年 4 月 16 日～2017 年 12 月 12 日上证 50 股指期货每个交易日共 652 个指数。其描述性统计如表 9.18 所示。

表 9.18 S_t^{IF} 的描述性统计

统计特征	均值	方差	偏度	峰度	JB 值	观测值
S_t^{IF}	0.2749	0.0710	2.6850	10.1132	2157.922	652

从图 9.6 可以看出，2015 年，投资者情绪指数在上证股指期货推出的时点附近，一直处于极高点，投资者情绪异常高涨，市场行情极端火爆，对于市场来说已经形成了非理性泡沫。在这样的巨大泡沫下，随后市场指数持续下跌。与图 9.6 折线走势一样，在 2015 年情绪指数随着行情的飞速上涨，也呈上升趋势，出现了波峰。而后，市场投机成分过大，泡沫破灭，投资者情绪急速下跌。

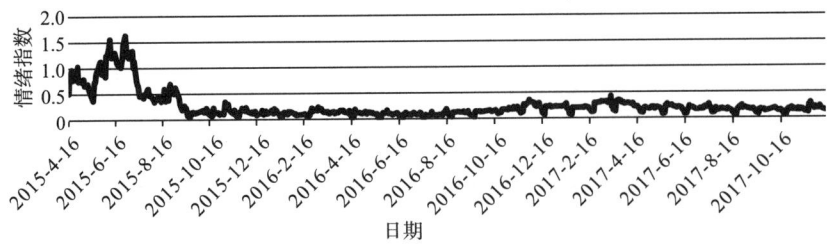

图 9.6 投资者情绪指数 S_t^{IF}

9.3.2 实证结果

1. 投资者情绪、知情交易概率与收益率

本研究中采用下述方法计算收益率

$$R_t = 100 \times (\ln P_t - \ln P_{t-1}) \tag{9.17}$$

其中，P_t 为上证 50 股指期货主力合约 t 时刻的价格。$\ln$ 即自然对数。R_t 指的是 t 时刻的上证 50 股指期货主力合约的收益率。

使用 1 分钟的高频交易数据，分别验证以一个交易日和 15 分钟交易时间为节点的 VPIN 等交易量知情交易概率、DPIN 动态知情交易概率以及 S^{IF} 投资者情绪指数对上证 50 股指期货收益率的预测效果和这三者联合的预测效果。

依次将三个指标作为解释变量，单独建立对收益率的线性回归方程模型，再将三者联合起来，考虑其对收益率的回归模型如表 9.19 所示。

表 9.19 收益率的回归模型

解释变量	回归方程
VPIN	$R_t = \alpha + a_1 \text{VPIN}_{t-1}$
DPIN_{buy}、$\text{DPIN}_{\text{sell}}$	$R_t = \alpha + a_1 \text{DPIN}_{t-1}^{\text{buy}} + a_2 \text{DPIN}_{t-1}^{\text{sell}}$
S^{IF}	$R_t = \alpha + a_1 S_{t-1}^{\text{IF}}$
VPIN、DPIN_{buy}、$\text{DPIN}_{\text{sell}}$、$S^{\text{IF}}$	$R_t = \alpha + a_1 \text{VPIN}_{t-1} + a_2 \text{DPIN}_{t-1}^{\text{buy}} + a_3 \text{DPIN}_{t-1}^{\text{sell}} + a_4 S_{t-1}^{\text{IF}}$

表中 α 为常数项，a_1、a_2、a_3、a_4 为各解释变量的回归系数。VPIN_{t-1} 为 VPIN 滞后 1 阶的值，$\text{DPIN}_{t-1}^{\text{buy}}$ 为 DPIN_{buy} 滞后 1 阶的值，$\text{DPIN}_{t-1}^{\text{sell}}$ 为 $\text{DPIN}_{\text{sell}}$ 滞后 1 阶的值，S_{t-1}^{IF} 为 S^{IF} 滞后 1 阶的值。上述模型依次考量了 VPIN 值、DPIN_{buy} 值、$\text{DPIN}_{\text{sell}}$ 值、S^{IF} 值单独以及共同在低频和高频交易条件下对于收益率的预测能力的贡献值。得到的回归结果如表 9.20 所示。

表 9.20 收益率回归模型的结果

频率		解释变量			
		VPIN	DPIN_{buy}	$\text{DPIN}_{\text{sell}}$	S^{IF}
每日	单独	4.923858*** (0.0006)	−0.124650 (0.9561)	−0.170712 (0.9417)	−0.448249* (0.0997)
		VPIN	DPIN_{buy}	$\text{DPIN}_{\text{sell}}$	S^{IF}
	共同	5.357506*** (0.0012)	2.293097 (0.3379)	2.680808 (0.2858)	−0.062581 (0.8327)
15 分钟		VPIN	DPIN_{buy}	$\text{DPIN}_{\text{sell}}$	
	单独	0.058807 (0.1092)	−0.025294 (0.5052)	−0.036174 (0.3429)	

续表

频率	解释变量		
	VPIN	$DPIN_{buy}$	$DPIN_{sell}$
共同	0.056476	−0.020616	−0.031278
	(0.1254)	(0.5882)	(0.4138)

注：表中***为系数在显著性水平 $P=1\%$ 的情况下显著，**为系数在显著性水平 $P=5\%$ 的情况下显著，*为系数在显著性水平 $P=10\%$ 的情况下显著，下同。

在以一个交易日作为节点的低频条件下，三个指标中等交易量知情交易概率的影响作用最为显著。其单独分析时的 P 值为 0.0006，回归系数为 4.92；共同分析时的 P 值为 0.0012，回归系数为 5.36，皆与收益率呈正相关。在低频交易环境中，市场上知情交易者们的交易更频繁、交易量更大时，上证 50 股指期货的收益率作为对信息的成本补偿，同样将会增加，便市场出现套利机会。

而在以 15 分钟交易时间作为节点的高频交易条件下，每个指标的预测能力都不是非常显著，在高频环境中，知情交易概率对收益率的预测能力很差，信息模型对市场收益率的影响作用微乎其微。

对比得到，在上证 50 股指期货市场上，等交易量知情交易概率 VPIN 在低频交易环境下可以更好地预测市场收益率。

2. 投资者情绪、知情交易概率及股指期货市场流动性

流动性具有稳定市场的作用，且来源于集中交易。但流动性是一个难以直接测量的指标。因此，采用先前的研究中非流动性指标来反向估测流动性水平。具体而言，本书使用 Amihud 所提出的计算方法

$$IlIIQ_t = \frac{1}{D_t}\sum_{i=1}^{D_t}\frac{|R_{i,t}|}{Vol_{i,t}} \tag{9.18}$$

其中，$R_{i,t}$ 为交易日 t 第 $i-1$ 分钟的收益率。D_t 为交易日 t 的交易分钟数（2015 年为 270 分钟，2016~2017 年为 240 分钟）。$Vol_{i,t}$ 为交易日 t 中 $i-1$ 分钟到 i 分钟内的以一亿人民币为单位的成交额。$IlIIQ_t$ 衡量了上证 50 股指期货主力合约每单位交易量的价格变动水平，即反映了指令流对价格的影响。

同样，分别验证以一个交易日和 15 分钟交易时间为节点的等交易量知情交易概率、动态知情交易概率以及投资者情绪指数对上证 50 股指期货流动性的预测效果和这三个指标共同的预测效果。依次将三个指标作为解释变量，单独建立对市场流动性的回归模型，再将三者共同分析，考虑其对流动性的回归模型，如表 9.21 所示。

表 9.21 流动性的回归模型

解释变量	回归方程
VPIN	$IlIIQ_t = \alpha + b_1 VPIN_{t-1}$
$DPIN_{buy}$、$DPIN_{sell}$	$IlIIQ_t = \alpha + b_1 DPIN_{t-1}^{buy} + b_2 DPIN_{t-1}^{sell}$

续表

解释变量	回归方程
S^{IF}	$IlliQ_t = \alpha + b_1 S_{t-1}^{IF}$
VPIN、$DPIN_{buy}$、$DPIN_{sell}$、S^{IF}	$IlliQ_t = \alpha + b_1 VPIN_{t-1} + b_2 DPIN_{t-1}^{buy} + b_3 DPIN_{t-1}^{sell} + b_4 S_{t-1}^{IF}$

表 9.21 中 α 为常数项，b_1、b_2、b_3、b_4 为各解释变量的回归系数。$VPIN_{t-1}$ 为 VPIN 滞后 1 阶的值，$DPIN_{t-1}^{buy}$ 为 $DPIN_{buy}$ 滞后 1 阶的值，$DPIN_{t-1}^{sell}$ 为 $DPIN_{sell}$ 滞后 1 阶的值，S_{t-1}^{IF} 为 S^{IF} 滞后 1 阶的值。上述模型依次考量了 VPIN 值、$DPIN_{buy}$ 值、$DPIN_{sell}$ 值、S^{IF} 值单独以及共同在低频和高频交易条件下对于流动性的预测的贡献值。得到的回归结果如表 9.22 所示。

表 9.22 流动性回归模型的结果

频率		解释变量			
每天	单独	VPIN	$DPIN_{buy}$	$DPIN_{sell}$	S^{IF}
		0.007710***	−0.003073	−0.001365	−0.004193***
		(0.0000)	(0.2711)	(0.6352)	(0.0000)
	共同	VPIN	$DPIN_{buy}$	$DPIN_{sell}$	S^{IF}
		−0.001450	−0.005897**	−0.004678*	−0.004332***
		(0.4159)	(0.0230)	(0.0855)	(0.0000)
15 分钟	单独	VPIN	$DPIN_{buy}$	$DPIN_{sell}$	
		0.003305***	0.001169***	0.001333***	
		(0.0000)	(0.0001)	(0.0000)	
	共同	VPIN	$DPIN_{buy}$	$DPIN_{sell}$	
		0.003435***	0.001453***	0.001631***	
		(0.0000)	(0.0000)	(0.0000)	

在以一个交易日作为节点的低频交易条件下，等交易量知情交易概率 VPIN 在单独对流动性进行回归分析时，显著性强，且两者呈正相关。然而在共同分析时，模型失去了预测能力。而投资者综合情绪指数 S^{IF} 不论是在单独分析还是共同分析时，都与随后的流动性有着显著的正相关关系。也就是说，在低频条件下，投资者综合情绪指数 S^{IF} 作为市场流动性的预测指标具有稳定性，即当期投资者综合情绪指数 S^{IF} 增加时，下一期市场流动性也将随之增加。

而当在以每 15 分钟交易时间作为节点的高频交易条件下时，VPIN、$DPIN_{buy}$ 和 $DPIN_{sell}$ 与下一期市场流动性都有着非常显著的负相关关系。

在上证 50 股指期货市场中，在日间低频交易条件下，市场投资者的综合情绪指数对流动性具有显著的预测性；在日内高频交易条件下，基于信息进行交易的度量指标对流动性有显著的预测能力。换句话说，对于流动性的分析，不同的指标适用于不同的频率条件：投资者情绪指标适用于日间低频交易，知情交易概率适用于日内高频交易。且在日内高频交易环境中，市场中的知情交易者越多，交易越频繁，市场流动性反而越差。在日间低频交易环境中，投资者情绪指数越高涨，非理性因素也将随之增加，则市场流动性越上涨。

3. 投资者情绪、知情交易概率对股指期货市场波动率的影响

为了研究各项指标对上证 50 股指期货价格波动的影响，本书选择已实现波动率建立方程模型，其中已实现波动率的计算如下

$$RV_t = \sqrt{\sum_{i=1}^{m}(r_i)^2} \times 10000 \quad (9.19)$$

其中，m 为交易日内的交易分钟时间。r_i 为每分钟股指期货的收益率，即股指期货价格第 i 分钟和第 $i-1$ 分钟的对数差分结果。

本书分别验证以一个交易日和每 15 分钟交易时间为节点的 VPIN 等交易量知情交易概率、DPIN 动态知情交易概率以及 S^{IF} 投资者情绪指数对上证 50 股指期货波动率的预测能力和这三个指标共同的预测能力。依次将三个指标作为解释变量，单独建立对市场波动率的回归模型，再将三者共同分析，考虑其对波动率的回归模型，如表 9.23 所示。

表 9.23 波动率回归模型

解释变量	回归方程
VPIN	$\mathrm{Vol}_t = \alpha + c_1 \mathrm{VPIN}_{t-1}$
DPIN	$\mathrm{Vol}_t = \alpha + c_1 \mathrm{DPIN}_{t-1}$
S^{IF}	$\mathrm{Vol}_t = \alpha + c_1 S^{IF}_{t-1}$
VPIN、DPIN、S^{IF}	$\mathrm{Vol}_t = \alpha + c_1 \mathrm{VPIN}_{t-1} + c_2 \mathrm{DPIN}_{t-1} + c_3 S^{IF}_{t-1}$

表 9.23 中 α 为常数项，c_1、c_2、c_3 为各解释变量的回归系数。VPIN_{t-1} 为 VPIN 滞后 1 阶的值，DPIN_{t-1} 为 DPIN 滞后 1 阶的值，S^{IF}_{t-1} 为 S^{IF} 滞后 1 阶的值。上述模型依次考量了 VPIN 值、DPIN 值、S^{IF} 值单独以及共同在低频和高频交易条件下对于波动率的预测的贡献值。得到的回归结果如表 9.24 所示。

表 9.24 波动率回归模型的结果

频率		解释变量		
		VPIN	DPIN	S^{IF}
每天	单独	−534.1429***	−548.4612***	289.5717***
		(0.0000)	(0.0000)	(0.0000)
		VPIN	DPIN	S^{IF}
	共同	−107.0289	−452.1775***	278.5412***
		(0.1252)	(0.0000)	(0.0000)
15 分钟		VPIN	DPIN	
	单独	−31.98775***	−18.57177***	
		(0.0000)	(0.0000)	
		VPIN	DPIN	
	共同	−33.75794***	−21.42963***	
		(0.0000)	(0.0000)	

在以一个交易日作为节点的低频交易条件下，三个指标单独考虑的模型中三个指标都对上证50股指期货波动率有着明显的预测性。而在进行共同分析时，VPIN指标受其他变量的影响，失去了预测能力。且不论是在单独分析的情况下，还是共同分析的条件中，投资者综合情绪指数都与波动率呈正相关，DPIN指标与波动率呈负相关。也就是说，当期动态知情交易概率DPIN增加时，下一期市场波动率将减小；当期投资者综合情绪指数 S^{IF} 增加时，下一期市场波动率也将随之增加。

而以15分钟交易时间作为节点的高频交易条件下，VPIN和DPIN与下一期市场波动率都存在着极其显著的负相关关系。

在日间和日内频率的比较中，本书认为VPIN等交易量知情交易概率在波动性的模型中容易受到频率条件的因素影响，预测能力产生偏差。因此，暂不考虑进行对比分析，而将DPIN指标作为知情交易的度量指标。

在上证50股指期货市场中，日间低频和日内高频交易的知情交易者们的交易越频繁，市场的价格所反映出的信息量也就越大，市场价格反而越趋于稳定，此时期货价格的波动率下降。而每个交易日的投资者综合情绪指数上涨，市场上的投资者们更容易受羊群效应影响，市场中非理性因素随之增加，随后的波动率也呈上升趋势。

本书在前文依次考虑了收益率、流动性和波动率的预测模型。而收益率仅在日间低频交易条件下与这等交易量知情交易概率存在显著关系。市场收益率受知情者交易和投资者情绪的影响作用并不是很大，这也反映出影响市场收益率的因素很多，指数期货市场上的套利机会并非可以仅凭知情交易概率和情绪指数而简单预测。

前文的流动性和波动率预测模型在不同频率和不同程度上都存在一定的预测能力。因此，本书继续考虑两者之间的关系。在高频交易的市场中，与交易相关的变量通常都会具有一定的自相关性。当前的成交速度越快，意味着有更多的流动性提供者进入市场，将大大提高市场流动性。这里参照周强龙等(2015)的模型，在其基础上进行一定的修正。交易量反映出了在一定频率下市场的交易速度，因此，引入交易量指标，使用如下模型进一步考察在上证50股指期货市场中，等交易量知情交易概率、流动性以及波动率之间的关系。

$$\text{IllIQ}_t = \alpha + d_1\text{VPIN}_{t-1} + d_2\text{Volume}_{t-1} + d_3\text{IllIQ}_{t-1} + d_4\text{Vol}_{t-1} \tag{9.20}$$

在上述的模型中，控制前一个交易区间的等交易量知情交易概率和交易量，依次加入前一个交易区间的流动性和波动率，作为下述模型1、模型2、模型3。考察在上证50股指期货市场上，知情者概率、交易量和波动率与流动性之间的关系，回归结果如表9.25所示。

表9.25 流动性的回归结果

	IllIQ_t	模型1	模型2	模型3
频率			每日	
解释变量	VPIN_{t-1}	-8.36×10^{-5} (0.9606)	3.75×10^{-4} (0.6788)	-2.79×10^{-5} (0.9753)
	Volume_{t-1}	-8.74×10^{-9} *** (0.0000)	-1.07×10^{-9} ** (0.0122)	-3.42×10^{-9} *** (0.0000)

续表

	$IllIQ_t$	模型1	模型2	模型3
	$IllIQ_{t-1}$		0.850187*** (0.0000)	0.807078*** (0.0000)
	Vol_{t-1}			2.63×10^{-6} *** (0.0002)
决定系数	R^2	0.212194	0.775034	0.779839
频率		15 分钟		
解释变量	$VPIN_{t-1}$	0.001058*** (0.0001)	0.001098*** (0.0000)	0.000916*** (0.0000)
	$Volume_{t-1}$	-1.65×10^{-7} *** (0.0000)	-4.33×10^{-8} *** (0.0000)	-7.45×10^{-8} *** (0.0000)
	$IllIQ_{t-1}$		0.720111*** (0.0000)	0.699048*** (0.0000)
	Vol_{t-1}			9.13×10^{-6} *** (0.0000)
决定系数	R^2	0.158780	0.594610	0.597718

可以看出在上证50股指期货市场中，只有在日内高频交易环境中，流动性水平和先前的等交易量知情交易概率呈显著的负相关性，而不管在高频还是低频中，流动性水平都和先前的交易量呈显著的正相关性，和先前的流动性水平呈显著的负相关性，和先前的波动率呈显著的负相关性。

在日内高频交易中，知情交易者的活动越频繁、在市场中的占比越大，市场价格中反映出的信息量也就越大，随后的市场流动性水平将降低。这与先前的文献研究结果一致，即非知情交易是市场流动性的提供者，而知情交易行为会把市场价格拉回到其基本价值，从而减少市场的流动性。交易量表现了供需关系，交易量增加，说明市场需求也增加。郦金梁等（2012）认为这一方面反映出市场情绪高涨，另一方面反映出市场流动性增强，因此，下一期流动性水平会随之增强。将前一期流动性水平考虑进模型时，发现决定系数显著增加，说明流动性指标具有很强的自相关性，并且前一期流动性水平与当期流动性水平反向变化，反映出其长记忆性。最后，将波动率水平考虑进模型时，决定系数有略微增加。当期价格波动起伏越大，下一期市场流动性水平越低。

4. 投资者情绪综合指标、机构交易者情绪指数、噪声交易者情绪指数对市场的影响

在高频交易的市场中，投资者情绪指数 S^{IF} 刻画了投资者们如何应对市场上的变化。当市场上投资者们的情绪起伏较小时，市场上价格的波动也会较小，因而投资者情绪指数 S^{IF} 也相应较小，那么，在温和的投资者情绪下市场也是相对稳定的；当市场上投资者们的情绪起伏较大时，市场上价格的波动也会大幅变化，投资者情绪指数 S^{IF} 将会随之增大，此时，在多变起伏的投资者情绪下市场也会变得动荡，容易出现暴涨暴跌的情况。

第 9 章 投资者情绪、收益率与知情交易概率

在度量投资者情绪时，参与交易的投资者既包括了基于市场信息进行投资交易的信息交易者，也包括了提供市场流动性的非理性噪声交易者。那么，考虑将 S^{IF} 情绪指数分解为知情交易者和噪声交易者两个部分（即将投资者情绪综合指数分解为机构投资者情绪指数和噪声交易者情绪指数）。其中，S^{Informed} 是基于等交易量知情交易概率 VPIN 计算得到的指标，只是在计算买卖量差时要将绝对值符号去掉，具体如下

$$S_i^{\text{Informed}} = \frac{\sum_{\tau=1}^{i}(V_\tau^B - V_\tau^S)}{i \times V} \quad (i=1,2,3,\cdots,n) \tag{9.21}$$

与前文相同，n 为所选择的每天的交易篮子的个数，V 为每个交易篮子的固定交易量，即表现出了市场中的主流交易方向，通过知情交易者实际的买卖量差来反映市场上扮演知情交易者角色的机构投资者的情绪指数，线性回归模型如下

$$S_t^{\text{IF}} = \alpha + S_t^{\text{Informed}} + \text{resid}_t \tag{9.22}$$

该线性回归模型中 S^{Informed} 解释了知情交易者（机构投资者）对于市场行情的情绪指数，而 resid_t 作为回归方程的残差，解释了噪声交易者对市场行情的情绪指数。将 resid_t 记作 S^{Noise}，同 S^{IF} 和 S^{Informed} 一起，与收益率、流动性和波动率分别建立回归方程模型，进行进一步分析，研究在我国上证 50 股指期货市场中，知情交易的投资者情绪和非知情交易的投资者情绪对市场的影响能力，回归模型如表 9.26 所示。

表 9.26 不同投资者情绪的收益率、流动性、波动率回归模型

被解释变量	回归方程
R_t	$R_t = \alpha + e_1 S_{t-1}^{\text{IF}}$
	$R_t = \alpha + e_1 S_{t-1}^{\text{Informed}}$
	$R_t = \alpha + e_1 S_{t-1}^{\text{Noise}}$
IlliQ_t	$\text{IlliQ}_t = \alpha + e_1 S_{t-1}^{\text{IF}}$
	$\text{IlliQ}_t = \alpha + e_1 S_{t-1}^{\text{Informed}}$
	$\text{IlliQ}_t = \alpha + e_1 S_{t-1}^{\text{Noise}}$
Vol_t	$\text{Vol}_t = \alpha + e_1 S_{t-1}^{\text{IF}}$
	$\text{Vol}_t = \alpha + e_1 S_{t-1}^{\text{Informed}}$
	$\text{Vol}_t = \alpha + e_1 S_{t-1}^{\text{Noise}}$

回归分析结果如表 9.27 所示。

表 9.27 不同投资者情绪的收益率、流动性、波动率回归结果

被解释变量	解释变量		
	S_{t-1}^{IF}	$S_{t-1}^{\text{Informed}}$	S_{t-1}^{Noise}
R_t	−0.448249* (0.0997)	−1.579223* (0.0646)	−0.324055 (0.2577)

续表

被解释变量	解释变量		
IlliQ$_t$	−0.004193*** (0.0000)	−0.003033*** (0.0039)	−0.004303*** (0.0000)
Vol$_t$	289.5717*** (0.0000)	326.3419*** (0.0000)	284.5111*** (0.0000)

由表可以看出，在上证50股指期货市场中，投资者情绪综合指数 S^{IF}、机构投资者情绪指数 $S^{Informed}$、噪声交易者情绪指数 S^{Noise} 与收益率呈负相关性，对流动性和波动率都呈正相关性。进一步分析发现，由于三个指标对下一期收益率的预测作用并不是极其显著，上证50股指期货市场的收益水平不容易受上一期情绪指数影响，即机构投资者基于信息进行交易投资和噪声交易者受羊群效应进行买卖，都不能较好地预测下一期收益率。

而三个指标对下一期的波动率和流动性的影响能力却非常明显。继续观察回归系数，将其作为主导市场的占比权重来分析，可看出在上证50股指期货市场上，噪声交易者情绪指数 S^{Noise} 对于下一期市场流动性水平更具有主导性，机构投资者情绪指数 $S^{Informed}$ 对于影响下一期市场波动率而言更具有主导作用，即机构投资者的交易行为所反映出来的情绪指数，更能准确地解释市场波动率的强弱。也就是说，在市场信息非对称情况下，噪声交易者们作为非知情信息获得者，成了整个市场的流动性提供者。而机构投资者由于掌握的信息量更多，买卖订单量也随之增加，对市场价格波动的操控更具有主动权，这些投资者情绪指数越高涨，下一期的市场行情越动荡。

9.4 本章小结

本章从市场微观结构理论和行为金融学的角度入手，分析了中国两大股指期货市场（沪深300股指期货市场和上证50股指期货市场）中的知情交易概率和投资者情绪在不同频率下对收益率、流动性以及波动率的预测能力。分析了在知情交易影响下，流动性水平和交易量、波动性之间的内在关系。将投资者情绪与知情交易结合分析，把反映股指期货市场投资者综合性情绪指数分解为机构投资者（知情交易者）和噪声交易者（非知情交易者）两部分，进一步研究其对市场的作用。具体总结如下：

第一，对于收益率来说，在沪深300股指期货市场上，尽管等交易量知情交易概率VPIN在低频交易环境中的显著性很强且为正，但总体而言，市场收益率与各指标的联系并不大。沪深300股指期货市场推出至今，已渐趋于成熟，市场信息和投资者非理性的情绪无法较高程度左右市场价格的涨跌，获得非预期的极高收益。在上证50股指期货市场上，尽管等交易量知情交易概率VPIN在低频环境中的显著性很强，且为正，但总体而言，市场收益率与各指标的联系并不大。上证50股指期货市场推出至今，已渐趋于成熟，市场信息和投资者的非理性情绪无法较高程度左右市场价格的涨跌，获得非预期的极高收益。

第二，对于流动性而言，在沪深300股指期货市场上，不论是在高频还是低频交易条件下，知情交易都与下一期流动性水平存在显著正相关性，投资者综合情绪指数与下一期流动性水平呈显著的负相关性。先前大量文献已经提出，非知情交易者由于缺乏足够有效的市场信息，难以对市场行情做出准确判断，交易频率增加，并在交易指令流逆向时成为市场流动性的提供者。那么，知情交易者在市场占比越大，则随后流动性越会相应降低。投资者情绪越强，市场非理性因素越多，而噪声交易者掌握不到有效的信息，势必使随后的流动性显著提高。在上证50股指期货市场上，低频交易条件下，投资者综合情绪指数与下一期流动性水平呈显著的正相关性。高频交易条件中，知情交易才与下一期流动性水平存在显著负相关性。这表明，流动性的指标分析中，情绪指数适用于低频环境，知情交易适用于高频环境。先前大量文献已经提出，非知情交易者由于缺乏足够有效的市场信息，难以对市场行情做出准确判断，交易频率增加，并在交易指令流逆向时成为市场流动性的提供者。而在高频市场中，知情交易者在市场占比越大，则随后流动性会相应越低。低频市场上，投资者情绪越强，市场非理性因素越多，而噪声交易者掌握不到有效的信息，势必使随后的流动性显著提高。

第三，对于波动性来说，在低频条件下投资者情绪的高涨，大大刺激了价格的起伏，使波动更大。在低频条件下知情交易者对有效信息的掌控越大，市场价格越偏向其内在价值，从而越趋于稳定，波动率越低。而在高频条件下，知情交易者对波动率的影响能力出现了一定偏差，在高频环境中的价格由于起伏较大，有效信息的影响能力并非完美。

第四，市场交易量既可以从侧面反映出投资者情绪，也可以反映出流动性水平。交易量越大，下一期流动性水平会越显著增强。流动性水平自身有很强的长记忆性。这与先前的文献结论一致，流动性与波动率水平呈极显著的负相关性。

第五，机构投资者作为市场中的知情交易者，对市场的流动性的影响能力更强。而噪声交易者由于其"追涨杀跌"等交易行为中反映的非理性因素太多，其情绪指数对价格起伏的影响更大，导致市场波动率更大。

第10章 研 究 结 论

本书以我国的股指期货市场、铜期货市场、螺纹钢期货和豆油期货市场，以及国债期货市场等为研究对象，从价格发现、波动溢出和信息传导等多方面系统地分析了信息在市场中的传递，得到以下结论。

第3章在沪深300股指期货价格发现功能和波动溢出效应的研究中，使用了充足的数据和多种方法研究了我国沪深300股指期货市场的价格发现功能。首先，用Granger因果检验分析了两个市场间的因果关系，在$P=1\%$的显著性水平上，沪深300指数通过了检验，构成了股指期货的Granger成因；同样，在$P=1\%$的显著性水平上，股指期货也通过了检验，构成了沪深300指数的Granger成因。股指期货收益率和指数收益率存在双向的因果关系，相互影响。通过结果可知期货对现货的影响力明显大于现货对期货的影响力。选择不同的滞后阶数进行检验，发现检验结果对滞后期长度的改变并不敏感，所得结论有较高的可信度。

其次，使用了VECM-DCC-GARCH模型分析了股指期货市场和现货市场的收益率领先-滞后关系，研究发现我国股指期货市场价格发现功能强于现货市场。在第一阶段，期货市场对价格发现的贡献度为$\theta_f = 0.536$，现货市场对价格发现的贡献度为$\theta_s = 0.464$；在第二阶段，期货市场对价格发现的贡献度为$\theta_f = 0.7312$，现货市场对价格发现的贡献度为$\theta_s = 0.2688$，这表明期货市场在价格发现过程中起主导作用。

本书在分析价格发现功能的同时也考虑到了两个市场之间的波动率传导，发现从期货市场到现货市场存在显著的波动溢出效应，波动率传导可以解释为期货市场和现货市场之间的信息传递。波动溢出效应的方向代表了信息传递的方向，也就是说信息是从期货市场传递到现货市场的。因此为分析两个收益率序列之间的条件方差的相互作用提供了另一个衡量价格发现的指标。从期货市场向现货市场有波动溢出，也就是说信息流从期货市场向现货市场传递。方程中同时给出了两个市场的动态条件相关系数，在两个不同阶段，它们都在$P=1\%$水平上显著。通过观察期货市场和现货市场之间的动态相关系数可知期货和现货之间的相关系数随着时间的增长逐渐变大。

在分析价格发现的同时，本章将第一阶段(2010年4月16日～2012年4月26日)的样本数据区间又分成了4个小样本区间，分别分析了我国股指期货市场不同时期对价格发现的贡献度，结果表明，第1阶段我国股指期货市场并没有发挥价格发现功能；第2阶段期货市场对价格的贡献度迅速上升为0.892，现货市场对价格发现的贡献度为0.108，这表明这段时间我国股指期货开始发挥了价格发现功能且从期货市场到现货市场存在显著的波动溢出；第3阶段和第4阶段的结果显示，股指期货的价格发现贡献度分别为0.6162和0.6159，这两个阶段期货在价格发现中发挥主要的作用，并且贡献度比较稳定，我国股指期货市场已经开始成熟，并且很好地发挥了价格发现功能。

最后通过脉冲响应函数和方差分解分别分析了两个不同阶段的两个市场对信息反应的速度以及短期的相互动态关系。结果表明股指期货和现货之间存在双向动态影响，但是现货对期货价格的影响要滞后于期货对现货价格的影响，股指期货市场对新信息的反应速度更快。可见，相对于现货市场冲击对期货价格的影响，期货市场冲击对现货价格的影响更为强烈和持久，反映了期货价格在价格发现中的主导地位。从方差分解的结果来看期货市场在价格发现功能中占主导地位。本章从多角度分析了我国沪深 300 指数的价格发现功能，研究表明我国股指期货也像发达国家的成熟市场一样，已经具备了很好的价格发现功能。

总的来说，新推出的指数期货已经具备一定的价格发现功能，信息传播效率较高。股指期货的高杠杆性吸引大量投机者，散户在进行交易时往往会成为市场非理性噪声交易者，波动较现货而言较高，很容易产生助涨杀跌的作用。因此，股指期货市场需要不断引入机构投资者进行交易，坚持不懈地进行投资者教育与培训，培育成熟的股指期货投资人。

第 4 章采用的数据为 2005 年 1 月 4 日～2007 年 12 月 28 日和 2008 年 1 月 2 日～2012 年 4 月 27 日的 LME 与 SHFE 的铜期货开盘价格和收盘价格数据，利用 Granger 因果检验和 VECM-DCC-MVGARCH 模型、脉冲响应函数和方差分解研究了伦敦铜期货市场和上海铜期货市场的价格领先-滞后关系。首先用 Granger 因果检验分析了两个市场间的因果关系，第一阶段的样本数据在 $P=1\%$ 的显著性水平上，伦敦铜期货通过了检验，构成了上海铜期货的 Granger 成因，但是上海铜期货并没有通过检验，没有显著地构成伦敦铜期货的 Granger 原因，可知伦敦铜期货对上海铜期货的影响力明显大于上海铜期货对伦敦铜期货的影响力。对于第二阶段样本数据，检验结果对滞后期并不敏感，在 $P=1\%$ 显著水平上，伦敦铜期货和上海铜期货互为 Granger 因果关系，上海期铜对伦敦期铜的影响力明显增强。其次，本章使用了 VECM-DCC-GARCH 模型分析了股指期货市场和现货市场的回报率领先-滞后关系。研究发现在第一阶段伦敦铜期货市场价格发现功能强于上海铜期货市场。计算得伦敦铜对价格发现的贡献度为 $\theta_l = 0.6025$，上海铜期货对价格贡献为 0.3975。这表明伦敦铜期货领先于上海铜期货。但是到了第二阶段，上海铜期货市场在价格发现中的贡献已经超过了伦敦铜期货的贡献，上海铜期货对价格发现的贡献度为 0.6037，说明上海铜期货市场在价格发现中已经占主导地位，领先于伦敦铜期货市场。在分析价格发现功能的同时也考虑到了两个市场之间的波动传导，发现从期货市场到现货市场存在显著的波动溢出，波动率传导可以解释为两个期货市场之间的信息传递。发现第一阶段 $\delta_{s,l}$ 估计结果分别在 $P=5\%$ 的显著水平上显著，这个结果表明在伦敦铜期货市场和上海铜期货市场之间不存在双向的波动传导，即信息主要通过伦敦期铜市场向上海期铜市场传递。第二阶段的参数 $\delta_{s,l}$ 和 $\delta_{l,s}$ 估计结果在 $P=1\%$ 的水平上显著，这个结果表明在伦敦铜期货市场和上海铜期货市场之间存在双向的波动传导，也就是两个期货市场之间有双向的波动溢出效应，信息在两个市场之间互相传递，但是上海铜期货的溢出效应更强。最后通过脉冲响应函数和方差分解分析了两个市场对信息反应的速度以及短期的相互动态关系。第一阶段的样本数据结果表明伦敦铜期货和上海铜期货之间存在双向动态影响，但是上海铜期货对伦敦铜期货的影响要滞后于伦敦铜期货对上海铜期货的影响，可见伦敦铜期货市场对新信息的反应速度更快，反映了伦敦铜期货价格在价格发现中的主导地位。数据结果表明第二阶段样本数据的伦敦铜期货和上海铜期货之间也存在双向动态影响，与第一阶段情况相反，但上海铜期货对伦敦铜期货的影响要领先于伦敦铜期货对上海铜期货的影响，可见我国上海铜期货市场对新信息的反应速度更快，这与前面结论是一致的。方差分解分析第一阶段样本数据表明伦敦铜期货市场在价格发现功能中占主导地位。第二阶段样本数据结果表明上海铜期货市场不断地发展与完善，在价格发现中的地位不断提升，在世界铜期货市场中已经具有非常重要的地位。

第 5 章在螺纹钢期货和铜期货之间信息传递的研究中，选取的数据为上海铜和螺纹钢的连续日收盘价格，样本区间为 2011 年 3 月 1 日～2011 年 12 月 22 日，利用 Granger 因果关系和 MVGARCH-BEKK 模型、脉冲响应函数和方差分解研究了铜期货市场和螺纹钢期货市场之间的信息传递和波动溢出效应。首先用 Granger 因果检验分析了两个市场间的因果关系，螺纹钢期货并不能够成为铜期货的 Granger 成因，而在 $P=5\%$ 显著性水平上，铜期货通过了检验，构成了螺纹钢期货的 Granger 成因。其次，本章使用了 MVGARCH-BEKK 模型和似然比检验分析了两个市场的波动溢出效应，结果表明两个市场之间存在双向的波动溢出效应。最后通过脉冲响应函数和方差分解分析了两个市场对信息反应的速度以及短期的相互动态关系。结果表明铜期货和螺纹钢期货之间存在双向动态影响，但是螺纹钢期货对铜期货的影响要滞后于铜期货对螺纹钢期货的影响，可见铜期货市场对新信息的反应速度更快。方差分解结果表明，来自期货市场的平均方差为 74.3398%，来自现货市场的方差为 25.6602%。因此铜期货市场拥有更多的信息，而且反应信息更加迅速。研究表明铜期货市场比螺纹钢期货市场包含更多的信息，而且铜期货市场对信息的反应速度更快，虽然两个市场之间存在显著的双向波动溢出效应，即信息是在两个市场之间传递的，但是铜期货市场向螺纹钢期货市场有更明显的波动溢出效应，即更多的信息是从铜期货市场向螺纹钢期货市场传递的。

在铜期货市场和豆油期货市场之间信息传递的研究中，采用 Granger 因果检验和 MVGARCH-BEKK 模型和似然比检验分析了铜期货市场和豆油期货市场的波动溢出效应，结果表明铜期货市场向豆油期货市场存在显著的单向波动溢出效应，铜期货市场是引导豆油期货市场的。这表明在不同标的市场之间也存在信息传递。

在国债期货推出对股指期货市场波动性与流动性的影响研究中，采用国债期货与股指期货高频交易数据，对国债期货的推出对股指期货市场价格波动性影响进行了实证研究，进一步采用结构变换分段估计双变量 VAR-GARCH-BEKK 模型，研究两个市场之间的波动溢出效应与非对称效应。

通过 GARCH(1,1) 模型对整个样本期进行分析，发现国债期货的推出减少了股指期货市场的价格波动，并且股指期货市场对新信息反应速度加快，股指期货市场的信息效率有所提高；从分段样本数据来看，两个期货市场之间的短期波动溢出效应是先增强、后减弱、再增强，国债期货上市初期对股指期货持久性波动溢出效应比较弱，后续有所增强。总的来说，国债期货与股指期货市场之间存在双向波动溢出效应，其中股指期货市场存在较强的波动溢出效应，国债期货市场对信息传播速度与质量需进一步地改善与提高。国债期货与股指期货市场本身均存在非对称效应，股指期货市场对国债期货市场上的"坏消息"做出反应且使股指期货市场波动减少。国债期货上市前，许多投资者担心其会分流资金，从而降低股指期货的流动性。本书的实证结果表明国债期货的推出确实降低了股指期货的流动性,但是这种影响是十分微小的。

在沪深300、上证50和中证500指数期货信息传递机制的研究中,首先,采用Chang等(1999)提出的模型检验现货指数波动是否出现结构变化,结果显示指数期货的推出对指数现货波动产生影响;其次,采用两种GJR-GRACH-M模型对样本分段来实证分析上证50、中证500指数期货推出对标的指数的影响,结果显示上证50指数期货的推出并未对标的指数波动产生显著的影响,上证50指数期货对信息反应速度较快。中证500指数期货的推出确实对标的指数波动产生影响,但是从参数估计值可以看出这种影响十分微小,中证500指数对信息反应速度较快,信息传播效率较高。且结论显示上证50、中证500指数期货推出可以使投资者在出现坏消息时多一种对冲坏消息的手段。最后,对三大指数期货市场之间的信息传递效应进行研究,中证500指数期货对上证50指数期货具有显著的波动溢出效应,沪深300指数期货与中证500指数期货之间存在相互的波动溢出效应,信息在两个市场之间传递。相对而言,上证50对信息反应速度较慢,处于信息接收地位。

第6章采用了一个新的方法VPIN来估计我国沪深300指数期货和三个商品期货市场的指令流毒性。VPIN测量指令流毒性及其相应程序的一个重要的优势就是在估计VPIN时是把交易量引入到模型当中,利用VPIN的更新来模拟信息到达的速度。交易量对波动有着重要的影响,波动进而影响价格,因此,VPIN方法是通过非平衡交易量判断信息交易者的概率和测量市场中的指令流毒性。本实证结果表明VPIN在我国的期货市场中具有显著的预警作用,即在期货合约价格大跌的前一天VPIN和CDF(VPIN)就已经表现得比较异常,同样的预警功能在期货合约价格大涨的时候也很好地展示出来了。VPIN可以预测短期毒性诱导的波动,尤其是当它涉及大的价格波动时。在估计VPIN的同时本章也采用了Andersen和Bondarenko(2014a)提到的,可以通过测量带符号的不平衡订单来判断交易的方向,并表明在股指期货市场中这个方法确实可以观察到交易的方向,并且在指数大跌和大涨的时候也有较好的预警作用。

通过研究会产生这样一个问题:为什么期货市场会引导现货市场?为什么铜期货市场会引导螺纹钢和豆油期货市场?经过观察会得到一些启发,如表10.1所示。

表10.1 期货市场的波动和保证金比较

	沪深300指数期货	指数现货	伦敦期铜	上海期铜	螺纹钢期货	上海期铜	豆油期货	上海期铜
时间	2010.4.16~2012.4.26		2005.1.4~2012.4.27		2011.3.1~2011.12.22		2011.3.29~2011.12.15	
价格标准差	0.1023	0.1007	0.1023	0.1027	0.0698	0.1046	0.0057	0.1017
收益率标准差	0.0019	0.0020	0.0019	0.0020	0.0095	0.0191	0.0111	0.0187
保证金	12%	无	15%	5%	7%	5%	5%	5%

表10.1和本书研究的结论表明:

首先,本书研究沪深300股指期货和指数现货市场,结果表明股指期货市场是引导指数现货市场的。本书得到的研究结论与国外成熟市场一致。由于期货具有杠杆性、低交易成本的特点，期货的价格波动和收益率波动要比现货波动高，说明股指期货价格敏感度比现货高。以上所描述的期货性质主要是因为期货对信息的反应要快于现货对信息的反应，当有新信息传递到市场上时，股指期货首先对新信息做出反应，然后把信息传递到现货市场中。

其次，通过分析上海期铜和伦敦期铜市场发现，由于在汇率改革之前，一些限制使得我国铜期货市场在国际上的定价权不大，但是汇率改革之后，我国铜期货市场的逐渐完善与成熟使得我国铜期货市场在国际商品定价权不断增大。通过观察表10.1可知，我国铜期货市场的保证金低于伦敦铜期货市场的保证金，表明我国铜期货市场具有较高的杠杆性，上海铜期货价格的波动也大于伦敦期铜价格的波动，说明上海期铜对价格的敏感度更高，通过研究发现上海铜期货市场引导伦敦铜期货市场，因此上海铜期货市场对信息的反应快于伦敦铜期货市场，信息在两个市场之间传递。

再次，本书分析指令流毒性时发现，在股指期货大跌的那一天，其他的商品期货也随之大跌，这就表明信息是在市场中间扩散的。所以本书分析了三个联系并不紧密的商品期货市场，研究结果表明：铜期货市场相比螺纹钢期货市场的波动溢出效应较强；铜期货市场和豆油期货市场相比较而言，铜期货市场具有较强的波动溢出效应。观察表10.1发现，铜期货价格的波动性要高于螺纹钢期货和豆油期货，且铜期货的保证金也是最低的，这就说明信息是从铜期货市场向其他两个市场中传递的。

除此之外，本书还采用了DPIN动态知情交易概率对沪深300股指期货市场进行实证分析。从逆向交易和羊群交易的观点入手，度量市场知情交易概率，并进一步过滤处置效应和趋势效应，在交易频繁的区间中进行研究，结果表明了其对于市场收益率和波动率水平都有很强的预测能力，验证了这一市场指标的有效性和稳健性。

本书通过研究上述问题，提出一个猜想：金融属性较强的市场向其他市场传递信息时，该金融属性较强的市场的价格引导相对较弱的市场价格。由于金融属性没有确切的定义，所以本书是依据杠杆、波动因素来考虑的。通过间接地研究不同市场间的信息传递，得到的结论基本符合预期。

第7章通过沪深300指数价格和股指期货价格，来探讨投资者情绪对现货市场和期货市场之间领先-滞后关系和价格发现过程的影响，研究表明投资者情绪对价格波动和买卖差价都有正面的影响，这意味着知情交易者在投资者情绪高涨时期，承担的交易风险和交易成本较高，基于套利理论和交易成本假说，我们可知知情交易者在高情绪时期将不愿意在期货市场上利用其信息优势进行杠杆交易。通过对现货和期货市场之间的领先-滞后关系和价格发现过程的实证分析，得出在投资者情绪高涨时期，期货市场的主导作用显著减弱的结论，这表明随着噪声交易者加入，投资风险和交易成本增大，从而使得知情交易者减少其在期货市场上的交易；投资者情绪对期货市场的信息份额和GG因子权重均产生负面影响，这些结果表明，在高情绪时期，期货价格的信息份额会相对减少；不少知情交易者往往在高情绪时期持有较多的多头头寸，这表明投资者情绪确实对噪声交易者风险产生了积极的影响。本章的研究结果表明投资者情绪不仅对资产价格和波动性产生影响，而且对相关市场上的价格发现过程也有重要影响，这些研究结果也为投资者情绪对期货市场价格发现的影响研究提供了进一步的理论支持。

第 8 章以沪深 300 股指期货和现货市场为研究对象构建了一个动态的波动模型,来探究投资者情绪在股指期现货市场动态波动变化以及在股指期现货之间波动溢出效应中的作用,在 BW 投资者情绪指标的构建方法上进行改进,构建出日度和月度的投资者情绪指标 S^{IF},并将构建的投资者情绪指数和 BW 情绪指数分别加入模型中,将投资者情绪划分为四个不同的层次,构建多个虚拟变量回归模型,从计量经济学的角度对投资者情绪与股指期现货市场的关系进行多角度的考察和研究。本章采用沪深 300 股指期货市场的成交量、持仓量、换手率、波动率和排行前五净头寸这 5 个代理指标,充分考虑"领先-滞后"效应,运用主成分分析法来构建日度和月度的投资者情绪指标 S^{IF},并将构建的情绪指数与 BW 情绪指数进行对比分析,通过分析发现构建的情绪指数相比于 BW 情绪指数可以更好地描述投资者情绪。通过分析发现,投资者情绪高涨时,期货和现货市场的异常交易量显著增加;投资者情绪高涨时,现货和股指期货市场自身市场信息对波动性的影响显著增强,且这种影响的非对称性也会显著增加,现货和股指期货市场外部信息对波动性的影响(即波动溢出效应)显著增强,期货市场中外部信息对波动影响的非对称性显著增加;该结果与文中部分理论假设相一致,高投资者情绪对噪声交易者和理性交易者的双重影响,改变了市场的交易风险、成本等因素,使市场信息变得更加嘈杂,加剧了市场的动荡,从而影响了市场的波动性和市场间的波动溢出效应。

第 9 章从市场投资者情绪的角度出发,利用回归模型,研究了我国沪深 300 股指期货和上证 50 股指期货两大市场上知情交易概率对市场收益率、流动性和波动率水平的影响。同时,也探究了交易量和流动性、波动率的关系。最后,将市场投资者情绪分解为机构投资者(知情交易者)情绪指数和噪声交易者(非知情交易者)情绪指数,研究不同投资者情绪对市场的影响,以及由系数比重分析出哪一类投资者对市场的影响能力更强。

具体的研究结果为:对于收益率而言,等交易量知情交易概率 VPIN 越大,市场收益率越高,投资者情绪对市场收益率的预测能力不显著;对于流动性而言,非知情交易者由于缺乏足够有效的市场信息,难以对市场行情做出准确判断,交易频率增加,并在交易指令流逆向时成为市场流动性的提供者,投资者情绪越高涨,市场非理性因素越多,噪声交易者掌握不到有效信息,势必会使随后的流动性显著提高;对于波动性而言,低频交易条件下投资者情绪的高涨,大大刺激了价格的起伏,使波动性更大,知情交易者对有效信息的掌控越强,市场价格的波动率越低,高频交易条件下,知情交易者对波动率的影响能力出现了一定偏差,在高频交易环境中的价格由于起伏较大,市场交易量越大,下一期流动性水平越会显著增强,且由于流动性水平自身具有很强的长记忆性,流动性与波动率水平存在极显著的负相关性;机构投资者在市场中所扮演的知情交易者,对市场的流动性的影响能力更强。噪声交易者由于其追涨杀跌等交易行为中反映的非理性因素太多,其情绪指数对价格起伏的影响更大,导致市场波动性更大。

主要参考文献

成思危, 2005. 积极探索我国期货市场的发展道路[J]. 人民网 (www.people.eom.Cr1).

池丽旭, 张广胜, 庄新田, 等, 2012. 投资者情绪指标与股票市场——基于扩展卡尔曼滤波方法的研究[J]. 管理工程学报, 26(3):122-128.

戴佳青, 潘和平, 2011. 沪深 300 股指与期货的高频动态关系检测[J]. 管理学家(学术版), (7): 57-69.

何诚颖, 张龙斌, 陈薇, 2011. 基于高频数据的沪深 300 指数期货价格发现能力研究[J]. 数量经济技术经济研究, 28(5): 139-151.

黄峰, 杨朝军, 2007. 流动性风险与股票定价:来自我国股市的经验证据[J]. 管理世界, (5):30-39.

靳韬, 缪柏其, 惠军, 2005. 在有交互作用下上海、伦敦期货市场铜期货价格引导关系的研究[J]. 运筹与管理, 14(6): 88-92.

郦金梁, 雷曜, 李树憬, 2012. 市场深度, 流动性和波动率——沪深 300 股票指数期货启动对现货市场的影响[J]. 金融研究, (6): 124-138.

梁丽珍, 2008. 投资者情绪、流动性与资产收益[D]. 厦门: 厦门大学.

林钢锋, 2012. 投资者情绪与期货市场收益关系的实证研究[D]. 杭州: 浙江工业大学.

刘博文, 房振明, 2008. 我国股指期货与现货价格发现效率实证研究——基于沪深300模拟期货数据[J]. 大连理工大学学报(社会科学版), 29(3):25-29.

刘庆富, 华仁海, 2011. 中国股指期货与股票现货市场之间的风险传递效应研究[J]. 统计研究, 28(11): 84-90.

刘文文, 张合金, 2013. 测量高频交易领域中的指令流毒性——基于我国沪深 300 指数期货的实证研究[J]. 中国经济问题, (1):81-91.

石广平, 刘晓星, 魏岳嵩, 2016. 投资者情绪、市场流动性与股市泡沫——基于 TVP-SV-SVAR 模型的分析[J]. 金融经济学研究, 31(3): 107-117.

王家辉, 2008. 汇改前后上海期铜国际定价能力比较分析[J]. 商业时代, (27):92.

文凤华, 刘文井, 杨晓光, 2011. 沪深 300 指数期货与现货市场的动态关联性研究——基于 2010 年 4 月 16 日以来的高频数据[J]. 长沙理工大学学报 (社会科学版), 26(2): 28-34.

吴冲锋, 王海成, 1997. 期铜价格引导关系和互谐关系实证研究[J]. 系统工程理论方法应用, 6(2): 1-9.

吴文锋, 刘太阳, 吴冲锋, 2007. 上海与伦敦期铜市场之间的波动溢出效应研究[J]. 管理工程学报, 21(3): 111-115.

肖辉, 吴冲锋, 鲍建平, 等, 2004. 伦敦金属交易所与上海期货交易所铜价格发现过程[J]. 系统管理学报, 13(6):481-484.

邢精平, 周伍阳, 季峰, 2011. 我国股指期货与现货市场信息传递与波动溢出关系研究[J]. 证券市场导报, 2: 13-19.

邢天才, 张阁, 2010. 中国股指期货对现货市场联动效应的实证研究——基于沪深 300 仿真指数期货数据的分析[J]. 财经问题研究, (4): 48-54.

熊伟, 陈浪南, 2015. 股票特质波动率、股票收益与投资者情绪[J]. 管理科学, 28(5):106-115.

徐信忠, 杨云红, 朱彤, 2005. 上海期货交易所铜期货价格发现功能研究[J]. 财经问题研究, (10):23-31.

严敏, 巴曙松, 吴博, 2009. 我国股指期货市场的价格发现与波动溢出效应[J]. 系统工程, 27(10): 32-38.

张孝岩, 沈中华, 2011. 股指期货推出对中国股票市场波动性的影响研究——基于沪深 300 股指期货高频数据的实证分析[J]. 投资研究, 10(30): 112-122.

张烨, 2012. 股指期货市场买卖价差及其成分的分析[D]. 成都：西南财经大学.

章永哲, 钱敏, 2015. 基于 5 分钟高频数据的沪深 300 股指期货与现货市场间波动溢出效应实证研究[J]. 上海金融, (11): 78-83.

郑葵方, 2008. 国际铜期货信息传递与资产定价[J]. 系统管理学报, 17(4): 480.

周强龙, 朱燕建, 贾璐熙, 2015. 市场知情交易概率、流动性与波动性——来自中国股指期货市场的经验证据[J]. 金融研究, (5): 132-147.

Abhyankar A H, 1995. Return and volatility dynamics in the FT-SE 100 stock index and stock index future markets[J]. Journal of Futures Markets, 15(4): 457-488.

Abhyankar S S, 1998. Resolution of singularities of embedded algebraic surfaces[M]. London: Academic Press.

Admati A R, Pfleiderer P, 1988. A theory of intraday patterns: volume and price variability[J]. Review of Financial Studies, 1(1): 3-40.

Andersen T G, Bollerslev T, Diebold F X, et al., 2007. Real-time price discovery in global stock, bond and foreign exchange markets[J]. Journal of International Economics, 73(2): 251-277.

Andersen T G, Bondarenko O, 2014a. VPIN and the flash crash[J]. Journal of Financial Markets, 17: 1-45.

Andersen T G, Bondarenko O, 2014b. Reflecting on the VPIN dispute[J]. Journal of Financial Markets, 17: 53-64.

Andersen T G, Bondarenko O, 2015. Assessing measures of order flow toxicity and early warning wignals for market turbulence[J]. Review of Finance, 19(1): 1-54.

Antoniou A, Holmes P, 1995. Futures trading, information and spot price volatility: evidence for the FTSE-100 stock index futures contract using GARCH[J]. Journal of Banking & Finance, 19(1): 117-129.

Arshanapalli B, Doukas J, Lang L H P, 1997. Common volatility in the industrial structure of global capital markets[J]. Journal of International Money & Finance, 16(2): 189-209.

Ashby W R, 1956. An introduction to cybernetics[M]. London: Chapman & Hall.

Ates A, Wang G H K, 2005. Information transmission in electronic versus open-outcry trading systems: an analysis of US equity index futures markets[J]. The Journal of Futures Markets, 25(7): 679-715.

Avramov D, Chordia T, Goyal A, 2006. The impact of trades on daily volatility[J]. Review of Financial Studies, 19(4): 1241-1277.

Bacha O, Vila A F, 1994. Futures markets, regulation and volatility: the case of the Nikkei stock index futures markets[J]. Pacific-Basin Finance Journal, 2(2): 201-225.

Bagehot W, 1971. The only game in town[J]. Financial Analysts Journal, 27(2): 12-14.

Baillie R T, Booth G G, Tse Y, et al., 2002. Price discovery and common factor models[J]. Journal of Financial Markets, 5(3): 309-321.

Baker M, Stein J C, 2004. Market liquidity as a sentiment indicator[J]. Journal of Financial Markets, 7(3): 271-299.

Baker M, Wurgler J, 2006. Investor sentiment and the cross-section of stock returns[J]. The Journal of Finance, 61(4): 1645-1680.

Barberis N, Shleifer A, Vishny R, 1998. A model of investor sentiment[J]. Journal of financial economics, 49(3): 307-343.

Beaulieu M C, Ebrahim S K, Morgan I G, 2010. Does tick size influence price discovery? Evidence from the Toronto Stock Exchange[J]. Journal of Futures Markets, 23(1): 49-66.

Becker K G, Finnerty J E, Tucker A L, 1993. The overnight and daily transmission of stock index futures prices between major international markets[J]. Journal of Business Finance & Accounting, 20(5): 699-710.

Beelders O, Massey J, 2002. The relationship between spot and futures index contracts after the introduction of electronic trading on the Johannesburg stock exchange[J]. SSRN Electronic Journal.

Bohl M T, Salm C A, Schuppli M, 2011. Price discovery and investor structure in stock index futures[J]. Journal of Futures Markets, 31(3): 282-306.

Bollerslev T, Engle R F, Wooldridge J M, 1988. A capital asset pricing model with time-varying covariances[J]. Journal of Political Economy, 96(1):116-131.

Bowen H V, 1989. Investment and empire in the later eighteenth century: east India stockholding, 1756-1791[J]. The Economic History Review, 42(2): 186-206.

Brennan M J, Subrahmanyam A, 1996. Market microstructure and asset pricing: on the compensation for illiquidity in stock returns[J]. Journal of Financial Economics, 41(3):441-464.

Brogaard J, 2010. High frequency trading and its impact on market quality[J]. Northwestern University Kellogg School of Management Working Paper, 66.

Brooks C, Garrett I, Hinich M J, 1999. An alternative approach to investigating lead-lag relationships between stock and stock index futures markets[J]. Applied Financial Economics, 9(6):605-613.

Brooks C, Rew A G, Ritson S, 2001. A trading strategy based on the lead-lag relationship between the spot index and futures contract for the FTSE 100[J]. International Journal of Forecasting, 17(1):31-44.

Brown G W, 1999. Volatility, sentiment, and noise traders[J]. Financial Analysts Journal, 55(2):82-90.

Campbell J Y, Grossman S J, Wang J, 1993. Trading volume and serial correlation in stock returns[J]. Quarterly Journal of Economics, 108(4):905-939.

Campbell J Y, Hentschel L, 1992. No news is good news: an asymmetric model of changing volatility in stock returns[J]. Journal of Financial Economics,31:281-318.

Chan K, 1992. A further analysis of the lead-lag relationship between the cash market and stock index futures market[J]. Review of Financial Studies, 5(1):123-152.

Chan K, Chan K C, Karolyi G A, 1991. Intraday volatility in the stock index and stock index futures markets[J]. Review of Financial Studies, 4(4):657-684.

Chang E C, Cheng J W, Pinegar J M, 1999. Does futures trading increase stock market volatility? The case of the Nikkei stock index futures markets[J]. Journal of Banking and Finance, 23(5):727-753.

Chang S S, Chang L V, Wang F A, 2014. A dynamic intraday measure of the probability of informed trading and firm-specific return variation[J]. Journal of Empirical Finance, 29: 80-94.

Chang S S, Wang F A, 2015. Adverse selection and the presence of informed trading[J]. Journal of Empirical Finance, 33:19-33.

Chang Y Y, Faff R W, Hwang C Y, 2012. Local and global sentiment effects, and the role of legal, information and trading environments[J]. Social Science Electronic Publishing.

Chatrath A, Christie-David R, Dhanda K K, et al., 2002. Index futures leadership, basis behavior, and trader selectivity[J]. Journal of Futures Markets, 22(7):649-677.

Cheung Y W, Ng L K, 1990. The dynamics of S&P 500 index and S&P 500 futures intraday price volatilities[J]. Review of Futures Markets, 9(2):458-486.

Chiang R, Fong W M, 2001. Relative informational efficiency of cash, futures, and options markets: the case of an emerging market[J]. Journal of Banking and Finance, 25: 355-375.

Chou R K, Lin C B, Wang G H K, 2015. Investor sentiment and price discovery: evidence from the pricing dynamics between the futures and spot markets[J]. Journal of Banking and Finance.

Choudhry T, 2003. Short-run deviations and optimal hedge ratio: evidence from stock futures[J]. Journal of Multinational Financial Management, 13(2): 171-192.

Conover W J, Johnson M E, Johnson M M, 1981. A comparative study of tests for homogeneity of variances, with applications to the outer continental shelf bidding data[J]. Technometrics, 23(4):351-361.

Copeland T E, Galai D, 1983. Information effects on the bid-ask spread[J]. The Journal of Finance, 38(5): 1457-1469.

Corredor P, Ferrer E, Santamaria R, 2015. Sentiment-prone investors and volatility dynamics between spot and futures markets[J]. International Review of Economics & Finance, 35: 180-196.

Covrig V, Ding D K, Low B S, 2004. The contribution of a satellite market to price discovery: evidence from the Singapore exchange[J]. Journal of Futures Markets, 24(10):981-1004.

Cuthbertson K, Taylor M P, Hall S G, 1992. Applied econometric techniques[J]. Economic Journal, 102(415).

Cvitanic J, Kirilenko A A, 2010. High frequency traders and asset prices[J]. Social Science Electronic Publishing.

De J F, Donders M W M, 1997. Intraday lead-lag relationship between the futures, options and stock market[J]. European and Finance Review, 1: 337-359.

De J F, Nijman T, 1997. High frequency analysis of lead-lag relationships between financial markets[J]. Journal of Empirical Finance, 4(2-3): 259-277.

De L J B, Shleifer A, Summers L H, et al., 1990. Noise trader risk in financial markets[J]. Journal of political Economy, 98(4): 703-738.

Demsetz H, 1968. The cost of transacting[J]. Quarterly Journal of Economics, 82(1):33-53.

Dodd R, Griffith-Jones S, 2007. Brazil's derivatives markets: hedging, Central Bank intervention and regulation[J]. Series Históricas, 25(11):2347-2357.

Easley D, Engle R F, O'Hara M, et al., 2008. Time-varying arrival rates of informed and uninformed trades[J]. Journal of Financial Econometrics, 6(2):171-207.

Easley D, Kiefer N M, O'Hara M, et al., 1996. Liquidity, information, and infrequently traded stocks[J]. The Journal of Finance, 51(4): 1405-1436.

Easley D, Lopez d P M, O'Hara M, 2011a. The exchange of flow toxicity[J]. Journal of Trading, 6(2): 8-13.

Easley D, Lopez d P M, O'Hara M, 2011b. The microstructure of the flash crash: flow toxicity, liquidity crashes and the probability of informed trading[J]. Journal of Portfolio Management, 37(2): 118-128.

Easley D, Lopez d P M, O'Hara M, 2012a. Bulk classification of trading activity[J]. Johnson School Research Paper Series, 8(6): 14.

Easley D, Lopez d P M, O'Hara M, 2012b. Flow toxicity and liquidity in a high-frequency world[J]. The Review of Financial Studies, 25(5): 1457-1493.

Easley D, O'Hara M, 1987. Price, trade size, and information in securities markets[J]. Journal of Financial Economics, 19(1):69-90.

Easley D, O'Hara M, 1992a. Adverse selection and large trade volume: the implications for market efficiency[J]. Journal of Financial and Quantitative Analysis, 27(2): 185-208.

Easley D, O'Hara M, 1992b. Time and the process of security price adjustment[J]. The Journal of Finance, 47(2):577-605.

Easley D, O'Hara M, Srinivas P S, 1998. Option volume and stock prices: evidence on where informed traders trade[J]. Journal of Finance, 53(2):431-465.

Engle R F, Granger C W J, 1987. Co-integration and error correction: representation, estimation, and testing[J]. Econometrica: Journal of the Econometric Society, 251-276.

Engle R F, Kroner K F, 1995. Multivariate simultaneous generalized ARCH[J]. Econometric theory, 11(1): 122-150.

Engle R F, Ng V K, 1993. Measuring and testing the impact of news on volatility[J]. The Journal of Finance, 48(5):1749-1778.

Engle R, 2002. Dynamic conditional correlation: a simple class of multivariate generalized autoregressive conditional heteroskedasticity models[J]. Journal of Business & Economic Statistics, 20(3): 339-350.

Eun C S, Sabherwal S, 2003. Cross-border listings and price discovery: evidence from US-Listed Canadian stocks[J]. The Journal of Finance, 58(2): 549-576.

Finnerty J E, Park H Y, 1987. Stock index futures: does the tail wag the dog?[J]. Financial Analysts Journal, 43(2): 57-61.

Fleming J, Ostdiek B, Whaley R E, 1996. Trading costs and the relative rates of price discovery in stock, futures, and option markets[J]. Journal of Futures Markets, 16(4):353-387.

Flood M D, 1991. Microstructure theory and the foreign exchange market[J]. Federal Reserve Bank of St. Louis Review, 73(6): 52-70.

Floros C, Vougas D, 2007. Lead-lag relationship between futures and spot markets in Greece: 1999-2001[J]. International Research Journal of Finance and Economics (7): 168-174.

French K R, Roll R, 1986. Stock return variance:the arrival of information and the reaction of trader[J].Journal of Financial Economics, 17(1):5-26.

Frino A, West A, 1999. The lead-lag relationship between stock indices and stock index futures contrats: future Australian evidence[J]. Abacus, 35: 333-341.

Froot K A, Perold A F, 1995. New trading practices and short-run market efficiency[J]. Journal of Futures Markets, 15(7): 731-765.

Gannon G, Au-Yeung S P, 2004. Structural effects and spillovers in HSIF, HSI and S&P500 volatility[J]. Research in International Business & Finance, 18(3):305-317.

Garbade K D, Silber W L, 1983. Price movements and price discovery in futures and cash markets[J]. The Review of Economics and Statistics,65(2): 289-297.

Garman M B, Klass M J, 1980. On the estimation of security price volatilities from historical data[J]. Journal of Business, 53(1):67-78.

Ghosh A, Clayton R, 1996. Hedging with international stock index futures: an intertemporal error correction model[J]. Journal of Financial Research, 19(4): 477-491.

Glosten L R, Harris L E, 1988. Estimating the components of the bid/ask spread[J]. Journal of financial Economics, 21(1), 123-142.

Glosten L R, Milgrom P R, 1985. Bid, ask and transaction prices in a specialist market with heterogeneously informed traders[J]. Journal of financial economics, 14(1): 71-100.

Gonzalo J, Granger C, 1995. Estimation of common long-memory components in cointegrated systems[J]. Journal of Business & Economic Statistics, 13(1): 27-35.

Granger C W J, 1969. Investigating causal relations by econometric models and cross-spectral methods[J]. Econometrica: Journal of the Econometric Society: 424-438.

Green C J, Joujon E, 2000. Unified tests of causality and cost of carry: the pricing of the French stock index futures contract[J]. International Journal of Financial and Economics, 5(2): 121-140.

Green J R, Laffont J J, 1986. Partially verifiable information and mechanism design[J]. The Review of Economic Studies, 53(3): 447-456.

Grier K B, Henry Ó T, Olekalns N, et al., 2004. The asymmetric effects of uncertainty on inflation and output growth[J]. Journal of Applied Econometrics, 19(5): 551-565.

Gropp R, Kadareja A, 2012. Stale information, shocks, and volatility[J]. Journal of Money Credit & Banking, 44(6):1117-1149.

Grossman S J, Kihlstrom R E, Mirman L J, 1977. A Bayesian approach to the production of information and learning by doing[J]. The Review of Economic Studies, 44(3): 533-547.

Grunbichler A, Longstaff F A, Schwartz E S, 1994. Electronic screen trading and transmission of information: an empirical examination[J]. Journal of Financial Intermediation, 3:166-187.

Gwilym O A, Buckle M, 2001. The lead-lag relationship between the FTSE100 stock index and its derivative contracts[J]. Applied Financial Economics, 11(4):385-393.

Hamao Y, Masulis R W, Ng V, 1990. Correlations in price changes and volatility across international stock markets[J]. The review of financial studies, 3(2): 281-307.

Hamilton J D, 1994. Time series analysis[M]. Princeton, NJ: Princeton University Press.

Hartley R V L, 1928. Transmission of information 1[J]. Bell System Technical Journal, 7(3): 535-563.

Hasbrouck J, 1991. The summary informativeness of stock trades: an econometric analysis[J]. The Review of Financial Studies, 4(3): 571-595.

Hasbrouck J, 1995. One security, many markets: determining the contributions to price discovery[J]. The journal of Finance, 50(4): 1175-1199.

Hasbrouck J, 2003. Intraday price formation in US equity index markets[J]. The Journal of Finance, 58(6): 2375-2400.

Hasbrouck J, Saar G, 2012. Low-latency trading[J]. Journal of Financial Markets, 16(4).

Hendershott T, Jones C M, Menkveld A J, 2011. Does algorithmic trading improve liquidity?[J]. The Journal of Finance, 66(1): 1-33.

Herbst A F, McCormack J P, West E N, 1987. Investigation of a lead-lag relationship between spot stock indices and their futures contracts[J]. Journal of Futures Markets, 7(4): 373-381.

Hill R C, Griffiths W, Lim G C, 2008. Principles of econometrics[M]. New York: John wiley and Sons.

Hodgson A, Masih A M M, Masih R, 2005. Futures trading volume as a determinant of prices in different momentum phases[J]. International Review of Financial Analysis, 15(1):0-85.

Holmes P, 1996. Stock index futures hedging: hedge ratio estimation, duration effects, expiration effects and hedge ratio stability[J]. Journal of Business Finance & Accounting, 23(1): 63-77.

Huang R D, Stoll H R, 1997. The components of the bid-ask spread: a general approach[J]. The Review of Financial Studies, 10(4): 995-1034.

Jones C M, Seguin P J, 1997. Transaction costs and price volatility: evidence from commission deregulation[J]. American Economic Review, 87(4):728-737.

Kawaller I G, Koch P D, Koch T W, 1987. The temporal price relationship between S&P 500 futures and the S&P 500 index[J]. The Journal of Finance, 42(5): 1309-1329.

Kearns M, Kulesza A, Nevmyvaka Y, 2010. Empirical limitations on high frequency trading profitability[J]. Social Science Electronic Publishing, 5: 1007-2593.

Kim M, Szakmary A C, Schwarz T V, 1999. Trading costs and price discovery across stock index futures and cash markets[J]. Journal of Futures Markets: Futures, Options, and Other Derivative Products, 19(4): 475-498.

King R, Pownall G, Waymire G, 1990. Expectations adjustment via timely management forecasts: review, synthesis, and suggestions for future research[J]. Journal of Accounting Literature, 9: 113-144.

Koudijs P, 2008. The boats that did not sail: evidence on the sources of asset price volatility from an eighteenth-century natural experiment[J]. The Economic History Society.

Koutmos G, Tucker M, 1996. Temporal relationships and dynamic interactions between spot and futures stock markets[J]. Journal of Futures Markets: Futures, Options, and Other Derivative Products, 16(1): 55-69.

Kumar P, Seppi D J, 1992. Futures manipulation with "cash settlement"[J]. The Journal of Finance, 47(4): 1485-1502.

Kurov A, 2008. Investor sentiment, trading behavior and informational efficiency in index futures markets[J]. Financial Review, 43(1): 107-127.

Kutner G W, Sweeney R J, 1991. Causality tests between the S&P 500 cash and futures markets[J]. Quarterly Journal of Business and Economics, 51-74.

Kyle A S, 1985. Continuous auctions and insider trading[J]. Econometrica: Journal of the Econometric Society, 1315-1335.

Laatsch F E, Schwarz T V, 1988. Price discovery and risk transfer in stock index cash and futures markets[J]. Review of Futures Markets, 7(2): 272-289.

Lamoureux C G, Lastrapes W D, 1990. Heteroskedasticity in stock return data: volume versus GARCH effects[J]. The Journal of Finance, 45(1): 221-229.

Lien D, Luo X, 1993. Estimating multiperiod hedge ratios in cointegrated markets[J]. Journal of Futures Markets, 13(8): 909-920.

Lihara Y, Kato K, Tokunaga T, 1996. Intraday return dynamics between the cash and the futures markets in Japan[J]. Journal of Futures Markets, 16(2): 147-162.

Longo G, 1975. Information theory new trends and open problems[M]. New York: Springer-Verlag Wien.

Luo J S, Li C A, 2008. Futures market sentiment and institutional investor behavior in the spot market: the emerging market in Taiwan[J]. Emerging Markets Finance and Trade, 44(2): 70-86.

Lyons R K, 2001. The microstructure approach to exchange rates[M]. Cambridge: MIT Press.

Madhavan A, 2000. Market microstructure: a survey[J]. Journal of Financial Markets, 3(3): 205-258.

Martens M, Kofman P, Vorst T C F, 1998. A threshold error-correction model for intraday futures and index returns[J]. Journal of Applied Econometrics, 13(3): 245-263.

Mayhew S, Sarin A, Shastri K, 1995. The allocation of informed trading across related markets: an analysis of the impact of changes in equity-option margin requirements[J]. The Journal of Finance, 50(5): 1635-1653.

Mckenzie M D, Frino A, 2003. The tick-volatility ratio as a determinant of the compass rose: empirical evidence from decimalisation on the NYSE[J]. Accounting & Finance, 43(3): 331-344.

Milgrom P, Stokey N, 1982. Information, trade and common knowledge[J]. Journal of Economic Theory, 26(1): 17-27.

Miller D J, Liu W H, 2006. Improved estimation of portfolio value-at-risk under copula models with mixed marginals[J]. Journal of Futures Markets, 26, 997-1018.

Min J H, Najand M, 1999. A further investigation of the lead-lag-relationship between the spot market and stock index futures: early evidence from Korea[J]. Journal of Futures Markets, 19(2): 217-232.

Newey W K, West K D, 1987. A simple, positive semi-definite, heteroskedasticity: an autocorrelation consistent covariance matrix[J]. Econometrica, 55(3): 703-708.

Pizzi M A, O'Neill H M, Economopoulos A J, 1998. An examination of the relationship between stock index cash and futures markets: a cointegration approach[J]. Journal of Futures Markets: Futures, Options, and Other Derivative Products, 18(3):

297-305.

Sarno L, Valente G, 2000. The cost of carry model and regime shifts in stock index futures markets: an empirical investigation[J]. Journal of Futures Markets, 20(7):603-624.

Schreiber P S, Schwartz R A, 1986. Price discovery in securities markets[J]. Portfolio Management, 12: 43-48.

Schwarz T V, Laatsch F E, 1991. Dynamic efficiency and price leadership in stock index cash and futures markets[J]. The Journal of Futures Markets (1986-1998), 11(6): 669.

Schwarz T V, Szakmary A C, 1994. Price discovery in petroleum markets: arbitrage, cointegration, and the time interval of analysis[J]. Journal of Futures Markets, 14(2): 147-167.

Shannon C E, 1948. A mathematical theory of communication[J]. Bell System Technical Journal, 27(3): 379-423.

Shleifer A, Vishny R W, 1997. The limits of arbitrage[J]. The Journal of Finance, 52(1): 35-55.

Shleifer A, Vishny R W, 2003. Stock market driven acquisitions[J]. Journal of financial Economics, 70(3): 295-311.

Sim A B, Zurbruegg R, 1999. Intertemporal volatility and price interactions between Australian and Japanese spot and futures stock index markets[J]. Journal of Futures Markets, 19(5): 523-540.

So R W, Tse Y, 2004. Price discovery in the Hang Seng index markets: index, futures, and the tracker fund[J]. Journal of Futures Markets: Futures, Options, and Other Derivative Products, 24(9): 887-907.

Stambaugh R F, Yu J, Yuan Y, 2012. The short of it: investor sentiment and anomalies[J]. Journal of Financial Economics, 104(2): 288-302.

Stein J C, 1996. Rational capital budgeting in an irrational world[J]. Journal of Business, 69(4):429-455.

Stock J H, Watson M W, 1988. Variable trends in economic time series[J]. Journal of Economic Perspectives, 2(3):147-174.

Stoll H R, Whaley R E, 1990. The dynamics of stock index and stock index futures returns[J]. Journal of Financial and Quantitative analysis, 25(4): 441-468.

Swinnerton E, Curcio R J, Bennett R, 1988. Index arbitrage program trading and the prediction of intraday stock price changes[J]. The Review of Futures Markets, 7: 300-323.

Theissen E, 2002. Price discovery in floor and screen trading systems[J]. Journal of Empirical Finance, 9(4):455-474.

Theobald M, Yallup P, 1993. Measuring cash-futures temporal effects in the UK using partial adjustment factors[J]. Journal of Banking & Finance, 22(2):221-243.

Tse Y K, 1995. Lead-lag relationship between spot index and futures price of the nikkei stock average[J]. Journal of Forecasting, 14(7): 553-563.

Tse Y K, 2000. A test for constant correlations in a multivariate GARCH model[J]. Journal of Econometrics, 98(1): 107-127.

Tse Y, 1999. Price discovery and volatility spillovers in the DJIA index and futures markets[J]. Journal of Futures markets, 19(8): 911-930.

Wahab M, Lashgari M, 1993. Price dynamics and error correction in stock index and stock index futures markets: a cointegration approach[J]. Journal of Futures Markets, 13(7): 711-742.

Yang C, Cai C, 2014. Higher order expectations in sentiment asset pricing model[J]. Economic Modelling, 39(322):95-100.

Yang J, Yang Z, Zhou Y, 2012. Intraday price discovery and volatility transmission in stock index and stock index futures markets: evidence from China[J]. Journal of Futures Markets, 32(2): 99-121.

Yu J, Yuan Y, 2011. Investor sentiment and the mean-variance relation[J]. Journal of Financial Economics, 100(2): 367-381.

Zeileis A, Leisch F, Hornik K, et al., 2002. Strucchange: an R package for testing for structural change in linear regression models[J].

Journal of Statistical Software, 7(2):1-38.

Zhang X F, 2010. Information uncertainty and analyst forecast behavior[J]. Contemporary Accounting Research, 23(2): 565-590.

Zhong M, Darrat A F, Otero R, 2004. Price discovery and volatility spillovers in index futures markets: Some evidence from Mexico[J]. Journal of Banking & Finance, 28(12): 3037-3054.